KB143717

데일 카네기

인간관계론

How to Win Friends & Influence People
by Dale Carnegie
2023 ⓒ Kugil Publishing(Kugil Media) Co., Ltd.
All right reserved

만나는 사람마다 친구로 만들라

Dale Carnegie

데일 카네기
인간관계론

데일 카네기 **지음** · 한성숙 **옮김**

국일미디어

데일 카네기
인간관계론

초판 1쇄 인쇄 2023년 2월 1일
초판 1쇄 발행 2023년 3월 2일

지 은 이 데일 카네기
옮 긴 이 한성숙
펴 낸 이 이종문(李從聞)
펴 낸 곳 (주)국일미디어

등 록 제406-2005-000025호
주 소 경기도 파주시 광인사길 121 파주출판문화정보산업단지(문발동)
영 업 부 Tel 031)955-6050 | Fax 031)955-6051
편 집 부 Tel 031)955-6070 | Fax 031)955-6071
평생전화번호 0502-237-9101~3
홈페이지 www.ekugil.com
블 로 그 blog.naver.com/kugilmedia
페이스북 www.facebook.com/kugilmedia
E-mail kugil@ekugil.com

• 값은 표지 뒷면에 표기되어 있습니다.
• 잘못된 책은 구입하신 서점에서 바꿔드립니다.

ISBN 978-89-7425-876-4(04320)
      978-89-7425-863-4(세트)

20세기 최초의 35년 동안 미국의 출판업계는 500만 권이 넘는 책을 찍어냈다. 그러나 출판된 책의 대부분은 지나치게 지루했고, 상당수 출판사들은 재정적인 어려움을 겪어야 했다. 세계에서 가장 규모가 큰 축에 속하는 한 출판사의 사장은 나에게 이런 고백을 했다. 75년 된 그의 회사가 출간하는 8권의 책 중 7권은 적자를 면치 못한다고 말이다.

그렇다면 나는 왜 또 하나의 책을 쓰는 무모한 짓을 했는가? 그리고 당신은 왜 애써 이 책을 읽는가?

두 가지 모두 정당한 질문이다. 그리고 나는 이 물음에 답변하려고 노력할 것이다.

1912년 이후 나는 뉴욕에서 사업가나 전문직 종사자들을 대상으로 하는 화술 강좌를 열고 있다. 처음에는 성인 대상의 강좌만 열었다. 수업은 면접시험이나 대중 앞에서 보다 효과적이고 분명하게 자신의 생각을 표현하고 사고할 수 있도록 실전 위주로 진행하였다.

그러나 시간이 흐를수록, 수강생들에게는 효과적인 화술 훈련도 필요하지만 일상업무와 사람들과 교제를 하는데 있어 원만하게 어울릴 수 있는 처세술이 더 절실하다는 사실을 깨달았다.

또한 나 자신에게도 그런 훈련이 필요하다는 것을 여실히 깨닫게 되었다. 지난 세월을 돌아보면서 스스로도 조율 능력이나 이해심이 너무 부족했다는 점에 대해 간담이 서늘해졌다. 이런 책이 20년 전에 있었다면 얼마나 좋았을까?

사람을 다루는 일은 아마도 당신이 직면한 최대의 문제일 것이다. 당신이 사업을 하고 있다면 더욱 그러하다. 당신이 가정주부이거나 건축가, 혹은 기술자일지라도 마찬가지다.

몇 년 전에 카네기 교육진흥재단이 주최한 연구 조사에서 가장 중대한 사실 한 가지가 밝혀졌다.

공학과 같은 기술적인 분야에서조차도 재정적인 성공의 약 15퍼센트는 본인의 기술적인 지식, 약 85퍼센트는 사람을 다루는 기술, 즉 성격과 사람을 움직이는 능력에서 기인한다는 점이다. 이러한 사실은 나중에 카네기 기술연구소에서 행한 추가 연구로 더욱 확실해졌다.

나는 수년간 필라델피아의 엔지니어 클럽과 미국 전자기술자협회의 뉴욕 지부에서 매해 강좌를 열어왔다. 아마도 1천5백 명 이상의 기술자들이 내 강의를 들었을 것이다. 그들은 현장에서의 관찰과 경험 끝에 공학 기술 분야에서 가장 높은 임금을 받는 사람이 공학에 대해 가장 많이 알고 있는 사람은 결코 아니라는 것을 깨달았기 때문에 내 강의를 찾아온 것이다.

예를 들어보자. 사람들은 공학이나 회계, 건축 혹은 그 외의 분야에서 적당한 임금을 주고 기술적인 능력을 가진 인물을 고용할 수 있다. 하지만 기술적인 지식에 더해서 자신의 생각을 명확히 표현할 줄 알고, 다른 사람들에게 열정을 불어넣어줄 수 있는 지도력을 가진 사람은 더 높은 임금을 받을 만한 능력이 있는 것이다.

전성기를 구가하던 존 록펠러는 이런 말을 했다.

"사람을 다루는 능력은 설탕이나 커피처럼 돈으로 살 수 있는 생필품과 마찬가지다. 그리고 나는 이 세상의 어떤 것보다도 그 능력에 더 많은 돈을 지불하겠다."

지구상의 모든 대학이 세상에서 가장 비싼 능력을 개발하기 위한 강의를 열고 있다고 생각하지 않는가? 하지만 이 세상에서 성인을 위해 이런 실용적이고 상식적인 강의를 하고 있는 대학이 단 한 곳만 있었더라도, 나는 지금 쓰고 있는 글에 대한 책임을 면했을 것이다.

시카고 대학과 YMCA 연합학교는 성인들에게 가장 배우고 싶은 것이 무엇인지를 묻는 조사를 실시했다. 이 조사에는 2만5천 달러의 비용이 들었으며 2년이라는 세월이 소요되었다. 조사의 마지막 단계는 전형적인 미국 도시로 선정된, 코네티컷의 메리덴에서 실시하였다.

메리덴에 거주하고 있는 모든 성인에게 156가지의 질문을 했다. 질문의 내용은 "당신의 사업이나 직업은 무엇입니까? 교육 수준은? 여가시간은 어떻게 보내십니까? 수입은 어느 정도입니까? 취미는? 포부는? 고민은? 가장 관심이 있는 분야는 무엇입니까?" 등이었다.

이 조사를 통해 성인들의 주된 관심사는 건강과 사람이라는 사실이 드러났다. 구체적으로 사람들을 어떻게 이해하고 사귀는가, 어떻게 자신을 좋아하게 만드는가, 어떻게 본인이 생각하는 대로 상대를 설득하는가 등이 그들의 관심거리였다.

조사를 실시한 위원회는 메리덴에 거주하는 성인들을 위해 그들의 관심사와 관련된 강좌를 열기로 했다. 위원회는 그 강좌에 사용할 실용적인 교본을 부지런히 찾아 헤맸다.

하지만 단 한 권도 찾지 못했다. 결국 그들은 성인 교육에 있어 세계적으로 널리 알려진 권위자에게 연락하여 강좌에 사용할 적당한 교재에 대해 자문했다. 그러자 그 권위자는 이렇게 대답했다.

"성인들이 원하는 것이 무엇인지는 알고 있습니다. 하지만 그들에게 필요한 책이 쓰여진 적은 없어요."

나는 경험을 통해 이 말이 사실임을 알고 있다. 나 자신도 인간관계에 대해 실제적이고 쓸모 있는 안내서를 찾기 위해 여러 해 동안 노력했었다.

그러나 결국 그런 책을 찾지 못했기 때문에 나는 내 강좌에 활용할 목적으로 글을 쓰기 시작했다. 그리고 여기 이 책을 당신 앞에 내놓게 되었으니 마음에 들기 바란다.

책을 준비하면서 사람을 다루는 주제에 관한 내용이라면 모두 읽어보았다. 신문 기사, 잡지 기사, 가정 법원의 기록, 옛 철학자들과 요즘 심리학자들의 글 등 모든 것을 말이다.

이에 더해 숙련된 연구자를 고용하여 1년 반 동안 여러 도서관에서 내가 놓쳐버린 자료들을 읽도록 했으며, 심리학 관련 서적을 낱낱이 훑었고 수백 편의 잡지 기사를 꼼꼼이 읽었다.

또한 수많은 전기를 읽으면서 모든 시대의 위대한 지도자들이 어떻게 사람들을 다루었는지 알아내려고 노력했다. 우리는 그들의 자서전을 모두 섭렵했다. 줄리어스 시저부터 토머스 에디슨에 이르기까지 위대한 리더들의 생애에 대한 글을 자세히 살펴보았다. 시어도어 루스벨트 한 사람에 대한 전기만도 족히 100권은 넘게 읽었다.

우리는 누군가가 사람들을 자기편으로 만들고 움직이기 위해 사용했던 실용적인 아이디어를 찾아내는 데 시간과 돈을 아끼지 않았다. 세계적인 명성을 얻고 있는 성공한 사람들과 면담도 했다.

마르코니나 에디슨 같은 발명가에서부터 프랭클린 D. 루스벨트나 제임스 파레이 같은 정치지도자, 오웬 D. 영 같은 사업가, 클라크 케이블과 메리 픽포드 같은 영화 배우, 마틴 존슨 같은 탐험가에 이르기까지 많은 사람을 만나보았다. 그리고 그들이 인간관계에서 사용했던 기술을 알아내려고 노력했다.

이 모든 자료들을 모은 뒤, 나는 짧은 강의를 준비했다. 강의 제목은 '사람들을 내 편으로 만들고 움직이는 법'이었다.

처음에는 강의 시간이 짧았지만, 곧 1시간 30분 정도로 연장되었다. 그리고 수년 동안 뉴욕 카네기협회의 주최로 해마다 성인에게 이 강의를 했다.

나는 강의를 마친 후에는 참석자들에게 밖으로 나가
배운 내용을 사업이나 사회적인 만남에 적용해 보라고
촉구했다. 그리고 강의실로 돌아와 자신의 경험이나 성취
한 결과에 대해 말해달라고 했다.

얼마나 재미있는 숙제인가! 자아 계발에 굶주렸던 사
람들은 새로운 종류의 실험을 한다는 생각에 흥분했다.
성인을 대상으로 하는 최초이자 유일한 실험이었기 때문
이다.

이 책은 일상적인 의미를 지닌 단어로 쓰여지지 않았
다. 이 책은 아이가 자라는 것처럼 성장했다. 실험실 밖에
서 수많은 성인의 경험을 통해 발전하고 자라온 것이다.

몇 년 전에 우리는 엽서 한 장 크기도 되지 않는 카드
에 인쇄된 몇 가지 규칙만 가지고 강의를 시작했다. 다음
강의를 할 때는 조금 더 큰 카드를 인쇄했고, 그 다음엔
얇은 인쇄물, 그 다음에는 일련의 소책자를 만들었다. 매
번 강의 범위가 넓어지고 자료집이 두꺼워졌다.

그리고 15년이라는 세월의 경험과 조사를 거친 후에야
이 책이 나오게 되었다.

이 책에 담긴 규칙들은 단순한 이론이나 짐작이 아니다. 이것은 마술처럼 우리 삶에 작용한다. 믿어지지 않겠지만, 나는 이러한 원칙을 적용한 사람들의 생활에서 일어나는 일대 혁신을 보아왔다.

한 예를 들어보겠다. 314명의 직원을 거느린 한 남자가 이 강좌에 참석했다. 수년 동안 그는 신중치 못했으며 거침없이 직원들을 비판하고 비난했다. 친절함과 칭찬과 격려하는 말은 그와 어울리지 않았다. 그러나 이 책에서 논의된 원칙들을 공부한 후에 이 경영자는 놀랍게도 만나는 사람마다 친구로 만들 수 있었다. 그의 삶이 완전히 바뀐 것이다. 이제 그의 조직은 성실성과 일에 대한 열정, 협력 정신으로 생기를 띠고 있다. 314명의 적이 314명의 친구로 변한 것이다. 그는 자랑스럽게 말했다.

"예전에는 회사에 들어가면 나에게 반갑게 먼저 인사하는 사람이 없었습니다. 시선을 딴 데로 돌리다가 내가 다가가면 겨우 인사를 했지만 지금은 모두 나의 친구가 되었고 경비원까지도 제 이름을 부를 정도가 되었습니다."

이 경영자는 수익도 늘었고, 여가 시간도 많이 얻게 되었다. 매우 중요한 사실은 그가 사업에서나 가정에서 훨씬 많은 행복을 찾았다는 점이다.

수많은 세일즈맨이 이 원칙을 사용해서 놀랄 만큼 실적을 올려왔다. 많은 사람이 예전에는 번번이 실패했던 곳에서 새로운 거래처를 개발했다. 임원들의 권위가 상승했고, 임금도 올랐다. 어떤 임원은 이런 원칙을 적용하여 연봉이 대폭 인상되었다고 전했다.

또 다른 예를 들어보자. 필라델피아 가스회사의 어느 임원은 예순다섯 살 때 적대적인 성향과 직원들을 원만히 다루는 능력의 부족으로 강등되었다. 하지만 이 훈련 과정을 통해 그는 임금 인상에 승진까지 하게 되었다.

강좌가 끝난 후 열리는 연회에 참석한 배우자들은, 남편이나 아내가 이 훈련 과정을 시작하고 나서 가정이 훨씬 행복해졌다고 말했다.

사람들은 종종 그들이 달성한 새로운 결과에 놀라기도 한다. 이 모든 일은 마치 마술처럼 여겨진다.

어떤 경우에는 너무나 흥분한 나머지, 자신이 성취한 결과를 발표할 강의 시간을 기다릴 수가 없어서 일요일에 나의 집으로 전화를 걸어오기도 한다.

한 남자는 이러한 원칙에 너무 고무되어서 강좌의 다른 수강생들과 늦은 밤까지 토론을 벌이기도 했다. 새벽 3시가 되었을 때 다른 수강생들은 집으로 돌아갔다. 하지만 그는 자신의 과오를 깨닫게 된 것이 너무나 기쁘고, 자기 앞에 펼쳐진 새롭고 풍요로워진 세상에 자극을 받아서 잠을 이룰 수가 없었다. 그는 그날 밤은 물론 그 다음 날 밤, 또 그 다음 날 밤에도 잠들지 않았다.

그는 누구였을까? 이제 막 나온 새로운 이론이라면 무조건 달려드는 순진하고 미숙한 사람이었을까? 아니다. 예술품을 거래하는 일을 하는 그는, 유럽의 두 대학을 졸업했으며 3개 국어를 구사할 줄 아는 그 도시의 교양 있는 유명인사였다.

이 글을 쓰는 동안 독일 어느 귀족 출신의 남자로부터 편지 한 통을 받았다. 대서양을 횡단하는 기선에서 쓰여진 그의 편지는 이러한 원칙을 적용한 경험에 대해 말하고 있었다. 편지는 거의 종교적인 수준의 열기로 가득 차 있었다.

또 다른 한 남자에 대해 말해보겠다. 그는 뉴욕 토박이로 하버드 대학을 졸업했으며 규모가 큰 카펫 공장을 소유하고 있는 부유층이었다. 그는 사람들을 움직이는 처세술에 대해 대학 4년 동안 배운 것보다 지난 14주간 배운 것이 더 많다고 단언했다. 말도 안 된다고? 웃기는 얘기라고? 근거도 없는 얘기라고? 물론 당신은 내가 무슨 수식어를 갖다 붙인 말이든지 이를 무시해버릴 권리가 있다.

1933년 2월 23일 저녁, 뉴욕의 예일 클럽에서 보수적이고 사회적으로 명망이 있는, 한 하버드 대학 졸업생이 600명에 가까운 사람들 앞에서 공식 연설을 했다. 나는 어떠한 평도 하지 않고 단순히 이 연설을 전달하려 한다.

하버드 대학의 유명한 교수인 윌리엄 제임스가 말을 시작했다.

"본래 타고난 능력과 비교해보면, 현재 우리가 발휘하고 있는 능력은 본래 능력의 절반만이 깨어 있는 것과 같습니다. 우리는 신체적·정신적 자원의 극히 일부분만을 사용하고 있을 뿐입니다. 사물을 널리 표현함으로써 인간 개개인은 자신의 한계 내에서 보다 넓게 살 수 있습니다.

인간은 습관적으로 사용하지 못하고 있는, 다양한 종류의 힘을 소유하고 있습니다."

당신이 '습관적으로 사용하지 못하고 있는' 힘이라니! 이 책의 유일한 목적은 활동 정지 상태에 묶여 있는 당신의 능력을 발견하고 개발하도록 도와주는 데 있다. 프린스턴 대학의 전 총장인 존 히븐 박사는 이런 말을 했다.

"교육이란 인생에서 부딪치는 온갖 상황에 대처하는 능력이다."

만일 당신이 이 책의 처음 세 장을 읽고 난 다음에도 앞으로 닥칠 인생의 상황에 대처할 준비가 덜 되어 있다면, 이 책은 당신에게 있어서 완전한 실패작일 것이다. 왜냐하면 하버트 스펜서가 말했듯이 '교육의 가장 큰 목적은 지식이 아니라 행동'이기 때문이다.

이 책은 바로 행동의 책이다.

데일 카네기

차례

책머리에

|4장| 리더가 되는 방법

1장

사람을 다루는 방법

꿀을 얻고 싶다면
벌통을 걷어차지 마라

1931년 5월 7일, 뉴욕에서는 전대미문의 범인 검거작전이 절정으로 치닫고 있었다.

술과 담배를 하지 않는 살인범이자 폭력배인 '쌍권총' 크로울리가 몇 주간의 수색 끝에 웨스트 엔드 가에 있는 애인의 아파트에서 포위당했다.

150명의 경찰과 형사가 아파트의 맨 꼭대기 층에 있는 은신처를 에워싸고 있었다. 그들은 지붕에 구멍을 뚫고 최루가스를 발사하여 '경찰 살인범'인 크로울리를 끌어 내려고 준비하고 있었다. 주변 건물에는 기관총 저격수가 배치되었다. 뉴욕의 고급 주택단지 중 하나인 그곳에서는 한 시간이 넘게 권총과 기관총 소리가 울려 퍼졌다.

두터운 안락의자 뒤에 웅크린 크로울리는 경찰들을 향해 끊임없이 총을 발사했다. 만 명이 넘는 시민들이 흥분해서 이 전쟁을 지켜보고 있었다.

이와 같은 일이 뉴욕 거리에서 벌어진 적은 없었다.

크로울리가 체포되었을 때 경찰국장 E. P. 멀루니는 이 쌍권총의 무법자가 뉴욕 역사에 있어 가장 흉악한 범인 중 하나라고 단언했다. 경찰국장은 그가 깃털 하나 떨어지는 사소한 이유로도 사람을 죽일 인물이라고 말했다.

그렇지만 쌍권총 크로울리는 자신을 어떻게 평가했을까? 우리는 그 대답을 알고 있다. 경찰들이 아파트로 사격을 가하는 동안 그가 '관계자 여러분께'라는 편지를 썼기 때문이다. 편지를 쓰는 동안, 그의 상처에서 흘러나온 피가 편지지에 짙은 핏자국을 남겨놓았다. 크로울리는 편지에 이렇게 썼다.

내 안에는 지치기는 했지만 다정한 마음이 있다.
누구에게도 해를 끼치지 않을 그런 마음이 말이다.

이 사건이 있기 얼마 전, 크로울리는 롱아일랜드의 어느 시골길에 차를 세워두고 여자친구와 한창 애무를 즐기고 있었다. 그런데 갑자기 경찰관 한 명이 그들이 타고있는 차 쪽으로 다가오더니 검문을 하겠다고 말했다.

"운전면허증 좀 보여주십시오."

한 마디 말도 없이, 크로울리는 총을 뽑아 그 경찰관에게 빗발 같은 총알 세례를 퍼부었다. 경찰관이 쓰러지자, 크로울리는 차에서 뛰어나가 경찰관의 총을 빼들고 엎어진 시체를 향해 또 한 방을 쏘았다. 그리고 이렇게 말했다.

"내 안에는 지치기는 했지만 다정한 마음이 있다. 누구에게도 해를 끼치지 않을 그런 마음이 말이다."

크로울리는 사형을 선고받았다. 싱싱 교도소의 사형수 감방에 도착했을 때, 그는 자신이 사람을 죽였다고 말했을까? 아니다. 그는 이렇게 말했다.

"나는 나를 방어했을 뿐이다."

이 이야기의 요점은 쌍권총 크로울리가 자신의 잘못을 인정하지 않았다는 것이다.

이것이 범죄자들 중에서도 유별난, 크로울리에게서만 볼 수 있는 태도일까? 만약 그렇게 생각한다면, 이 얘기를 들어보자.

"나는 사람들에게 즐거움을 주고 그들을 돕는 데 내 생애 최고의 시기들을 바쳤다. 하지만 내가 얻은 것이라고는 욕설과 범죄자라는 낙인뿐이다."

이 말은 알 카포네가 한 말이다. 그렇다. 미국에서 가장 악명이 높은 민중의 적이었으며 시카고에 총성이 난무하게 만들었던 흉악한 갱 두목인 알 카포네도 자신을 비난하지 않았다. 그는 스스로를 사회에 이익을 베푸는데도 인정받지 못하고 잘못 판단되고 있는 자선 사업가로 여겼다.

뉴욕을 갱의 총으로 지배했던 더치 슐츠도 이와 마찬가지다. 뉴욕에서 악명을 떨쳤던 더치 슐츠는 신문과의 인터뷰에서 자신은 자선 사업가라고 말했다. 그는 정말로 그렇게 믿고 있었다.

나는 뉴욕에 있는 악명 높은 싱싱 교도소의 소장이었던 루이스 로스와 이 문제에 관해 몇 년 동안 흥미로운 편지를 주고받았다. 그는 이렇게 단언했다.

"싱싱 교도소에 수감된 범죄자들 중에 자신을 악한이라고 생각하는 사람은 거의 없다. 그들은 스스로를 당신이나 나처럼 그저 평범한 한 인간으로 생각한다. 따라서 자신을 합리화하고 그럴 듯하게 설명한다. 그들은 자신이 왜 금고를 털었으며, 방아쇠를 당길 수밖에 없었는지 해명할 수 있다. 그들 대부분은 그럴 듯하고 논리적으로 보이는 구실을 만들어내서 자신이 저지른 반사회적인 행동을 정당화하려고 한다. 그리고 자신은 감방에 갇힐 이유가 없다며 끊임없이 단호하게 주장한다."

알 카포네나 쌍권총 크로울리, 더치 슐츠나 그 밖에 교도소의 담 안에 수감되어 절망을 느끼는 수많은 죄수도 스스로를 절대 비난하지 않는데, 당신이나 나 같은 일반 사람들은 어떻겠는가?

자신의 이름을 따서 백화점을 세운 존 워너메이커는 이런 고백을 한 적이 있다.

"나는 30년 전에 남을 비난하는 것은 어리석기 그지없다는 사실을 배웠다. 나는 신이 지성이라는 선물을 공평하게 나누어 주지 않았다는 사실을 탓하지 않고 내 자신의 한계를 극복하려고 부단히 노력했다."

워너메이커는 이런 교훈을 일찌감치 깨우쳤지만, 나는

한 30년 동안 온갖 실수를 저지르면서 살아왔다. 그러고 나서야 100명 중에 99명은 아무리 큰 잘못을 저질렀어도 자신을 비난하지 않는다는 사실을 알게 되었다.

비난이란 쓸모없는 짓이다. 비난은 상대로 하여금 자신을 방어하고 정당화하도록 애쓰게 만들기 때문이다. 비난은 위험한 것이다. 비난은 상대의 고귀한 자부심에 상처를 주고 자존심을 상하게 하며 화를 불러일으키기 때문이다.

세계적으로 유명한 심리학자인 B. F. 스키너는 실험을 통해 착한 행동으로 보상을 받은 동물은 나쁜 행동으로 처벌을 받은 동물보다 더 빨리 배우고 배운 것을 훨씬 효과적으로 기억한다는 것을 증명했다.

이후의 연구들은 이와 같은 법칙이 인간에게도 똑같이 적용된다는 것을 보여준다. 비판은 인간의 지속적인 변화를 이끌어내는 것이 아니라 오히려 부정적 생각을 낳게 하고 화를 유발한다.

또 다른 심리학자인 한스 셀리는 이렇게 말한다.

"모든 인간은 칭찬에 목말라하는 것만큼이나 비난을 두려워한다."

비판이 야기하는 화는 직원과 가족, 친구들의 사기를 꺾고, 비난을 받은 상황을 개선하지도 못한다.

오클라호마에 거주하는 조지 B. 존스턴은 한 엔지니어링회사의 안전 담당관이다. 그가 맡은 임무 중의 하나는 직원들이 현장에서 작업할 때 안전모를 제대로 착용하는지를 살피는 일이다. 안전모를 쓰지 않은 현장 직원들을 만날 때마다 그는 권위적으로 규정에 대해 설명하고 이를 준수해야 한다고 말했다. 결과적으로 이러한 언행은 현장 직원들의 자존심을 건드려 반발만 샀고, 그가 가면 직원들은 아예 헬멧을 벗어버렸다.

그는 다른 식으로 접근해보기로 마음먹었다. 다음번에 헬멧을 쓰지 않은 직원을 발견했을 때는 헬멧이 불편한지 혹은 머리에 잘 맞지 않는지를 물어보았다. 그리고 기분 좋은 목소리로 헬멧은 부상을 방지하기 위해 고안되었다는 것을 상기시켰으며, 작업 중에는 항상 착용해달라고 부탁했다. 그 결과 서로 감정이 상하는 일 없이 규정에 따르는 직원들이 늘어났다.

이외에도 역사의 기록을 가득 채우고 있는 비판의 무익성에 관한 무수한 예를 찾아볼 수 있다. 시어도어 루스벨트와 태프트 대통령 간의 유명한 불화를 예로 들어보겠다. 공화당을 분열시킨 이 불화는 우드로 윌슨을 백악관의 주인으로 만들었고, 1차 세계대전의 참여로 인해 역사에 한 획을 긋게 되었다.

시어도어 루스벨트는 1908년 대통령직에서 물러날 때, 차기 대통령으로 선출된 태프트를 지지했다. 그러고 나서 그는 사자 사냥을 위해 아프리카로 떠났다.

하지만 그가 돌아왔을 때는 몹시 감정이 상해 있었다. 그는 태프트의 보수 성향을 공공연히 비난했으며, 스스로 차기 대통령으로 추천받기 위해 진보당을 조직했다.

그 결과 공화당은 해체 위기를 맞게 되었다. 다음 대통령선거에서 윌리엄 하워드 태프트와 공화당은 버몬트와 유타, 고작 두 개 주에서만 승리했다. 공화당이 생긴 이래 최악의 참패였다.

시어도어 루스벨트는 태프트를 비난했지만, 태프트 대통령도 스스로를 비난했을까? 물론 아니다. 태프트는 눈물을 흘리며 말했다.

"그렇게밖에는, 어떻게 다른 식으로 대처해야 하는지 모르겠소. 날 좀 이해해주시오."

비난받을 사람은 누구일까? 루스벨트인가 태프트인가? 솔직히 말해서 나도 모르겠다. 그리고 상관하지도 않는다. 내가 말하고 싶은 요점은, 루스벨트의 비난은 태프트가 잘못을 인정하도록 만들지 못했다는 것이다. 그것은 태프트가 자신을 애써 정당화하게 만들었고 눈물을 흘리면서 변명을 늘어놓게 만들었다.

또 다른 예로 티포트 돔 유전 스캔들 얘기를 해보자. 이 사건은 1920년대 초기에 전국을 강타해 신문 지상을 떠들썩하게 만들었다. 그 스캔들의 전말은 이렇다.

하딩 행정부의 내무장관이었던 앨버트 B. 펄은 엘크힐과 티포트 돔에 있는 정부 소유의 유전지대를 임대하는 권한을 위임받았다. 이 유전지대는 장차 해군에서 사용할 목적으로 따로 남겨둔 것이었다. 펄 장군은 경쟁 입찰을 허용했을까? 대답은 "아니오"다.

그는 친구 에드워드 L. 도헤니에게 수익성이 엄청난 이 계약을 고스란히 넘겨주었다. 그렇다면 도헤니는 장관 친구에게 무엇을 해주었을까? 그는 펄 내무장관에게 대부금이란 이름으로 10만 달러를 주었다. 그러자 펄 내무장관은 고압적인 자세로 미 해군을 출동시켜서 엘크힐 유전지대 근처에서 석유를 채굴하고 있던 경쟁업자들을 몰아냈다. 무력에 의해 생활 터전에서 쫓겨난 경쟁업자들은 재판을 걸었고, 그리하여 티포트 돔 스캔들의 전모가 폭

로되었다. 부패 정도가 너무 고약해서 결국 하딩 정부는 몰락하고 공화당은 해체 위기에 놓였다. 앨버트 B. 펄은 유죄를 선고받아 감옥에 투옥되었다.

이는 공직 관리로서는 흔치 않은 일이었다. 펄은 자신의 죄를 뉘우쳤을까? 절대로 아니다. 몇 년 뒤 후버 대통령은 공식적인 연설에서 하딩 대통령의 죽음은 그를 배신한 한 친구로 인한 정신적인 충격과 고뇌 때문이었다고 말했다. 펄 부인이 이 말을 듣고는 의자에서 벌떡 일어나 눈물을 흘리고, 주먹을 휘두르며 소리쳤다.

"뭐라고! 하딩이 펄에게 배신을 당했다고? 아니, 내 남편은 누구도 배신한 적이 없어요. 금덩이로 가득 찬 집도 내 남편이 그릇된 일을 하도록 유혹할 순 없을 거예요. 남편이야말로 배신을 당한 사람이에요. 십자가를 진 거라고요!"

인간의 본능이란 그런 것이다. 모든 사람이 비난하는 범죄자라도 스스로를 비난하지는 않는 법이다. 우리들 모두 이와 마찬가지다.

그러므로 당신이나 내게 누군가를 비난하려는 마음이 생겼을 때, 알 카포네나 쌍권총 크로울리, 혹은 앨버트 펄을 상기해보자.

비난이란 집비둘기와 같다는 것을 명심하자. 이들은 언제나 다시 집으로 돌아오기 마련이다. 우리가 나무라고 비난하려는 대상은 결국 스스로를 정당화하고 비난의 화살을 우리에게 되돌린다는 점을 깨닫자. 그렇지 않으면 고결한 태프트처럼 이렇게 말할 것이다.

"그렇게밖에는 달리 방법이 없었어."

1865년 4월 15일 아침, 에이브러햄 링컨은 포드 극장 건너편에 있는 싸구려 하숙집의 한 침실에 누워 죽어가고 있었다. 링컨은 이 포드 극장에서 존 윌크스 부스에게 저격을 당했다. 볼품없는 침대는 키가 큰 그가 눕기에는 너무 짧았던 터라, 그는 대각선으로 눕혀 있었다. 로자 보뇌르가 그린 유명한 그림 '말 시장'의 싸구려 복사판이 침대 위에 걸려 있었고, 음침한 가스등은 누런 빛을 깜박이고 있었다.

죽음을 기다리며 누워 있는 링컨을 바라보며, 스탠튼 국방부 장관은 이렇게 말했다.

"여기 세상에서 가장 완벽했던 통치자가 누워 있다."

링컨이 성공적으로 사람을 다룬 비결은 무엇이었을까?

나는 10년 동안 에이브러햄 링컨의 생애를 연구했으며 꼬박 3년이라는 시간을 바쳐 《세상에 알려져 있지 않은 링컨》이라는 제목의 책을 썼다. 나는 링컨의 인간성과 가정생활에 대해 그 누구보다도 철저하게 연구했다고 자부한다. 링컨도 비판하기를 좋아했을까? 물론 그렇다.

젊은 시절 인디애나 주에서 살 때, 그는 비판만이 아니라 사람들을 조롱하는 글이나 시를 써서 눈에 잘 띌 만한 거리에 떨어뜨리고 다녔다. 그 글들 중에는 상대방에게 지울 수 없는 분노를 일으켜서 평생 동안 그를 증오하게 만든 것도 있었다.

일리노이 주에서 변호사로 활동하게 되었을 때조차도, 그는 신문에 글을 실어서 반대파를 공개적으로 공격했다. 이러한 일은 매우 빈번하게 일어났다.

1842년 가을, 링컨은 제임스 쉴즈라는 허영심 많고, 호전적인 정치가를 비판했다. 스프링필드의 〈저널〉에 익명의 편지를 보내어 그를 풍자적으로 비방했는데, 이 글은 온 시내를 웃음바다로 만들었다. 예민하고 자존심이 강한 쉴즈는 화가 끓어올랐다. 그는 기어코 링컨이 쓴 글임을 알아내어 링컨에게 달려갔다. 그리고 결투를 신청했다.

링컨은 싸우고 싶지 않았다. 결투에 반대하는 입장이었

지만 명예를 지키기 위해서는 피할 수 없었다. 그는 팔이 무척 길었으므로, 기병대의 장검을 선택하고 웨스트 포인 트 졸업생에게 칼싸움에 대한 교습을 받았다.

드디어 결전의 날, 그와 쉴즈는 미시시피 강 기슭의 모 래톱에서 만나 목숨을 건 결투를 막 시작하려 하고 있었 다. 하지만 마지막 순간에 입회인들이 몰려와 두 사람을 가로막고 결투를 멈추게 했다. 이것은 링컨의 삶에 있어 서 개인적으로 가장 무시무시한 일이었다.

이 일로 인해 링컨은 사람을 다루는 처세술에 대해 귀 중한 교훈을 얻게 되었다. 그후로 그는 남을 비방하거나 비웃는 일을 절대로 하지 않았다. 또한 꼭 필요하다고 판 단이 서지 않는 한 누군가를 비판하지 않았다.

남북전쟁이 발발했던 당시, 링컨은 포토맥 지역에 있는 군대의 사령관 직에 새로운 장관을 임명했다. 임명되었던 이들을 순서대로 보면, 캑클레란, 포프, 번사이드, 후커, 미드 장군 등이다. 이들은 처참한 실패를 거듭했고, 그 바 람에 링컨은 절망의 나락으로 곤두박질쳤다.

대부분의 국민들은 이 무능한 장군들을 맹렬하게 비난 했다. 하지만 링컨은 "누구에게도 악의를 품지 말고, 모두 사랑하자"라는 신념 아래 침묵을 지켰다. 그가 좋아했던 인용구 중 하나가 이것이다.

"남을 심판하지 마라. 그러면 너희도 심판받지 않을 것
이다."

부인과 다른 사람들이 남부 사람들에 대해 거칠게 말
할 때도 링컨은 이렇게 응수했다.
"그들을 비판하지 말게. 우리도 비슷한 상황에 처하면
마찬가지일 테니 말이야."
링컨만큼 누군가를 비판할 기회가 많았던 사람도 없었
을 것이다. 한 가지 예를 들어보자.
게티즈버그 전투는 1863년 7월 1일부터 3일 동안 벌
어졌다. 7월 4일 밤, 리 장군은 비구름이 이 지역에 몰려
오자 남쪽으로 후퇴하기 시작했다. 패배한 군대와 함께
포토맥에 도착했을 때, 리 장군은 강물이 너무 불어버려
서 도저히 건널 수가 없음을 알게 되었다. 뒤에서는 승리
한 북군이 추격을 해오고 있어, 리 장군은 탈출은 생각하
지도 못하는 상황이었다. 링컨은 이 상황을 하늘이 내려
준 절호의 기회라고 생각했다. 리 장군의 군대를 생포하
고 전쟁을 즉시 끝낼 수 있는 기회로 말이다.

링컨은 희망에 부풀어 미드 장군에게 군사회의는 열지 말고, 즉각 리 장군을 공격하라고 명령했다. 링컨은 명령을 타전한 후 즉각적인 공격을 요구하는 특사까지 미드 장군에게 보냈다.

그러나 미드 장군은 명령받은 것과는 정반대의 행동을 취했다. 그는 군사회의를 소집했다. 미드 장군은 주저하면서 시간을 끌고 있었다. 그는 온갖 변명으로 가득한 전보를 보냈다. 그는 리 장군을 정면 공격하는 것을 거부했다. 결국 강물은 줄어들었고 리 장군은 군대를 이끌고 포토맥 강을 빠져나갈 수 있었다.

링컨은 불같이 화를 내며 아들 로버트에게 버럭 소리쳤다.

"이런, 빌어먹을! 이게 도대체 무슨 일이야? 그들은 독 안에 든 쥐였어. 손만 뻗으면 잡을 수 있었단 말이야. 그런데 어쩔 해볼 도리가 없었다니. 그런 상황에서는 누구라도 리 장군의 군대를 굴복시킬 수 있었어. 내가 그곳에 있었다면 틀림없이 그를 붙잡을 수 있었을 거야."

쓰라린 심정으로 링컨은 자리에 앉아 미드 장군에게 다음과 같은 편지를 썼다. 그 당시 링컨은 매우 온건했으며, 말투도 극히 조심스러웠다는 것을 기억하기 바란다.

그러니 1863년에 링컨이 쓴 이 편지는 꾸짖는 정도가 상당히 심한 것이다.

친애하는 장군께.

나는 리 장군의 탈출이 야기한 불행의 정도를 당신이 제대로 인식하고 있다고 생각하지 않습니다. 그는 우리 수중에 있었으며, 우리가 거둔 최근의 승전들로 볼 때, 그를 압박만 했더라도 전쟁은 끝났을 것입니다.

그렇지만 이제 우리는 끝을 기약할 수 없는 상황에 놓이게 되었습니다. 당신이 지난 월요일에도 리 장군을 공격할 수 없었는데, 남쪽 강 아래 지역에서는 어떻게 공격을 할 수 있겠습니까? 그때는 병력의 3분의 2밖에는 쓸 수 없을 텐데요. 당신이 이번 전쟁에 큰 영향을 미칠 수 있다고는 기대하지 않으며, 기대하는 것조차도 무리라고 생각합니다. 당신에게 주어진 귀중한 기회는 가버렸으며, 그로 인해 저는 어찌할 바를 모르고 무한한 슬픔에 빠져 있습니다.

이 편지를 읽었을 때 미드 장군의 마음은 어떠했을까?

하지만 미드 장군은 이 편지를 보지 못했다. 링컨이 보내지 않았기 때문이다.

이 편지는 사후에 서류들 틈에서 발견되었다. 나 혼자만의 추측이지만, 이 편지를 쓰고 나서 링컨은 창문 밖을 내다보며 이렇게 혼잣말을 했을 것이다.

"잠시 기다려보자. 너무 서두르지 말아야 한다. 내가 이 조용한 백악관에 앉아서 미드 장군에게 공격을 명령하는 것은 아주 쉬운 일이다. 하지만 내가 게티즈버그에 있었다면, 그리고 지난 한 주 동안 미드 장군이 본 것처럼 엄청난 유혈사태를 보았더라면, 또한 부상자와 죽어가는 병사들의 비명이 내 귀를 찔렀다면, 나도 선뜻 공격을 못 했을지도 모른다. 내가 미드 장군처럼 소심한 성격이었다면, 나도 그와 마찬가지였을 것이다. 어쨌든 이제는 지나간 일이다. 이 편지를 보낸다면, 내 마음은 누그러지겠지만 미드 장군이 자신을 정당화하도록 만들겠지. 나를 비난할 수도 있을 테고. 이 편지는 원한을 불러일으킬 것이고 앞으로 수행할 사령관으로서의 역할에도 해를 끼쳐서 그가 사임하게 될 수도 있을 것이다."

이러한 고심 끝에 링컨은 편지를 보내지 않은 것이다.

그는 과거의 쓰라린 경험을 통해 신랄한 비난과 질책은 쓸모없다는 것을 알고 있었다.

시어도어 루스벨트는 대통령 재임 당시, 난관에 부딪혔을 때에는 백악관 안의 자기 책상 위에 걸려 있는 링컨의 커다란 초상화를 쳐다보면서 이렇게 자문해보았다고 말했다.

이런 상황에서 링컨은 어떻게 행동했을까?
링컨이라면 이 문제를 어떻게 해결했을까?
링컨이라면 이 문제에 어떻게 대처했을까?

마크 트웨인은 종종 침착함을 잃고 욕설로 가득한 편지를 썼다.

다음은 그가 화를 돋운 한 남자에게 쓴 편지다.

당신에게 필요한 것은 매장 허가증이오. 말만 하면 그것을 얻어주겠소.

철자와 문장 부호를 고치려던 한 교정자에 대해 편집자가 이렇게 편지를 쓴 경우도 있다.

당신네 교정자에게 지금부터 내 원고에 손댈 생각은 하지
말고 교정 따위는 그 썩어빠진 머릿속에나 넣어두라고 하시오.

마크 트웨인은 이렇게 비꼬는 편지를 쓰는 데서 기분
을 풀었다.

그러한 행동은 화를 날려버리게 해주었고 다른 사람에
게도 해를 끼치지 않았다. 왜냐하면 그의 아내가 몰래 편
지들을 없애버렸기 때문이다. 그러므로 편지가 전달되는
일은 절대로 없었다.

변화시키거나 개선시키고 싶은 누군가를 당신은 알고 있
는가? 좋은 일이다. 그것은 참 올바른 일이다. 나도 이에 찬성
하는 바이다. 하지만 왜 자기 자신부터 시작해보지 않는가?

순전히 자기 본위적인 관점에서 보더라도, 이것은 다른
사람을 개선시키려고 애쓰는 것보다는 훨씬 이득이 되는
일이다. 그리고 위험도 덜하다. 공자도 말했다.

"자기 집 문 앞이 더러우면 이웃집의 지붕 위의 눈에 대해
불평하지 말라."

사람들에게 강한 인상을 남기려고 애썼던 젊은 시절, 나는 미국 문단에서 중요한 위치를 차지하고 있던 리처드 하딩 데이비스에게 바보 같은 편지를 썼다. 작가들에 대한 잡지 기사를 준비 중이던 나는, 그에게 창작법에 대해 알려달라고 물었던 것이다. 편지를 쓰기 몇 주 전에, 나는 누군가에게서 끝 부분에 이런 말이 적힌 편지를 받았다.

구술하기는 했으나, 읽어보지는 않음.

이는 내게 상당히 인상 깊은 말이었다. 나는 이 편지를 쓴 사람이 틀림없이 매우 중요한 인물이며 바쁜 사람일 것이라고 생각했다. 그래서 나는 조금도 바쁘지 않았지만 리처드 하딩 데이비스에게 강한 인상을 남기고 싶다는 열망에 사로잡혀 짧은 편지의 끝에 이렇게 적었다.

구술하기는 했으나, 읽어보지는 않음.

데이비스는 이 편지에 답장을 보내는 번거로운 행동은 하지 않았다. 단지 편지 밑에 다음과 같은 말을 휘갈겨 써서 되돌려 보냈을 뿐이었다.

무례함이 지나치군.

내가 큰 실수를 한 것은 사실이었고, 이런 질책을 받아
도 마땅했다. 하지만 나도 인간인지라 매우 불쾌했다. 그
상처를 씻어버리기가 얼마나 어려웠던지, 10년 후 리처드
하딩 데이비스의 부고기사를 읽을 때까지도 마음속에 불
쾌함이 자리 잡고 있었다. 인정하기 부끄러운 일이기는 하
지만 말이다.

죽을 때까지 지속될 만큼 사무칠 원망을 사고 싶다면,
신랄한 비판을 일삼자. 상대가 비판을 정당화시킬 것을
알고 있더라도 말이다.

사람들을 다룰 때는 논리적으로 대상을 대하는 것이
아님을 명심하자. 우리는 감정적 대상, 편견으로 가득 찬
대상을 대하는 것이다. 그리고 그들은 자존심과 허영심에
의해 좌우된다.

신랄한 비평은 영문학을 풍요롭게 만든 최고의 소설가
인 토머스 하디로 하여금 소설 쓰는 것을 영원히 포기하
게 만들었다. 비평은 영미 시인이었던 토머스 채터튼을
자살로 몰아넣었다.

젊은 시절 눈치가 없었던 벤자민 프랭클린은 나중에

외교적 수완이 뛰어나고 사람을 다루는 데 능숙한 인물
이 되었다. 이로 인해 그는 프랑스 주재 미국 대사가 되었
다. 그의 성공 비결은 무엇일까? 그는 이렇게 말했다.

"나는 누구에 대해서든 험담을 하지 않는다. 내가 알고 있
는 사람들의 좋은 점만을 이야기한다."

비판, 비난, 불평은 바보라도 할 수 있는 일이다. 그리고
대다수의 바보들이 그렇게 한다. 그러나 이해와 용서는
인격과 자제심을 요한다.
칼라일은 이렇게 말했다.

"위인은 소인을 다루는 태도로 위대함을 드러낸다."

밥 후버는 유명한 시험 비행사이자 에어쇼의 명수였다.
그가 샌디에고에서 열린 에어쇼를 끝내고 로스앤젤레스
의 집으로 돌아오고 있을 때였다.
〈플라이트 오퍼레이션〉이라는 잡지에서 표현한 것처럼,
3백 피트 상공에서 갑자기 양쪽 엔진이 멈춰버렸다. 그는
능숙한 조작으로 비행기를 착륙시켰다. 부상자는 없었지

만 기체는 심하게 파손된 상태였다.

비상착륙을 한 후, 후버가 처음으로 취한 행동은 비행기의 연료를 확인한 일이었다. 예상대로 그가 조종했던 2차 세계대전 때의 비행기에는 휘발유 대신 제트 연료가 채워져 있었다.

후버는 비행장으로 돌아오자마자 그 비행기를 담당했던 기술자를 불렀다. 젊은 기술자는 자신이 저지른 실수 때문에 몹시 괴로워했다. 후버가 다가갔을 때, 그는 눈물을 흘렸다. 그로 인해 값비싼 비행기를 잃었고, 하마터면 세 사람의 목숨까지도 잃을 뻔했던 것이다.

후버의 노여움이 어느 정도였을지 상상할 수 있을 것이다. 모두들 엄격한 후버가 이 부주의한 기술자에게 심한 욕설을 퍼부으며 질책할 것이라고 생각했다. 하지만 그는 기술자를 꾸짖기는커녕 비난하지도 않았다. 대신에 젊은 기술자의 어깨에 다정히 팔을 두르고는 말했다.

"나는 자네가 이런 실수를 다시는 저지르지 않으리라는 것을 확신하네. 그러니 내일 내가 탈 F-15는 자네가 맡아서 봐주게."

부모는 자신의 기대를 저버린 자녀의 잘못을 비판하고 바로잡고자 한다. 당신은 내가 또 "비판하지 말아라"라고 당부할 거라고 생각할 것이다. 하지만 그렇지 않다. 단지 이 말만을 하고 싶다.

"자녀를 비판하기 전에 미국 저널리즘의 고전 중 하나인 '아버지는 잊어버린다'를 읽어보라."

이것은 원래 〈피플스 홈 저널〉에 사설로 실렸다. 우리는 저자의 동의 아래 〈리더스 다이제스트〉에 요약된 내용을 여기에 다시 실었다.

'아버지는 잊어버린다'는 진실한 감정을 단숨에 써내려간 짧은 글이다. 이는 수많은 독자의 심금을 울리는 글로서 W. 리빙스턴 라니드가 이 글을 처음 세상에 내놓은 이래로 수백 종의 잡지와 사내보, 전국의 신문에 다시 게재되어 왔다. 그리고 거의 모든 외국어로 번역되었다.

나는 개인적으로 학교, 교회, 강단에서 이 글을 읽고 싶어하는 수많은 사람에게 그렇게 하도록 허락을 했다.

이 글은 무수한 프로그램과 행사에서 지금도 '방송중'이다. 이상한 일이지만, 대학 간행물과 고등학교 잡지에도 실린다. 때론 아주 사소한 일이 신비롭게도 대박을 터트린다. 이 글이 바로 그렇다.

아버지는 잊어버린다

-W. 리빙스턴 라니드

아들아, 내 말을 들어보렴. 아빠는 네가 잠들어 있는 동안 이 이야기를 하고 있단다. 네 손은 뺨 아래에 놓여 있고, 금발의 곱슬머리는 땀에 젖은 이마에 붙어 있구나. 난 네 방에 혼자서 살짝 들어왔단다. 몇 분 전에 서재에 앉아 서류를 읽고 있는데 숨막힐 듯한 후회의 물결이 나를 덮쳐왔다. 죄책감에 나는 네 잠자리로 왔단다.

여기 내가 생각해왔던 일들이 있다. 아들아, 나는 너에게 참 까다롭게 굴었다. 네가 학교에 가려고 옷을 입고 있을 때, 수건으로 얼굴만 문지르고 말았다며 널 혼냈고, 신발을 닦지 않는다는 이유로 꾸짖었단다. 네가 마루에 물건을 던져놓을 때는 큰 소리로 화를 냈지.

아침 식사 때도 네 결점만을 지적했다. 너는 음식을 잘 흘리고 씹지 않으며 꿀꺽 삼켜버리기 일쑤라고, 식탁 위에 팔을 올려놓고, 빵에 버터를 너무 두껍게 발라서 먹는다고…….

그리고 너는 학교로 향하고 나는 출근할 때, 네가 돌아서서 손을 흔들며 "다녀오세요, 아빠!"라고 말하면 나는 얼굴을 찌푸리면서 "어깨 좀 쫙 펴라!"고 대꾸했단다.

그러고 나서 늦은 오후가 되면 또 모든 게 반복됐지. 퇴근해서 돌아올 때면, 무릎을 꿇고 구슬치기를 하는 네가 눈에 띈단다. 네 긴 양말에는 구멍이 나 있지.

나는 네 친구들이 보는 앞에서 창피를 주고는 너를 앞에 세우고 집으로 돌아온다. 긴 양말은 비싸단다. 네가 그걸 사야 할 때가 오면 신중하게 생각하렴! 상상해보아라. 아들아, 아버지로서 말이야.

기억하니? 언젠가 내가 서재에서 무언가를 읽고 있을 때, 네가 겁에 질린 표정으로 조심스럽게 들어왔지. 내가 방해받은 것에 화를 내며 서류 너머로 얼핏 너를 보았을 때, 너는 문가에서 주저하고 있었어.

내가 "무슨 일이냐?"라고 퉁명스럽게 묻자, 너는 아무 말도 없이 갑작스럽게 달려와서는 목에 팔을 두르고 내게 키스를 했다. 너는 그 조그만 팔로 사랑스럽게 나를 꽉 껴안았지.

하느님께서 네 가슴에 꽃피운 애정은 어떠한 무관심에도 시들 수 없었던 거야. 그리고 넌 서재를 나가서 계단을 타닥타닥 올라갔다.

그런데 아들아, 아주 잠시 후에 서류가 손에서 미끄러져 떨어졌고, 나는 끔찍한 두려움에 휩싸였어. 내가 왜 이런 습관에 젖어 있었을까? 결점만을 찾아내어 질책하는 습관 말이다.

그건 너를 올바르게 키우려던 내 방법이었을 뿐이란다. 내가 너를 사랑하지 않아서가 아니었어. 내가 어린 너에게 너무 많은 것을 기대했구나. 난 너를 내 어린 시절의 잣대로 판단하고 있었던 거야.

너는 너무나 훌륭하고, 우수하며, 진실한 마음씨를 가지고 있단다.

너의 조그만 가슴은 넓은 언덕 위를 비추는 햇살처럼 한없이 크지. 이건 순간적으로 달려와서 내게 키스를 했던 것으로도 알 수 있단다.

오늘밤에는 그 어떤 것도 상관없다, 아들아. 어두운 밤 네 침대 곁으로 다가와서 무릎을 꿇고 속죄하고 스스로를 부끄러워하고 있단다.

이것은 미약한 반성일 뿐이야. 네 앞에서 이런 얘기를 하더라도, 네가 이해하지 못하리라는 것을 알고 있다. 하지만 내일부터 나는 참다운 아빠가 될 거란다!

너와 친하게 지낼 것이고, 네가 아파할 때 같이 아파할 것이며, 네가 웃을 때 함께 웃을 거란다.

성마른 말이 튀어나오려 할 때는 혀를 깨물 거야. 나는 일종의 의식처럼 이 말을 끊임없이 중얼거릴 것이며 잊어버리지 않으려고 애쓸 거란다.

"내 아들은 작은 어린아이일 뿐이다."

너를 어른처럼 생각해서 미안하구나. 아들아, 어린이용 침대에서 몸을 웅크리고 곤하게 자고 있는 너는 아직도 어린아기의 모습이구나.

어제 너는 엄마 품에 안겨서 머리를 어깨에 기대고 있었지. 그동안 내가 너무나 많은 것을 너에게 요구했구나. 너무나도 많은 것을.

사람들을 비난하는 대신, 그들을 이해하려고 노력하도록 하자. 그들이 왜 그랬을까를 알아내려고 노력해보자. 그것이 비판보다 훨씬 유익하며 재미있다. 그리고 이는 동정심과 관용, 친절한 마음을 길러준다.

존슨 박사는 이렇게 말했다.

"모든 것을 아는 것은 모든 것을 용서하는 것이다. 하느님께서도 인간이 죽는 그날까지는 인간을 심판하지 않는다."

하물며 당신이나 내가 왜 심판하려 하는가?

사람을 다루는
중대한 비결

누군가가 어떤 일을 하도록 만드는 방법은 이 세상에 단 한 가지뿐이다. 당신은 그 방법에 대해 생각해본 적이 있는가? 그렇다, 단 하나뿐이다. 상대가 그 일을 하고 싶도록 만드는 것이다.

반드시 기억하자. 그 외의 방법은 없다.

물론 상대방의 가슴에 권총을 들이밀면, 시계를 풀어주도록 만들 수는 있다. 직원들에게 해고하겠다고 엄포를 놓고 감시하면 협력을 이끌어낼 수 있다. 아이들을 때리거나 위협하여 당신이 원하는 일을 하게 할 수도 있다. 하지만 이렇게 강압적인 방법은 반발을 사게 마련이다.

누군가에게 어떤 일을 하도록 만들 수 있는 유일한 방법, 상대가 원하는 것을 제공하는 것이다.

그렇다면, 당신이 원하는 것은 무엇인가?

지그문트 프로이트는 우리들의 모든 행동이 두 가지 동

기-성적 충동과 위대해지고 싶은 욕망-에서 비롯된다고 말했다. 미국의 가장 저명한 철학자인 존 듀이는 이를 약간 다르게 표현했다. 듀이 박사는 인간의 본성 중에서도 가장 깊숙이 내재하고 있는 욕구가 '중요한 인물이 되고자 하는 욕망'이라고 말했다.

'중요한 인물이 되고자 하는 욕망'이라는 문구를 기억해두자. 이 말은 정말 중요하다.

당신은 무엇을 원하는가? 많은 것을 원하지는 않아도, 적어도 몇 가지 정도는 바랄 것이다. 부정할 수 없는 강한 욕구로 말이다. 대부분의 사람이 공통적으로 원하는 것은 다음과 같다.

1. 건강과 장수
2. 음식
3. 잠
4. 돈과 돈으로 살 수 있는 것들
5. 내세에서의 삶
6. 성적인 만족감
7. 자녀의 행복
8. 자존감

이러한 욕구들은 대개 충족이 되지만 한 가지 예외가 있다. 바로 프로이트가 말한 '위대해지고 싶은 욕망'이며, 듀이 박사가 말한 '중요한 인물이 되고자 하는 욕망'이다. 이것은 음식이나 수면욕처럼 절실하지만 좀처럼 만족되지 않는다.

링컨은 언젠가 이런 말을 편지에 썼다.

"모든 사람은 칭찬을 좋아한다."

윌리엄 제임스는 이렇게 말했다.

"인간의 본성에서 가장 심오한 원칙은 타인에게 인정받고자 하는 갈망이다."

여기서 그가 인정받고자 하는 '소망'이라든가 '욕구', '희망'이라는 단어를 쓰지 않고, '갈망'이라고 말했다는 사실을 기억해야 한다.

이 욕구는 인간의 마음을 끊임없이 뒤흔들어놓는, 타는 듯한 갈증으로 존재한다. 이러한 마음속의 갈증을 충분히 해결해줄 수 있는 사람은 드물다. 그리고 이런 사람이 바로 다른 사람들을 자신의 손바닥 위에 놓을 수 있는 인물인 것이다. '장의사조차도 그의 죽음을 안타까워할' 인물 말이다.

자존감에 대한 욕구는 인간과 동물을 구별 짓는 주된

차이점이다. 예를 하나 들어보겠다. 나는 미주리 주에 있는 한 농가에서 자랐다. 아버지는 듀록저지 종의 우량종 돼지와 순종 흰머리 소를 키우셨다.

우리는 돼지와 흰머리 소를 중서부 지역에 있는 품평회와 가축쇼에 출연시켜서, 1등 상을 여러 번 탔다. 아버지는 한 폭의 흰색 모슬린 천에 1등 상을 의미하는 파란색 리본들을 꽂아두셨다. 그리고 친구나 손님들이 찾아오면, 으레 그 길다란 모슬린 천을 들고 나와 자랑하셨다. 아버지가 한쪽 끝을 잡고 파란색 리본들을 자랑하시는 동안 나는 다른 쪽 끝을 잡고 있었다.

돼지들은 자신들이 탄 리본 따위에는 전혀 관심이 없었지만, 아버지는 그렇지가 않았다. 이 상들은 아버지에게 자존감을 심어준 것이다.

만약 우리의 조상들에게 자존감에 대한 불타는 욕구가 없었다면, 문명은 존재하지 않았을 것이다. 자존감에 대한 욕구가 없는 인간은 동물과 다를 바가 없다.

가난에 찌들어 살던 한 야채가게 점원이 50센트를 주고 산 법률책으로 공부를 시작할 수 있었던 것도, 바로 자존감 때문이었다. 당신도 아마 이 야채가게 점원에 대해 들은 적이 있을 것이다. 그가 바로 링컨이다.

찰스 디킨스가 불멸의 소설을 쓸 수 있었던 것도 이 자존감이라는 욕구 때문에 가능했다. 이 욕구는 크리스토퍼 렌 경으로 하여금 위대한 건축물을 설계하도록 영감을 주었다. 또한 록펠러에게 평생 쓰지도 못할 엄청난 재산을 안겨주기도 했다.

이 욕구가 바로, 한 고장의 지주가 필요 이상으로 큰 저택을 짓게 만드는 원인인 것이다. 자존감을 얻기 위해 당신은 최신 유행하는 옷을 입고, 최신형 차를 몰며, 영특한 자식들에 대해 자랑을 늘어놓는다. 많은 청소년이 갱단에 가입하여 범죄를 저지르는 것도 이 욕구 때문이다.

뉴욕의 경찰국장이었던 E. P. 멀루니는 어린 범법자들이 자아로 가득 차 있다고 말했다. 그들이 체포된 직후에 첫 번째로 요구하는 사항은, 자신을 영웅처럼 묘사해 놓은 신문을 보여달라는 것이다. 자신이 스포츠나 영화, 텔레비전 스타들과 함께 신문에 실리는 한, 교도소에서의 생활은 견딜 만한 것이 된다.

당신이 자존감을 얻기 위해 스스로 어떻게 훈련하는지를 내게 말해준다면, 나는 당신이 어떤 사람인지를 알려줄 수 있다. 그것이 당신의 성격을 결정하며, 당신의 삶에 있어 가장 중요한 요소인 것이다.

예를 들어 존 D. 록펠러는 자존감을 얻기 위해 중국의 베이징에 짓는 현대식 병원 건립에 돈을 기부했다. 그 병원은 록펠러가 보지도 못했고, 볼 일도 없을 수백만 명의 가난한 사람들을 치료할 목적으로 설립되는 것이었다.

한편 딜린저는 도둑, 은행 강도, 살인자가 됨으로써 자존감을 얻었다.

FBI 요원들이 그를 추격 중일 때, 그는 미네소타의 한 농가로 뛰어들면서 "나는 딜린저다!"라고 소리쳤다. 자신이 민중의 적 1호라는 사실에 자부심을 갖고 있던 그가 외친 말이다.

"당신들을 해치지는 않겠다. 나는 딜린저다!"

그렇다. 딜린저와 록펠러를 구분짓는 중요한 차이점은 자존감을 충족시키는 방법이다.

역사에는 유명인들이 자존감을 얻기 위해 애쓴 재미있는 예가 많이 있다. 조지 워싱턴까지도 '미합중국 대통령 각하'라고 불리길 원했으며, 콜롬버스는 '해군 제독이자 인도 총독'이라는 명칭을 탐냈다.

러시아의 캐서린 여왕은 '여왕 폐하'라고 쓰지 않은 편지는 뜯어보지도 않았다. 백악관에서 지내던 시절 링컨 부인은 그랜트 장군의 부인을 노려보며 소리쳤다.

"내가 허락하기도 전에 나보다 먼저 자리에 앉다니, 정말 괘씸하군요."

백만장자들은 1928년 버드 제독이 이끄는 남극 탐험대의 재정을 지원했다. 그런데 여기에는 자신들의 이름을 따서 남극의 빙산을 칭하겠다는 조건이 붙었다.

파리의 이름을 자신의 이름으로 개명하려던 빅토르 위고의 욕심은 대단했다. 그 위대한 셰익스피어조차도 가문(한 가문의 표지로 정한 무늬 : 옮긴이 주)을 사들여서 자신의 이름을 더욱 빛내려고 했다.

동정과 관심을 끌기 위해서 꾀병을 앓고 이로써 자존감을 얻는 사람들도 있다. 맥킨리 부인의 예를 들어보자.

그녀는 미국의 대통령인 남편이 중대한 국사를 제쳐두고, 몇 시간이고 자신에게 팔베개를 해주고 기분을 맞춰주기를 강요하여 자존감을 얻었다. 또한 치과 치료를 받는 동안 남편이 꼭 옆에 있어야 한다고 주장함으로써 주목 받고 싶은 강한 욕구를 드러냈다. 그리고 남편이 국무장관인 존 헤이와의 면담 약속을 지키기 위해 자리를 뜨자 한바탕 소동을 벌였다.

작가 메리 로버츠 라인하트는 자존감을 얻기 위해서 병을 앓게 된, 밝고 활력이 넘쳤던 젊은 여자에 대한 이야기를 내게 들려주었다.

"어느 날, 그 여성은 뭔가 벽에 부딪히게 되었죠. 아마 나이 때문이었을 거예요. 외로운 세월이 지속되었고 희망이라고는 조금도 남아 있질 않게 되었죠. 그녀는 자리에 눕게 되었습니다. 10년이란 긴 세월 동안 그녀의 늙은 어머니는 3층을 오르내리면서 그녀를 보살폈죠. 그러던 중 병간호에 지친 노모는 그만 쓰러져 죽고 말았습니다. 몇 주 동안 슬픔에 빠져 있기는 했지만, 그녀는 드디어 자리에서 일어났고, 예전처럼 건강을 되찾게 되었습니다."

전문가들은 사람들이 고달픈 삶 속에서 거부당한 자존감을 정신병이라는 환상의 세계에서 찾기 위해 미쳐버리기도 한다고 말한다. 미국에는 정신병으로 고통받는 환자들이 다른 질병으로 인한 환자들을 모두 합친 것보다 훨씬 많다.

정신 이상의 원인은 무엇일까?

이렇게 광범위한 질문에 쉽게 대답할 수 있는 사람은 아무도 없다. 우리는 매독과 같은 특정 질병이 뇌 세포를 파괴하고 정신질환이라는 결과를 초래한다는 사실을 알고 있다. 사실, 모든 정신질환의 절반 가량은 뇌 조직 장애, 술, 독물, 외상과 같은 신체적인 원인에 의해 발생한다.

하지만 나머지 절반은 뇌 세포에 아무런 문제가 없는데도 발병한다. 이는 참 놀라운 사실이다. 정신질환자의 시체를 해부할 때, 초정밀 현미경으로 뇌 세포를 연구했지만, 건강한 일반인들과 다른 점을 조금도 찾지 못했다는 것이다.

그렇다면 이 사람들은 왜 미쳐버렸던 것일까?

나는 가장 먼저 저명한 정신병원의 원장에게 이 질문을 했다. 하지만 이 분야에 있어 최고의 영예와 학위를 받은 그 의사도 사람들이 왜 미치는지 모르겠다고 대답했다.

이 질문에 대해 명확히 아는 사람은 아무도 없다. 다만 그는 정신병을 앓는 많은 사람이 현실세계에서 찾지 못한 자존감을 미친 상태에서 발견한다고 말했다. 그는 내게 다음과 같은 이야기를 들려주었다.

"제 환자 중에 결혼에 실패한 환자가 한 명 있습니다. 그녀는 사랑과 성적인 만족감, 자녀와 사회적 지위를 원했지만, 인생은 그녀의 모든 희망을 짓밟아버렸죠. 남편은 그녀를 사랑하지 않았어요. 그녀와 함께 식사하는 것조차 거부했고 위층에 있는 자신의 침실로 음식을 나르게 했답니다. 자녀는 물론 사회적 지위도 없었죠. 결국 그녀는 정신 이상자가 되고 말았습니다. 상상 속에서 그녀는 남편과 이혼하고 결혼 전의 이름을 되찾았습니다. 지금은 영국의 귀족과 결혼했다고 믿고 있고, 자신을 스미스 백작 부인이라고 부르라고 한답니다. 그리고 매일 밤 자신이 아기를 낳았다고 상상합니다."

그녀의 꿈을 실은 배는 현실이라는 암초에 부딪혀서 난파되었다. 하지만 그녀의 범선은 정신병이라는 햇살 가득한 공상의 세계 속에서는 돛대에 불어오는 바람을 타고 유유히 순행 중이다.

비극이라고? 글쎄…… 나는 모르겠다. 병원장은 내게 말했다.

"만일 도움의 손길을 뻗어서 정상으로 회복시킬 수 있더라도 나는 그렇게 하지 않을 겁니다. 그녀는 지금 상태에서 훨씬 행복하니까요."

사람들이 자존감에 너무나 목마른 나머지, 실제로 미쳐버리기까지 한다면, 현실 세계에서 사람들에게 정당한 평가를 함으로써 당신이나 내가 얼마나 큰 기적을 일으킬 수 있는지를 상상해보라.

미국 영업계에서 최초로 연봉 1백만 달러 이상을 받은 사람 중 하나는 찰스 슈바프다(당시에는 소득세가 없었고, 주급 50달러가 썩 괜찮은 벌이라고 여겨지던 때였다). 그는 앤드류 카네기에게 채용된 후 1921년에 새로 설립된 미국 강철회사의 초대 사장이 되었다. 그때 슈바프의 나이는 겨우 38세였다(슈바프는 이후 미국 강철회사를 떠났고, 고전을 면치 못하던 베들레헴 강철회사를 인수했다. 그리고 이 회사를 미국에서 가장 수익성이 높은 회사로 재건했다).

앤드류 카네기가 찰스 슈바프에게 연봉 1백만 달러, 즉 일당 3천 달러가 넘는 돈을 지불한 이유는 무엇일까? 왜 그랬을까? 슈바프가 천재였기 때문에? 천만의 말씀이다. 그럼 그가 다른 사람들보다 강철 제조에 대해 더 많은 것을 알고 있었기 때문일까? 물론 절대 아니다. 찰스 슈바프는 내게 직원들이 자신보다 강철 제조에 대해 더 많은 것을 알고 있다고 말했다.

슈바프는 자신이 엄청난 월급을 받는 이유가 바로, 사람들을 다루는 능력 때문이라고 말한다. 나는 그에게 그 방법에 대해 물어보았다. 여기 그가 말한 비결을 그대로 적어보았다. 이는 동판에 새겨서 이 나라의 각 가정과 학교, 상점과 사무실에 걸어두어야 할 말이다. 또한 아이들이 라틴어 동사의 변화와 브라질의 연간 평균 강우량을 기억하느라 시간을 소모하는 대신 기억해야 할 말이다. 이 말대로 살기만 한다면, 당신과 나의 인생은 송두리째

변할 수 있다. 슈바프는 이렇게 말했다.

"나의 능력은 사람들에게 열의를 불러일으키는 것이다. 이것은 내가 가지고 있는 가장 소중한 재산이다. 사람에게서 최상의 상태를 이끌어내는 방법은 칭찬과 격려다. 상사에게서 듣는 꾸중만큼 의욕을 떨어뜨리는 것은 없다. 나는 누구도 비판하지 않는다. 나는 상대에게 일을 하고 싶은 마음, 즉 동기를 부여해야 한다고 믿는다. 그래서 칭찬하는 데 열을 올리지만 잘못을 찾아내는 일은 질색한다. 사람을 다룰 때 가장 좋은 방법은 진심으로 찬사를 보내고 아낌없이 칭찬하는 것이다."

이것이 바로 슈바프의 비결이다. 하지만 대개의 사람들은 어떠한가? 당신은 어떠한가? 이와는 정반대로 행동할 것이다. 일이 마음에 들지 않으면 부하직원을 호되게 꾸짖지만, 마음에 들면 아무 말도 하지 않는다. 옛말에도 이와 같은 예가 있다.

잘못은 할 때마다 꾸중을 듣지만, 잘한 일은 몇 번을 해도 칭찬을 듣지 못한다.

슈바프는 단언했다.

"나는 폭넓은 사업관계로 인해 세계 각국의 수많은 훌륭한 사람들과 만나왔다. 그리고 아무리 지위가 높은 사람이라도 비난의 굴레보다는 칭찬 속에서 일해야만 더욱 노력을 기울여 좋은 성과를 얻는다는 사실을 발견했다."

슈바프의 성공 비법은 앤드류 카네기가 거둔 놀라운 성공의 비결 중에서도 가장 두드러진 것이다. 카네기는 공적으로든 사적으로든 주변 사람들에게 칭찬을 아끼지 않았다. 카네기는 자신의 묘비에서까지도 주변 사람들을 칭찬하고 싶어했다. 스스로 쓴 묘비명은 다음과 같다.

자기보다 현명한 인물들을 주변에 모이게 하는 법을 터득한 자, 이곳에 잠들다.

존 D. 록펠러 1세가 성공한 비결 중 하나는 항상 진심 어린 감사로 사람을 대한 것이다. 이러한 그의 특성이 잘 나타난 일화를 하나 들어보겠다. 동료인 에드워드 T. 베드포드가 남미에서 잘못된 구매를 하는 바람에 회사에 백만 달러에 이르는 손해를 입혔다. 존 D. 록펠러는 마땅히 그를 비난해야 했다. 하지만 그는 화를 내기 전에 베드포드의 입장에서 일의 경과를 곰곰이 생각해보았다. 그는 베드포드가 최선을 다했다는 사실을 알고 있었다. 그리고 일은 이미 벌어진 후였다. 록펠러는 칭찬할 만한 구실을 찾아냈다. 그는 베드포드가 투자한 돈의 60퍼센트를 회수할 수 있게 된 점을 축하하며 이렇게 말했다.

"정말 훌륭해. 이만큼 회수한 데는 자네 공이 커."

다음은 실제로 일어난 일은 아니지만, 내가 모은 자료들 중에 끼어 있던 이야기다. 진실을 말해주기에 여기에 옮겨보겠다.

한 농장의 주부가 고된 하루 일을 마치고 돌아온 남자들의 식탁에 건초더미를 내놓았다. 남자들이 그녀에게 미친 게 아니냐고 소리치자, 그녀는 대답했다.

"왜요? 당신들이 뭘 먹고 있는지 알고 있다는 사실을 제가 어떻게 알겠어요? 난 지난 20년 동안 당신들을 위해 요리를 했지만, 당신들이 만족해 하는 소리를 들어본 적이 한 번도 없었어요."

몇 년 전에 집을 나간 주부들에 대한 연구를 했었다. 당신은 주부들이 집을 나간 주된 이유가 무엇이라고 생각하는가? 그것은 다름 아닌 '칭찬 부족'이었다. 만약 집을 나간 남편에 대한 연구를 하더라도 똑같은 결과가 나

올 것이라고 나는 장담한다. 우리는 배우자들에게 감사의
마음을 표현하지 않는 것을 너무나 당연하게 여긴다.

　우리 강좌의 수강생 중 한 명이 부인의 요청에 대해 말
했다. 그의 부인은 교회에서 진행 중인 자아 계발 프로그
램에 참여하고 있었다. 그녀는 남편에게 자신이 보다 나
은 가정주부가 되는 데 도움이 된다고 생각하는 여섯 가
지 항목을 적어달라고 부탁했다고 한다. 그는 강좌에서
이렇게 발표했다.

　"저는 그런 부탁을 받고 깜짝 놀랐습니다. 솔직히 아내
가 고쳐주었으면 하고 바라는 여섯 가지 항목을 적는 일
은 꽤 쉬웠습니다. 하지만 아내 역시 제게 바라는 일이 수
천 가지는 될 거라는 생각이 들더군요. 그래서 전 이렇게
말했죠. '생각해보고, 내일 아침에 주리다.' 다음 날 아침,
저는 일찍 일어나서 꽃집에 전화를 걸었습니다. 그리고 이
런 메모와 함께 장미꽃 여섯 송이를 아내에게 보내달라
고 했습니다. '당신이 고쳐주었으면 하고 바라는 여섯 가
지를 생각해낼 수가 없었소. 나는 지금 그대로의 당신을
사랑하오.' 그날 저녁 집에 도착했을 때, 문 앞에 나와 날
맞아준 사람이 누구인 줄 아십니까? 맞아요. 제 아내였
어요. 그녀는 그렁그렁 눈물을 머금은 채 미소 짓고 있었

죠. 다음 일요일 교회에서 아내가 과제의 결과를 보고하자, 함께 프로그램에 참여 중이던 몇몇 여성이 저를 찾아와서 말하더군요. '그건 제가 들었던 것 중에서 가장 사려 깊은 대답이었어요.' 그때 전 칭찬의 위력을 깨닫게 되었답니다."

플로렌스 지그펠드는 브로드웨이를 현혹한 가장 뛰어난 프로듀서다. 그는 '전형적인 미국 소녀를 아름답게 꾸며내는' 뛰어난 재능으로 명성을 얻었다. 그는 아무도 두 번 쳐다보지는 않을 정도로 평범하기 그지없는 소녀들을 찾아냈다. 하지만 그들은 무대 위에서 신비하고 매혹적인 여성으로 탈바꿈했다. 칭찬과 자신감의 가치를 알고 있던 지그펠드는 정중하고 사려 깊은 행동으로 여성들로 하여금 자신이 아름답다고 느끼도록 만들었다.

그는 한 코러스 걸의 봉급을 주당 30달러에서 175달러로 대폭 인상하기도 했다. 기사도 정신도 갖추고 있던 그는, 공연 첫날에는 배우들에게 축전을 보내고 쇼에 출연하는 모든 코러스 걸들에게 장미꽃을 선사했다.

언젠가 나는 호기심에 이끌려 6일 동안 단식을 했다. 그다지 어렵지는 않았다. 둘째 날보다 오히려 마지막 날이 덜 배고팠다. 하지만 알다시피, 만일 누군가가 가족이나 직원에게 6일 동안 음식을 주지 않는다면 사람들은 이를 범죄로 간주할 것이다. 그러나 그들은 다른 사람들이 음식 못지 않게 갈망하고 있는 진정 어린 칭찬을 하지 않고 6일 혹은 6주, 60년 세월을 보내는 것이다.

한때 유명한 배우였던 알프레드 룬트가 〈빈의 재회〉에서 주연을 맡았을 때, 이런 말을 했다.

"내게 자존심보다 더욱 필요한 영양소는 없다."

우리는 자녀와 친구, 직원들에게 육체의 영양분을 주지만 자존심에는 거의 영양분을 주지 않는다. 우리는 쉽게 로스트 비프와 감자로 그들에게 에너지를 공급하지만, 새벽 별이 만들어내는 음악처럼 수년 동안 기억 속에서 울릴 다정한 칭찬의 말을 건네는 데는 매우 인색하다.

폴 하비는 〈남은 이야기〉라는 라디오 프로그램에서 진실한 칭찬이 한 사람의 인생을 어떻게 변화시킬 수 있는지에 대한 일화를 전해주었다.

몇 년 전에 디트로이트의 한 교사가 스티비 모리스에게 교실에서 없어진 쥐를 잡아달라고 부탁했다. 이 여교사는 스티비가 여느 학생들과는 다른 귀를 가졌다는 사실을 알고 있었다. 신은 스티비에게 보이지 않는 눈을 대신해 뛰어난 청각을 주었다. 그러나 스티비가 이 뛰어난 재능을 인정받고 칭찬을 받은 것은 그때가 처음이었다.

몇 년 후, 그는 이 칭찬이 새로운 인생의 시작이 되었다고 말했다. 스티비는 자신의 청각적인 재능을 개발해서, 스티비 원더라는 이름의 1970년대 최고의 팝 가수이자 작곡가가 되었다.

이 글을 읽는 독자들 중에는 이렇게 반론하는 사람도 있을 것이다.

"흥. 뭐라고? 아첨을 하라고! 입에 발린 소리를 하라고? 그 따위 짓들은 나도 다 해봤지만, 효과가 없었어. 특히 지성적인 인간들에게는 말이야."

물론 분별력 있는 사람들에게 아첨은 소용없는 짓이다. 단지 상대에게 잘 보이기 위한 칭찬은 얄팍하고 이기적이며, 진실하지 않은 아첨이기 때문이다. 그러니 실패하는 게 당연하고, 거의 그러게 마련이다.

그러나 사실 많은 사람이 칭찬에 너무 굶주려 있으며 목말라 하고 있다. 그러므로 굶주린 사람이 풀이나 지렁이까지도 먹어버리듯 아무것이나 꿀꺽 삼켜버리는 것이다.

심지어 빅토리아 여왕도 아첨에 흔들렸다. 벤자민 디즈

렐리 수상은 여왕을 대할 때마다 굉장한 아첨을 했다고 고백했다. 그가 한 말을 빌면 '흙손으로 펴 바르듯이' 말이다.

하지만 디즈렐리 수상은 대영 제국을 다스렸던 세련되고 능숙하며 재치있는 인물 중 하나였다. 그는 사교의 천재였다. 그가 효과를 본 방법은 당신이나 내게도 효과가 있을 것이다.

장기적으로 보면, 아첨은 좋은 면보다는 안 좋은 점이 더 많다. 아첨은 꾸며낸 것이고, 위조지폐와 같아서 별 생각 없이 건넸다가 큰 곤경에 빠질 수도 있다.

칭찬과 아첨의 차이점은 무엇일까? 답은 간단하다. 칭찬은 진실하지만 아첨은 그렇지 않다. 칭찬은 가슴에서 우러나오지만, 아첨은 그저 입에 발린 소리일 뿐이다. 칭찬은 이기적이지 않지만, 아첨은 이기적이다. 칭찬은 누구나 좋아하지만, 아첨은 누구나 비난하게 마련이다.

나는 최근에 멕시코시티에 있는 차팔테팩 궁전에서 멕시코의 영웅, 알바로 오브레곤 장군의 동상을 보았다. 동상 밑에는 오브레곤 장군의 철학에서 비롯된 명언이 새겨져 있었다.

너는 공격하는 적을 두려워하지 말라. 단지 너에게 아첨
하는 친구를 두려워하라.

나는 절대로, 결단코, 단연코, 아첨을 하라고 말하는 것
이 아니다!

내가 말하고자 하는 바는 아첨과는 거리가 멀다. 나는
새로운 생활 방식에 대해 이야기하는 것이다.

다시 한 번 말하지만 나는 새로운 생활 방식에 대해 이
야기하고 있다. 영국왕 조지 5세는 버킹엄 궁에 있는 자
신의 서재 벽에 6개나 되는 금언을 걸어놓았다.

그중 하나는 이렇다.

값싼 칭찬은 주지도 받지도 말라. 아첨이 바로 값싼 칭찬
이다.

언젠가 내가 읽었던 아첨에 대한 정의는 다시금 되새길
가치가 있다.

"아첨이란 상대가 스스로에 대해 생각하고 있는 바로
그것을 말해주는 것이다."

랄프 왈도 에머슨의 말이다.

"네가 하려던 말을 하라. 진심이 아닌 말로는 어떤 의미도 전달할 수 없다."

만약에 인간이 해야 할 일이 아첨뿐이라면 누구나 아첨을 할 것이며, 우리들은 모두 인간관계에 대한 전문가가 될 것이다.

인간은 특정 문제에 정신이 쏠려 있지 않는 한, 거의 95퍼센트 시간을 자신에 대해 생각하면서 보낸다. 지금부터라도 자신에 대한 생각을 잠시 멈추고 타인의 장점에 대해 생각하기 시작한다면, 쓸데없는 아첨을 꾸며내느라 고심할 필요가 없다.

칭찬은 일상사에 존재하고 있는 미덕 중에서 가장 무시되기 쉬운 것이다. 어찌 된 일인지, 우리는 자녀들이 학교에서 좋은 성적을 받아왔을 때 칭찬을 소홀히 한다.

또한 아이들이 처음으로 케이크를 만들거나 새집을 지었을 때 격려하는 것을 잊어버린다. 아이들에게는 부모가 관심을 가져주고 인정해주는 것보다 더 기쁜 일은 없는데도 말이다.

다음에 당신이 음식점에서 필레고기(돼지고기 또는 베이컨을 넣고 요리한 둥근 쇠고기 : 옮긴이 주)를 맛있게 먹게 된다면,

훌륭한 음식이었다고 주방장에게 전해보자. 또한 피곤해 보이는 판매원이 특별한 친절을 베풀었다면, 이에 대해 감사의 말을 전하자.

성직자나 강연자, 대중 연설가들은 청중을 향해 온 힘을 다했는데도, 감사의 말을 단 한 마디도 듣지 못했을 때의 실망감을 알고 있다. 전문가들도 그러할진대, 사무실이나 상점, 공장에서 근무하는 노동자나 가족과 친구들은 두말할 필요가 없다. 우리는 주변 사람들이 모두 동일한 인간이며, 칭찬에 굶주려 있다는 것을 꼭 기억해야 한다. 칭찬은 모든 인간이 즐기는 합당한 권리다.

일상생활에서 작지만 우호적인 감사의 말을 남기려고 노력하자. 당신은 그들을 다시 만나게 되었을 때, 당신이 건넸던 작은 우정의 불씨가 어떻게 지펴졌는지를 보고 놀라게 될 것이다.

코네티컷에 사는 파멜라 던햄은 일이 매우 서툰 수위 한 명을 감독하는 업무를 맡고 있었다. 다른 직원들은 그를 놀려댔다. 이런 따돌림은 그 정도가 점점 심해져 생산성에까지 영향을 미치게 되었다.

던햄은 여러 가지 방법을 동원해 이 수위가 일에 능숙해지도록 노력했지만 별다른 성과가 없었다. 그러나 던햄은 간혹 그가 일을 잘 마무리하기도 한다는 것을 알아챘다. 던햄은 모든 직원들 앞에서 그를 칭찬했다. 그의 업무 능력은 날마다 향상됐고, 얼마 지나지 않아서 일을 효율적으로 처리했다. 지금은 모든 동료가 그의 진가를 인정하게 되었다.

비난이나 조롱은 자신감을 잃게 하며, 사람들에게 내재된 능력을 발휘하지 못하게 한다. 그러나 칭찬은 잠재된 능력을 이끌어내고 증대시킨다.

사람들에게 상처를 주는 것은 그들을 변화시키지도 못할뿐더러 절대로 그래서도 안 된다. 내가 매일 볼 수 있도록 오려서 거울에 붙여놓은 오래된 격언이 하나 있다.

나는 이 길을 딱 한 번만 지나간다. 그러므로 인간에게 친절한 행동을 보여줄 수 있다면, 바로 지금 그렇게 하겠다. 내가 이 길을 다시 지나는 일은 없을 테니, 이를 그냥 지나치거나 소홀히 하지 않겠다.

에머슨이 말했다.

"내가 만나는 모든 인간은 어떤 식으로든 나의 스승이다.

내가 상대에 대해 경험하게 되기 때문이다."

만약 이 말이 에머슨에게 있어 사실이었다면, 당신이나 나 같은 사람에게는 수천 배 이상의 진실이 아닐까? 사람을 대할 때, 자신이 성취하고자 하는 목표나 원하는 바에 대한 생각을 멈춰보자.

그리고 상대의 장점을 알아내려고 노력해보자. 아첨 따위는 잊어버리고 정직하고 진실한 칭찬을 건네자. 상대의 진가를 인정할 때는 진정으로, 칭찬을 할 때는 아낌없이 하자. 그러면 사람들은 당신의 말을 마음속에 간직해두고, 아껴가며 평생토록 돌이켜볼 것이다. 당신이 그말을 잊어버린 후에도 그들은 이를 계속 되뇌일 것이다.

모든 것을
얻을 수 있는 비결

나는 여름이면 낚시를 하러 메인 주로 가곤 한다. 나는 딸기와 아이스크림을 매우 좋아한다. 하지만 어떤 이유에서인지 물고기는 지렁이를 더 좋아한다는 사실을 알게 되었다. 그래서 낚시를 할 때, 내가 좋아하는 것은 생각하지 않고 물고기가 좋아하는 것만을 생각한다.

나는 낚시 바늘에 딸기나 아이스크림을 미끼로 달아놓지 않는다. 그보다는 물고기 앞에 지렁이나 메뚜기를 매단 낚시대를 늘어뜨리고 말한다.

"먹어보고 싶지 않니?"

그런데 왜 사람을 낚을 때는 이와 같은 상식을 적용하지 않는가?

이것은 1차 세계대전 때 영궁의 수상이었던 로이드 조지가 사용했던 방법이다. 누군가 그에게 '윌슨, 올란드, 클레망소 등 다른 전쟁 지도자들은 잊혀진 지 오래인데, 어떻게 권좌에 머무를 수 있었는지'에 대해 물었다. 그는 이렇게 대답했다.

"내가 최고의 자리를 지킬 수 있었던 비결은, 물고기에게 맞는 미끼를 바늘에 달아두어야 한다는 사실을 터득했기 때문이지요."

왜 우리가 원하는 바에 대해 이야기하는가? 이러한 이야기는 너무 유치할 수도 있다. 물론 당신은 자신이 원하는 것에 관심을 가진다. 당신은 영원히 그것에 관심을 기울일 것이다. 하지만 다른 사람들이 원하는 바는 당신과 똑같지 않다. 당신을 제외한 그 외의 사람들도 모두 당신처럼, 자신이 원하는 것에 관심을 가진다.

그러므로 이 지구상에서 다른 사람들을 움직이는 유일한 방법은 상대가 원하는 것에 대해 이야기하고 이를 어떻게 얻을 수 있는지 보여주는 것이다.

당신이 내일 누군가에게 무슨 일을 시키려고 할 때 이점을 꼭 기억하라. 자녀가 담배를 피우지 않기를 바란다면, 아이들을 타이르려고 하지 말라. 그리고 당신이 원하는 것에 대해서도 이야기하지 말라. 단지 담배로 인해 아이들이 농구팀에 가입하지 못하거나 100미터 달리기에서 질 수도 있음을 말해줘라.

당신이 아이들을 대할 때나, 소나 침팬지를 다룰 때도 이 점을 명심하는 것이 좋다.

예를 하나 들어보자. 랄프 왈도 에머슨과 그의 아들은 송아지 한 마리를 외양간에 몰아넣으려고 애를 쓰고 있었다. 하지만 이 부자는 그들이 원하는 것만 생각하는 평범한 실수를 범하고 있었다. 에머슨은 밀고 아들은 끌어당겼다. 하지만 송아지도 그들과 마찬가지로 자신이 원하는 것만 생각하고 있었다. 송아지는 꿈쩍도 하지 않은 채, 목장에서 나가기를 강하게 거부했다.

그때 아일랜드 출신의 가정부가 그 상황을 목격했다. 그녀는 에세이나 책을 쓸 수는 없었지만 가축을 다루는 데 있어서는 에머슨보다 한 수 위였다. 그녀는 송아지가 무엇을 원하는지 생각해보았다. 그리고는 송아지의 입에 자기의 손가락을 집어넣고 송아지가 빨도록 하면서 외양간으로 쉽게 끌고 들어갔다.

태어난 그날부터 지금까지 해온 모든 행동은 당신이 무엇인가를 원했기 때문에 가능했다. 적십자에 큰돈을 기부했던 때는 어떠한가? 그렇다, 이것도 규칙에서 벗어나지 않는다. 당신이 적십자에 기부를 한 이유도 자신이 도움을 주고 싶었기 때문이다. 당신은 아름답고 이타적이며 신성한 행동을 하고 싶었던 것이다.

이런 감정을 돈보다 더 중요하게 여기지 않는다면 당신은 기부를 하지 않았을 것이다. 물론 거절하기가 부끄럽거나 고객이 요구했기 때문에 기부했을 수도 있다. 하지만 한 가지 사실은 확실하다. 당신은 스스로 원해서 기부를 했다.

해리 A. 오버스트리트는 《인간의 행위를 지배하는 힘》이라는 저서를 통해 이렇게 말했다.

"인간의 행동은 마음속에 깊숙이 내재되어 있는 욕구로 인해 생긴다. 그러므로 회사나 가정에서, 혹은 학교나 정치판에서 누군가를 설득하기 위한 최상의 방법은 이렇다. 상대방에게서 하고 싶은 욕구를 불러일으켜라. 이것을 할 수 있는 사람은 온 세상을 얻을 수 있다. 이것을 할 수 없는 사람은 외로운 길을 걷게 될 것이다."

앤드류 카네기는 가난에 찌든 스코틀랜드 출신으로 시급 2센트를 받고 일을 시작했지만 결국 3억6천5백만 달러를 사회에 환원한 인물이 되었다. 그는 젊은 시절에 사람들을 움직이는 유일한 방법은 상대가 원하는 방식대로 이야기하는 것이라는 진실을 터득했다. 학교라고는 고작 4년밖에 다니지 못했지만, 그는 사람을 다루는 법을 깨우친 것이다.

일화를 하나 들어보겠다. 카네기의 형수는 예일대에 다니는 두 아들 때문에 늘 노심초사하고 있었다. 아이들은 자기들 일에 너무 바빠서 집안일에는 소홀했고, 엄마의 걱정 어린 편지에도 신경을 쓰지 않았다.

카네기는 답장을 써달라는 부탁을 하지 않고도 답장을 받을 수 있는 데 100달러 내기를 하자고 제안했다. 누군가가 내기에 응했고, 그는 조카들에게 이런저런 잡담을 쓴 편지를 보냈다. 그리고 추신에 문득 생각난 듯한 투로 각자에게 5달러를 동봉한다는 말을 덧붙였다. 하지만 그는 돈을 동봉하지는 않았다.

그가 장담한 대로 답장이 날아왔다. 뒤이어 날아온 답장에는 "앤드류 숙부님께"라는 말과 함께 편지를 보내주셔서 고맙다는 말이 적혀 있었다. 그 다음은 당신의 상상에 맡기겠다.

설득에 관한 또 다른 예는 오하이오에 사는 스탠 노박에 관한 이야기다.

그는 우리 강좌에 참여한 수강생이었다. 어느 날 저녁 일을 마치고 돌아온 스탠은, 막내아들 팀이 거실 바닥을 발로 차며 소리를 지르고 있는 것을 보게 되었다. 다음 날이 팀의 유치원 등교 첫날이었는데 가지 않겠다며 떼를 쓰고 있었던 것이다. 예전 같았으면 스탠은 아이를 방에 가두고 유치원에 가라고 훈계했을 것이다. 다른 방법은 없었다.

하지만 그날 밤에는 억지로 유치원에 보내기 시작하면 아이에게 안 좋을 것이라는 생각이 들었다. 스탠은 자리에 앉아 아이의 입장에서 생각해보았다.

"내가 팀이었다면, 유치원에 가는 일이 왜 즐거울까?"

그와 아내는 손가락으로 그림 그리기, 노래 부르기, 새 친구 사귀기 등 팀이 재미있어 할 만한 일의 목록을 적었다. 그리고 행동으로 옮겨보았다.

"아내 릴과 큰아들 밥, 그리고 저는 모두 손가락을 이용해 식탁 위에 그림을 그렸습니다. 팀은 식탁 주변에서 우리를 물끄러미 쳐다보고 있었죠. 그러더니 곧 자기도 끼워달라고 조르더군요. 전 '이런, 안 돼요. 우선 유치원에 가서 손가락 그림을 그리는 방법을 배워야 해'라고 말했죠. 전 아이가 알아들을 수 있게 목록에 있는 사항들을 열심히 설명해 주었습니다. 유치원에 가면 이렇게 재미있는 것들을 모두 할 수 있다고 말하면서요.

다음 날 아침, 아래층에 내려가 보니 팀이 거실 소파에 앉아서 잠을 자고 있더군요. '팀, 여기서 뭐하고 있는 거니?'하고 물었더니 '유치원에 가려고 기다리고 있어요. 늦게 가고 싶지 않거든요'라고 말하더군요. 온 가족의 열성이 팀에게 유치원에 가서 여러 가지 놀이를 하고 싶은 열의를 불러일으킨 거죠. 이런저런 얘기나 협박 따위로는 가능하지 않았을 욕구를 말입니다."

언젠가 당신도 누군가에게 어떤 일을 하도록 설득해야 할 때가 올 것이다. 그때 말을 꺼내기 전에 잠시 멈추고 자문해보라.

"내가 어떻게 하면 이 사람에게 그 일을 하고 싶은 욕구를 생기게 할 수 있을까?"

이런 질문은 우리가 원하는 바에 대해 쓸데없이 말을 늘어놓아서 상황을 악화시키는 것을 막을 수 있다.

나는 강의를 열기 위해서 뉴욕에 있는 어느 호텔의 대연회장을 매 시즌마다 24일 동안 임대했었다.

그런데 한번은 임대비용을 전보다 세 배 이상 지불해야 한다는 통지가 날아왔다. 이 소식을 들었을 때는 강연회의 티켓이 모두 인쇄되어 배부가 끝나고, 공지도 마친 후였다.

당연히 나는 인상분을 지불하고 싶지 않았다. 하지만 이제 와서 내가 원하는 바를 호텔에 알려봤자 무슨 소용이 있겠는가? 그들은 자신이 원하는 것에만 관심을 두고 있으니 말이다. 그래서 나는 며칠 후에 지배인을 만나러 갔다.

"호텔 측 편지를 받고 약간 놀랐습니다."

잠깐 숨을 고른 뒤 나는 말을 이었다.

"하지만 그 쪽을 탓하지는 않습니다. 제가 당신 입장이었더라도, 아마 비슷한 편지를 보냈을 테니까요. 지배인으로서 당신의 임무는 가능하면 최대의 수익을 올리는 겁니다. 그렇지 않으면 해고를 당하는 것이 당연하니까 말이죠. 자, 당신이 굳이 임대료를 올려야겠다면 당신에게 발생할 이익과 손실에 대해서 한번 생각해봅시다."

나는 편지지를 한 장 꺼내서 반으로 접은 다음 한쪽에는 '이익' 그리고 다른 한쪽에는 '손실'이라고 적었다.

그리고 '이익'이라는 글자 밑에 이렇게 적었다.

"대연회장 비었음."

나는 다시 말을 이었다.

"당신은 대연회장이 비었으니 댄스나 회의를 위한 장소로 빌려줄 수 있어 이익을 얻을 것입니다. 아주 큰 이익이죠. 몇 차례의 강연에서 벌 수 있는 것보다는 훨씬 큰 수익을 낳을 테니까요. 제가 20일 동안 대연회장을 쓰면, 당신은 그만큼 수익성 있는 사업의 손실을 보게 되죠. 자, 그렇다면 손실을 따져봅시다. 첫째, 내게서 나올 수입이 줄어들게 됩니다. 사실 완전히 없어진다고 봐야 합니다. 호텔 측에서 요구한 임대료를 지불할 수가 없으니까요. 저는 어쩔 수 없이 강연회를 다른 장소에서 열게 될 것입니다. 여기에 당신에게 미치는 또 하나의 손실이 있습니다. 이 강좌를 듣기 위해 이 호텔을 찾게 될 수많은 지식인과 문화인들이 있습니다. 이거야말로 이 호텔을 홍보할 수 있는 좋은 기회가 아닐까요? 사실 5천 달러를 들여 신문에 광고를 내더라도 이 강좌에 몰려올 만큼 많은 사람을 호텔로 불러올 수는 없습니다. 그렇다면 이 강연회를 여는 것이 호텔로서도 굉장한 이익이 아니겠습니까?"

　이야기를 하면서 나는 '손실' 면에 두 가지를 적어놓았다. 그리고 지배인에게 종이를 건네며 말했다.

　"당신에게 발생할 이익과 손실 면을 신중하게 고려해서 최종 결과를 알려주십시오."

다음 날, 나는 임대비용을 50퍼센트 올리겠다는 지배인의 편지를 받았다. 이 일화에서 내가 원하는 것에 대해서는 단 한 마디 말도 없이 임대비용을 삭감할 수 있었다는 사실을 염두에 두자. 나는 언제나 상대가 원하는 것과 이를 얻는 법에 대해서만 이야기한다. 내가 다른 사람들처럼 일반적으로 행동했다고 생각해보자. 사무실로 득달같이 달려가서는 마구 소리를 질렀다고 상상해보자.

"티켓 인쇄도 모두 끝났고, 고지도 이미 나갔다는 것을 알면서 임대료를 300퍼센트나 올린다니 이게 무슨 황당한 경우입니까? 난 절대로 낼 수 없습니다."

이렇게 행동했다면 무슨 일이 발생했을까? 보나마나 논쟁에 불이 붙었을 것이다.

물론 논쟁이라는 것이 어떻게 끝나는지는 당신도 가히 짐작할 것이다. 내가 그의 잘못을 밝혀냈더라도, 그는 자존심 때문에 뒤로 물러서지 않고 자신의 입장을 고수했을 것이다.

여기 헨리 포드가 전하는 처세술에 대한 최고의 충고가 있다.

성공의 비결은 상대방의 관점에서 상황을 파악하고 상대

방의 각도에서 사물을 볼 수 있는 능력에 달려 있다.

너무도 훌륭한 말이기에 다시 한 번 반복하겠다.

성공의 비결은 상대방의 관점에서 상황을 파악하고 상대
방의 각도에서 사물을 볼 수 있는 능력에 달려 있다.

누구라도 이 명료한 말에 담겨 있는 진실을 금세 파악
할 수 있음에도 불구하고, 지구상의 90퍼센트에 이르는
사람들이 이를 무시해버린다.

이에 대한 예를 하나 들어볼까? 내일 아침에 당신의 책
상 위에 놓여져 있을 편지들을 생각해보자. 그러면 대부
분이 이렇게 중요한 상식을 잊고 있다는 것을 알게 될 것
이다.

자, 여기 편지 하나가 있다.

이 편지는 전국에 광고를 내보자는 어느 광고대행사의
라디오 담당국장이 쓴 것이며, 각 지방 라디오 방송국의
국장들에게 우송되었다(각 단락 끝의 여백에 편지를 읽은 나의
반응을 적어보았다).

인디애나 주 블랭크빌, 존 블랭크 귀하.

친애하는 블랭크 씨.

저희 회사는 라디오 분야에서 광고대행사의 선도적인 지위를 유지하고자 합니다.

당신네 회사가 원하는 게 뭔지 나와 무슨 상관이지? 나는 내 문제로도 걱정이 가득해.

은행에서는 저당 잡아놓은 집에 담보권을 행사하려 하고, 아끼던 접시꽃은 벌레 때문에 죽어가고 있고, 어제는 증권시장이 폭락해버렸다고.

오늘 아침에는 8시 15분 발 기차를 놓쳤고, 어젯밤 존스가 연 댄스 파티에는 초대받지도 못했어. 의사는 나더러 고혈압에 신경통, 비듬까지 있다고 하더군.

그런데 이게 무슨 일이야? 걱정거리를 한가득 안고 사무실로 출근을 했더니 자기네 회사가 원하는 게 뭔지만 잔뜩 늘어놓은 뉴욕의 얄미운 인간이 보낸 편지가 놓여 있다니! 만약 자기가 보낸 편지가 어떤 인상을 주고 있는지 알면 당장 광고계를 떠나야 할 걸!

저희 광고대행사의 전국 광고 거래처는 어떤 곳에도 뒤지지 않을 만큼 탄탄합니다.

광고 시간을 총 집계한 수치를 보더라도 매년 정상을 지키고 있습니다.

당신 회사가 크고 부자인데다가 정상이라고? 오호 그래? 그래서 어쨌다는 거지?

당신네가 제너럴 모터스와 제너럴 일렉트릭, 그리고 미국 군의 일반 참모부를 모두 합친 것만큼 크더라도 환호성을 지르지는 않을 거야.

당신에게 미련한 벌새만큼의 상식이 있다면, 당신 회사의 크기가 아니라, 나 자신이 얼마나 큰 사람인가 하는 것에 내가 관심을 가졌다는 걸 알 텐데. 당신네 회사의 엄청난 성공에 대해서 얘기를 듣고 있으려니 내가 초라하고 보잘것없이 느껴진단 말이야.

우리는 라디오 방송국에 대한 정보를 신속하게 듣고자 원합니다.

 원한다고! 난 당신이 원하는 거나 미국 대통령이 원하는 게 뭔지는 관심이 없어.

나는 내가 원하는 것에만 관심이 있단 말이요! 그런데 당신이 보낸 이 멍청한 편지에는 그런 점에 대해서는 단 한마디 언급도 없군.

그러므로 저희 회사를 주간 방송국 소식지 우송의 우선 순위 목록에 넣어주시겠습니까? 아주 사소한 사항들도 방송 시간을 잡아두는 데 유용하게 쓰이리라 사료됩니다.

'우선 순위 목록'이라…… 정말로 뻔뻔스럽군. 당신 네 회사에 대한 자랑을 줄줄이 늘어놓아 날 주눅들게 만들더니 이젠 '우선 순위 목록'에 넣어달라고? 도대체 부탁하는 거야, 명령하는 거야?

이 편지에 대해 조속한 조속한 답장을 바랍니다. 최근의 '현황'에 관해서도 동봉해주시면 상호 간 도움이 될 것입니다.
라디오 담당국장
존 도우 올림

이런 바보같으니! 가을에 떨어지는 낙엽처럼 흔해 빠진 싸구려 형태의 편지를 보내놓고는, 나한테 부탁을 해?

저당권이랑 접시꽃, 혈압수치 때문에 걱정에 싸여 있는 나한테 이런 편지에 대해 답장이나 쓰라니. 그것도 '조속히' 말이야.

나도 당신만큼이나 바쁜 사람이라는 걸 모르나보지? 최소한 바쁜 인물이라고 생각하고 싶어한다는 걸 말이야.

말이 나왔으니 하는 말인데, 당신이 뭔데 감히 나한테 이래라저래라 명령이지? '상호 간에 도움이 될' 거라고? 마지막에 가서야 겨우 내 입장도 생각하기 시작했군 그래.

하지만 이게 어떻게 나한테 이익이 될지에 대해서 알려면 당신은 아직도 멀었어.

추신. 동봉한 〈블랭크빌〉 저널은 귀하에게 도움이 될
것입니다. 귀 방송국에서 방송을 하셔도 좋습니다.

think   이제서야, 내 문제를 풀 해결책을 말해주는군. 진
작 편지 앞머리에 왜 미리 언급하지 않았지? 지금 와
서 이게 무슨 소용이야?

나한테 이런 편지나 써보내는 광고업자들은 머리에 무슨 문
제가 있을 거야.

당신들한테 필요한 건 우리의 최근 현황이 아니라, 치료에
쓸 약인 거 같은데.

일생을 광고계에 몸 바친 사람이나 다른 이들에게 구
매욕을 일으키는 데 전문가를 자처하는 사람들이 이런
식으로 편지를 쓰고 있는 것이 현실이다.

그렇다면 판매원이나 제빵업자, 자동차 정비공들에게
서 무엇을 기대할 수 있을까?

여기 한 대형 화물 운송회사의 소장이 우리 강좌의 수
강생이기도 했던 에드워드 버밀렌에게 보낸 편지 한 통을
소개하고자 한다.

이 편지를 받은 사람은 어떤 영향을 받았을까? 우선
읽고 나서 이야기해보자.

뉴욕 브루클린 11201 프론트 가 28번지
A. 제라가즈 선즈 주식회사
에드워드 버밀렌 귀하

에드워드 버밀렌 씨.

대부분의 취급 화물이 오후 늦게 저희한테 배달되기 때문에, 타지에서 발송된 작업물량에 대한 처리가 늦어지고 있습니다. 이런 상태는 화물의 폭주와 연장 근무, 배차 지연, 심지어 화물 운송이 지연되는 결과를 낳고 있습니다. 11월 10일 오후 4시 20분에 저희는 귀사로부터 510개의 상자를 받았습니다. 화물 접수의 지연으로 발생한 문제를 해결하기 위해 귀사의 양해를 구합니다. 화물을 보내실 때는 트럭을 아침 일찍 보내거나 아침 시간까지 배달되도록 처리해주시겠습니까?

이처럼 협조해주신다면 귀사의 트럭 운행도 좀더 신속해질 것이며, 사업도 번창하게 될 것입니다.

J. B. 소장 드림

이 편지를 읽고 나서 A. 제레가즈 선즈 주식회사의 영업부장 버밀렌 씨는 다음과 같은 짤막한 글을 보냈다.

이 편지는 의도한 것과는 정반대의 효과를 가져왔습니다. 이 편지는 우리에게는 전혀 관심이 없는 화물회사의 문제점에 대해 설명하는 글로 시작되고 있습니다. 우리 회사의 편의는 전혀 고려하지 않은 채 협조를 구하고 있죠. 마지막에 가서야 협조를 해주면 우리에게 당일로 화물을 발송해주겠다고 쓰고 있습니다.

다시 말해서 우리가 가장 관심이 있는 것을 맨 나중에서야 언급함으로써 협조보다는 반발심만 일으키는 꼴이 되어버렸습니다.

우리 문제를 얘기하며 시간을 허비하지 말자. 헨리 포드의 충고대로, "상대방의 관점에서 상황을 파악하고 상대방의 각도에서 사물을 보도록"하자. 여기 수정한 편지가 있다. 최상은 아니지만 조금은 나아진 형태가 아닐까?

뉴욕 브루클린 11201 프론트 가 28번지

A. 제라가즈 선즈 주식회사

에드워드 버밀렌 귀하

친애하는 버밀렌 씨 보십시오.

귀사가 지난 14년 동안 보여주신 성원에 깊이 감사하고 있습니다. 성원에 보답하고자 저희는 더욱 신속하고 효율적인 서비스를 제공하기 위해 노력하고 있습니다.

하지만 지난 11월 10일처럼 오후에 대량 화물을 한꺼번에 보내시면, 본의 아니게 만족스러운 서비스를 해드리지 못하게 됩니다. 다른 고객들도 오후 늦게 화물을 보내기 때문입니다. 자연히 작업은 지연될 수밖에 없습니다. 이것은 귀사의 트럭이 부두에 묶여서 화물 발송이 지연되는 결과를 낳기도 합니다.

그러나 이런 상황은 충분히 피할 수 있습니다. 화물 트럭을 되도록 아침 일찍 부두로 보내주시면 작업은 순조롭게 진행될 것입니다. 귀사의 화물은 조속히 처리될 것이며, 저희 직원들도 일찍 귀가하여 귀사가 생산하는 맛있는 마카로니와 국수로 만든 저녁을 가족들과 함께 즐길 수 있을 것입니다.

귀사의 화물이 언제 도착하든지 당사는 항상 신속한 처리를 할 수 있도록 전력을 다하겠습니다.

바쁘실 테니 답장을 하는 수고는 하지 않으셔도 괜찮습니다.

J. B. 소장 드림

뉴욕의 어느 은행에서 근무했던 바바라 앤더슨은 아들의 건강 문제로 인해 애리조나의 피닉스로 이사를 하고자 했다. 우리 강좌에서 배운 원칙을 이용해서 그녀는 피닉스에 있는 12개의 은행에 다음과 같은 편지를 썼다.

존경하는 은행장님께.

귀 은행처럼 급성장하고 있는 은행에게 제가 은행에서 쌓은 10년간의 경력은 상당한 도움이 되리라고 확신합니다.

저는 뉴욕의 뱅커스 트러스트 회사에서 현재의 지점장 자리에 이르기까지 고객 관리, 신용계, 대부계, 관리업무를 포함하는 다양한 은행 실무를 익혀왔습니다.

저는 5월 피닉스로 이주할 예정이며 귀사의 성장과 수익 창출에 기여할 수 있으리라 자부합니다. 4월 셋째 주에 피닉스에 갈 계획입니다. 그때 제가 귀 은행의 목표에 얼마나 도움을 드릴 수 있는지 설명할 기회를 주시면 감사하겠습니다.

그럼 안녕히 계십시오.

바바라 L. 앤더슨 드림

앤더슨 부인이 이 편지에 대해 몇 통의 회답을 받았을 거라고 생각하는가? 12개의 은행 중 11개 사가 면접을 요청해서, 그녀는 어느 은행의 요청을 받아들일지 선택해야 했다.

그 이유가 뭘까? 앤더슨 부인은 그녀가 원하는 것은 하나도 언급하지 않았고 그녀가 상대를 어떻게 도울 수 있는지에 대해서만 썼다. 그리고 그녀가 아닌, 그들이 원하는 바에 초점을 맞추었다.

수천 명의 세일즈맨들은 오늘도 피로에 지쳐 낙심한 채, 얇은 월급봉투를 주머니에 넣고 거리를 힘없이 걷고 있다. 이유가 뭘까? 그들은 항상 자신이 원하는 것만 생각하기 때문이다.

그들은 당신이나 내가 아무것도 사고 싶어 하지 않는다는 것을 깨닫지 못하고 있다. 사고 싶은 생각이 있다면, 직접 나가서 살 것이다. 우리들은 자신의 문제를 푸는 데 끊임없이 관심을 가진다.

세일즈맨은 자신이 팔려고 하는 상품이 우리의 문제를 어떻게 해결할 수 있는지를 알려줄 수 있다면, 굳이 팔려고 노력할 필요가 없을 것이다. 우리가 나서서 살 테니 말이다. 고객은 사고 싶은 것을 사려 한다. 팔려고 하는 것을 사려는 것이 아니다.

하지만 많은 세일즈맨은 고객의 입장에서 보려 하지 않고 팔려고만 하는 데 평생을 보낸다. 예를 하나 들어보자.

나는 수년 동안 포레스트 힐에서 살았다. 그곳은 뉴욕 시의 중앙에 있는 조그만 개인 주택 단지다.

어느 날 역으로 급하게 뛰어가다가 나는 오랫동안 이 지역에서 일해온 부동산업자를 만나게 되었다. 그는 포레스트 힐을 아주 잘 알고 있었다. 그래서 내가 살고 있는 집의 재료에 대해 급히 물어보았다. 그는 모르겠다고 말하면서 포레스트 힐 가든 협회로 전화하면 알 수 있을 것이라는, 나도 이미 알고 있는 대답을 해주었다.

다음 날 아침 나는 그에게서 편지 한 통을 받았다. 그는 내가 원하는 정보를 주었을까? 그가 전화를 걸면 1분도 안 되어서 알아낼 수 있었겠지만 그렇게 하지 않았다. 그는 내게 전화해서 전화로 문의를 하면 알 수 있을 거라는 말을 반복했고 내 보험 문제를 자신에게 맡겨달라고 부탁했다. 그는 나를 돕는 일에는 관심이 없었다. 단지 자신에게 도움이 되는 일에만 관심이 있었다.

　앨라배마에 사는 하워드 루카스는 같은 회사에 다니는 두 세일즈맨이 같은 상황에서 어떤 식으로 대처하는가에 대해 말해주었다.

　"몇 년 전에 저는 어느 조그만 회사의 관리부에 있었습니다. 본사였던 저희 회사 근처에는 대규모 보험회사의 지사가 있었죠. 그 보험회사의 직원들에게는 할당된 구역이 있었고, 칼과 존이라는 두 보험대리인이 저희 회사를 맡게 되었습니다. 어느 날 아침 칼이 사무실에 들러서는 행정직을 대상으로 한 새로운 생명보험이 출시되었다고 자연스럽게 말하더군요. 그는 저희가 곧 관심을 갖게 될 거라면서 좀더 많은 정보를 알게 되면 다시 찾아오겠다고 했죠.

　같은 날 잠시 커피를 마시고 돌아오는 길에 만난 존은

우리를 보더니 소리치더군요. '루카스 씨, 잠깐만요. 여러분들을 위한 굉장한 소식이 있어요'라고요. 그는 급히 달려오더니 매우 격앙된 목소리로 자기네 회사에서 바로 그날 출시된 행정직 대상의 생명보험에 대해 말했습니다(칼이 자연스럽게 언급했던 바로 그 보험상품이었죠). 존은 우리가 최초 가입자가 되길 바랐죠. 몇 가지 보험 배상 범위에 대한 정보를 알려주곤 '이 보험은 갓 출시된 거예요. 내일 본사에서 사람이 나와서 설명해 드릴 겁니다. 지금 이 신청서에 서명해주시면, 본사 직원에게서 더 많은 정보를 제공받으실 수 있습니다'라고 말을 끝내더군요.

존의 열정은 우리가 그 보험에 대해서 자세히 아는 것이 없는데도, 서명하고 싶은 욕구를 솟구치게 했습니다. 그는 우리에게 보험을 판매했을 뿐만 아니라 나중에는 배상 범위를 두 배로 늘려주기도 했습니다. 칼도 보험 판매가 가능했지만, 우리에게 보험 가입에 대한 욕구를 일으키려는 노력을 하지 않았던 겁니다."

세상은 자기 혼자 모든 것을 움켜쥐려고 드는 이기적인 사람들로 가득 차 있다. 그래서 이타적으로 상대를 배려하는 몇 안 되는 사람들은 굉장한 이득을 얻는다.

이런 사람은 경쟁을 거의 하지 않는다.

저명한 변호사이자 미국의 최대 사업가 중 한 사람인 오웬 D. 영은 언젠가 이런 말을 했다.

"상대방의 입장에 설 수 있고, 상대의 마음을 이해할 수 있는 사람은 장차 자신 앞에 놓일 문제에 대해 걱정할 필요가 전혀 없다."

이 책을 읽고 나서 당신이 항상 상대방의 관점에서 생각하는 습관을 얻는다면, 이 한 가지 사실을 이 책을 통해 터득한다면, 이 책은 당신의 생애를 탄탄하게 쌓아올릴 밑거름이 될 것이다.

상대방의 입장에서 바라보고 상대로 하여금 무엇인가를 하고 싶은 열의를 불러일으키는 것이 자신에게는 이익이요, 상대에게는 해가 되는 일이라고 잘못 받아들여서는 안 된다. 양쪽은 협상을 통해 결과를 얻어야 한다.

앞에서 본 버밀렌 씨의 편지에서처럼, 보내는 사람이나 받는 사람이 모두 제시된 조건에 만족함으로써 좋은 결과를 얻을 수 있다. 은행과 앤더슨 부인의 경우를 살펴보면, 은행은 유능한 직원을 얻었고 앤더슨 부인은 적성에 맞는 직장을 찾았다. 존이 루카스에게 판매한 보험 상품에 관한 예를 보더라도 양쪽은 이런 상호관계를 통해 이익을 얻었다.

열의를 불러일으키는 법칙을 통해 모든 사람이 원하는 것을 얻을 수 있었던 또 하나의 예를 들어보겠다. 이것은 로드아일랜드에 사는 셸 석유회사의 지역 판매원, 마이클 E. 위든에 관한 이야기다.

마이크는 자신이 담당하고 있는 구역에서 최고 판매왕이 되고 싶었다. 하지만 구역 안에 있는 주유소 하나가 그의 뜻대로 되질 않았다. 그곳은 한 노인이 운영하고 있었는데 이 노인은 주유소의 청결 문제에 대해서는 전혀 개의치 않는 사람이었다. 주유소가 너무 지저분했기 때문에 판매는 눈에 띄게 줄어들고 있었다. 이 노인은 주유소를 개선하라는 마이크의 요청 따위는 귀담아듣지 않았다. 수차례의 권고와 진심 어린 대화에도 불구하고 전혀 소용이 없었다.

마이크는 이 노인을 자신이 담당하고 있는 구역에서 새로 문을 연 셸 주유소로 초대했다. 노인은 새 주유소의 시설에 무척 강한 인상을 받아 변화했다. 노인의 주유소를 찾았을 때, 주유소는 말끔히 청소되어 있었고 판매량도 증가한 상태였다. 이로써 마이크는 해당 구역에서 최고의 판매원이 될 수 있었다.

노인에게 말이나 토론 등은 모두 소용이 없었다. 그러나 최신식 주유소를 보여줌으로써 노인의 열의를 불러일으켰고, 마이크는 목표를 달성하게 된 것이다. 이는 둘 모두에게 이익이 되는 일이었다.

대부분의 사람이 대학에 들어가서 미적분의 법칙은 배우려고 하면서도 상대방의 마음이 어떻게 작용하는지는 헤아리려고 하지 않는다. 예를 하나 들어보겠다.

나는 거대한 에어컨 제조업체인 캐리어 사에 갓 입사한 대학 졸업생들을 상대로 효과적인 화술법이라는 강의를 열었다. 한 참가자는 다른 사람들을 설득해서 여가시간에 농구를 하고 싶어했다. 그는 이렇게 말했다.

"여러분과 나가서 농구를 하고 싶습니다. 제가 농구하는 걸 좋아하거든요. 체육관에 몇 번 가보았는데 농구를 할 만한 인원이 안 되더군요. 며칠 전에 두세 명 정도 모여서 공 던지기를 했는데 눈에 멍만 들었습니다. 여러분 모두 내일 저녁에 꼭 내려와주세요. 전 정말 농구를 하고 싶습니다."

그가 당신이 원하는 것을 이야기했는가? 아무도 가지 않는 체육관에 당신 역시 가고 싶지 않을 것이다. 그렇지 않은가? 그가 원하는 것이 무엇인지 당신에게는 상관없는 일이다. 당신은 눈에 멍이 들고 싶지도 않고 말이다.

당신이 체육관을 이용함으로써 얻을 수 있는 이점에 대해 그가 설명할 수 있었을까? 물론이다. 활력이나 식욕 촉진, 맑은 두뇌, 재미에 대해 말해야 한다.

오버스트리트 교수의 명언을 다시 반복해보자.

"상대방에게서 하고 싶은 욕구를 불러일으켜라. 이것을 할 수 있는 사람은 온 세상을 얻을 수 있다. 이것을 할 수 없는 사람은 외로운 길을 걷게 될 것이다."

저자가 주관하는 훈련 과정에 참여한 한 수강생은 어린 아들에 대해 걱정이 많았다. 아이는 체중 미달인데도, 음식을 제대로 먹으려 하지 않았다. 부모는 혼을 내거나 잔소리를 하는 등 일반적인 방법을 썼다.

"엄마는 네가 이걸 좀 먹었으면 좋겠구나."

"아빠는 네가 튼튼하게 자랐으면 좋겠다. 그러니 어서 많이 먹어라."

아이가 부모의 애원에 귀를 기울였을까? 아이는 당신이 모래사장의 모래알에 대해 가지는 관심정도는 기울였을지도 모른다.

상식을 가지고 있는 사람이라면 세 살짜리 아이가 서른 중반인 아버지의 관점에 맞춰서 행동하길 바라지는 않을 것이다. 하지만 아버지는 자신의 관점에서만 얘기하고 있다. 어리석게도 말이다. 그는 마침내 이것을 깨달았다. 그래서 스스로에게 물어보았다.

"아이가 원하는 것이 무엇일까? 아이가 원하는 것과 내가 원하는 바를 어떻게 묶을 수 있을까?"

아버지가 이렇게 생각하는 것은 쉬웠다. 아이에게는 세발자전거가 하나 있었다. 아이는 브루클린에 있는 집 앞 도로를 자전거로 오르내리는 것을 무척 좋아했다. 몇 집 건너에는 개구쟁이에다가 덩치가 큰 사내아이가 살았는데, 이 소년이 아들의 세발자전거를 빼앗아서 타곤 했다.

당연히 왜소한 아들은 소리를 지르면서 엄마에게 달려왔고, 아내는 밖으로 나가서 그 사내아이한테서 자전거를 빼앗아 아들에게 되돌려주었다. 이 일은 거의 매일 반복되었다.

아들이 원하는 것은 무엇일까? 이에 대한 대답은 셜록 홈즈가 아니어도 알 수 있다. 자존감을 위해 필요한 자부심, 분노, 소원 등의 강렬한 감정들은 아이에게 복수를 하라고 덩치 큰 녀석의 코를 납작하게 만들라고 부추겼다.

그때 엄마가 먹으라고 하는 것만 먹으면 언젠가는 네가 그 덩치를 때려눕힐 수 있다고 아빠가 설명했고, 더 이상 편식 문제로 걱정하는 일은 없어졌다. 아이는 자기를 못 살게 굴었던 덩치 큰 사내아이를 혼내줄 만큼 크기 위해서 시금치, 양배추 절임, 고등어 조림 등 무엇이든 먹게 되었다.

그 문제가 해결되자 또 다른 문제에 부딪혔다. 아들에게는 이불에 오줌을 싸는 나쁜 버릇이 있었던 것이다.

아이는 할머니와 함께 잤다. 아침에 할머니가 이불이 젖어 있는 걸 알고는 아이를 나무라곤 했다.

"오! 조니, 또 일을 저질렀구나."

"아니에요. 제가 안 그랬어요. 할머니가 그랬잖아요."

아이는 천연덕스럽게 대꾸했다.

부모가 다시는 그런 짓을 하지 말라고 혼내고, 엉덩이를 때리거나 잔소리를 해도 아이의 버릇을 고치지 못했다. 부모는 신중히 생각했다.

"어떻게 하면 아이가 이불에 오줌싸는 것을 고칠 수 있을까?"

아이가 원하는 것은 무엇일까? 우선 아이는 할머니가

입는 나이트가운 대신 아빠처럼 파자마를 입고 싶어 했다. 할머니는 아이가 밤마다 저지르는 일에 질렸기 때문에, 버릇을 고치면 파자마를 사주겠다고 흔쾌히 약속했다. 그리고 아이는 자기 침대를 갖고 싶어 했다. 할머니는 이것도 반대하지 않았다.

엄마는 브루클린에 있는 백화점에 아이를 데리고 가서 판매원에게 눈짓을 보내곤 말했다.

"여기 있는 꼬마 신사가 뭔가 사고 싶다고 하는군요."

"어서 오세요. 꼬마 신사님. 뭘 도와드릴까요?"

판매원 아가씨는 아이가 중요한 인물이라는 느낌이 들도록 했다.

아이는 까치발을 하며 말했다.

"침대를 사고 싶어요."

마음에 드는 침대를 보자 엄마는 판매원에게 눈짓을 했고, 점원은 아이가 그 침대를 사도록 유도했다.

침대는 다음 날 배달되었다. 그날 밤 아빠가 집에 돌아왔을 때, 아이는 소리를 치며 문까지 달려나왔다.

"아빠! 아빠! 위에 가서 제가 산 침대 좀 보세요!"

아빠는 침대를 보면서 찰스 슈바프의 주장대로, '진심 어린 찬사와 아낌없는 칭찬'을 해준 후 말했다.

"이 침대에는 오줌을 싸지 않겠구나. 그렇지?"

"그럼요! 절대로, 절대로 안 쌀 거예요."

아이는 약속을 지켰다. 자존심이 걸린 일이었기 때문이었다. 그건 자신의 침대였고, 자기가 선택한 침대였던 것이다. 아이는 꼬마 어른처럼 파자마를 입고 있다. 그는 어른처럼 행동하고 싶어 했다. 그리고 실제로 그렇게 했다.

여기 또 다른 아버지가 한 사람 있다. 같은 강좌의 수강생이었던 K. T. 더치만은 전화 기술자였다. 그는 세 살짜리 딸아이가 아침을 먹지 않아 걱정이었다. 다른 부모와 마찬가지로 꾸짖고 애원하며 달래도 소용이 없었다. 그래서 부모는 자문해보았다.

"어떻게 하면 딸아이가 아침을 먹고 싶게 만들 수 있을까?"

아이는 어른인 것처럼 엄마 흉내 내기를 좋아했다. 그래서 어느 날 아침, 부모는 아이를 의자에 앉히고 아침 식사를 만들게 했다. 딸이 시리얼에 우유를 붓고 있을 때 아빠가 부엌으로 들어왔다. 아이는 숟가락을 든 채 소리쳤다.

"아빠, 이것 좀 보세요. 오늘 아침에 제가 시리얼을 만들었어요."

아이는 뚝딱 시리얼 두 그릇을 비웠다. 스스로 관심이 있었기 때문이다. 아이는 자존감을 얻었다. 시리얼을 만들면서 자기 표현의 수단을 발견했던 것이다.

윌리엄 윈터는 언젠가 이렇게 말했다.

"자기 표현은 인간 본성의 지배적인 요건이다."

우리는 왜 이와 같은 심리를 사업에 적용하지 못할까? 뛰어난 아이디어가 생겼을 때 그것이 자신의 아이디어라고 내세우는 대신, 상대가 생각해낸 것처럼 해주면 어떨까? 그들은 스스로 고안해낸 것이라고 여기게 될 것이다. 그러면 그들도 새 아이디어를 좋아하게 될 것이고, 더치만의 딸처럼 아마도 두 접시는 거뜬히 해치울 수도 있을 것이다.

항상 이 말을 기억하자.

"상대방에게서 하고 싶은 욕구를 불러일으켜라. 이것을 할 수 있는 사람은 온 세상을 얻을 수 있다. 이것을 할 수 없는 사람은 외로운 길을 걷게 될 것이다."

2장

사람들에게 호감받는
6가지 방법

어디에서도
환영받을 수 있는 방법

당신은 왜 친구를 얻는 법을 알기 위해 책을 읽고 있는가? 이 세상에서 친구 얻는 법을 터득한 최고 승자의 기술을 공부해보면 어떨까? 그게 누구냐고? 당신은 내일 거리를 걸어오는 그를 만나게 될 수도 있다.

당신이 그에게 가까이 다가가면, 그는 꼬리를 흔들 것이다. 당신이 걸음을 멈추고 쓰다듬으면, 그는 껑충껑충 뛰어오르며 자신이 당신을 얼마나 좋아하는지 표현할 것이다. 그가 보여주는 애정 표현의 이면에 다른 속셈이 숨어 있는 걸까? 천만에! 그는 부동산을 팔고 싶어하는 것도 아니며, 당신과 결혼을 하고 싶어하는 것도 아니다.

당신은 개라는 생물만이 생활을 위해 일할 필요가 없는 유일한 동물이라는 생각을 해본 적이 있는가? 닭은 알을 낳아야 하고, 소는 우유를 만들어내야 하며, 카나리아는 노래를 불러야 한다. 그러나 개는 당신에게 사랑을 주는 것으로 살아간다.

다섯 살 때, 아버지는 내게 노랑 털북숭이 강아지를 사주셨다. 강아지는 내 어린 시절의 빛이요, 기쁨이었다. 매일 오후 4시 30분쯤, 강아지는 앞마당에 앉아서 반짝이는 눈으로 길가를 하염없이 응시했다. 그러다가 저 멀리에서 내 목소리가 들리거나 도시락을 흔들면서 걸어오는 내가 보이면 총알처럼 튀어나와 나를 맞으러 언덕을 숨가쁘게 올라와서는 기쁨에 넘쳐 폴짝폴짝 뛰며 짖어댔다.

티피는 5년 동안 나의 변함없는 친구였다. 그러던 어느 날 밤, 나의 작은 티피는 바로 내 눈앞에서 벼락을 맞고 죽었다. 그 비극적인 밤을 나는 결코 잊을 수 없다. 티피의 죽음은 내 소년 시절의 비극이었다.

"티피야, 네가 심리학책을 읽은 적은 한 번도 없을 테지. 그럴 필요도 없었어. 너는 신이 내려주신 본능으로 이미 알고 있었으니까. 너는 다른 사람들이 2년 동안 사귀려고 했던 것보다 더 많은 친구를, 두 달 만에 만들 수 있었잖니."

다시 한 번 반복하겠다. 2년 동안 상대가 당신에게 관심을 갖도록 애쓰며 다가가기보다, 당신이 상대에게 진심으로 관심을 기울이면 두 달 만에 더 많은 친구를 사귈 수 있다.

하지만 나도 알고 당신도 알다시피 사람들은 상대가 자신에게 관심을 가져주길 바라기 때문에 평생 동안 실수를 하며 산다.

물론 잘될 리가 없다. 사람들은 당신에게 관심이 없다. 그들은 내게도 관심이 없다. 그들은 단지 자기 자신에게만 관심이 있을 뿐이다. 아침이고 점심 때고, 저녁이고 항상 말이다.

뉴욕 전화국에서 통화 중에 가장 많이 쓰이는 단어가 무엇인지 조사한 적이 있다. 당신도 짐작하듯이, 그 단어는 바로 1인칭 대명사 '나'였다. 이 '나'란 단어는 500통의 전화에서 3천9백 번 사용되었다. '나', '내가', '난'……. 우리는 이 말들을 하루에도 셀 수 없이 많이 사용한다.

당신도 들어가 있는 단체 사진을 볼 때, 당신은 누구를 가장 먼저 찾는가?

단순히 사람들에게 깊은 인상을 남겨서 나에게 관심이 쏠리도록 한다면, 우리는 결코 진실하고 순수한 친구를 많이 사귈 수 없다. 진정한 친구는 그런 식으로 만들어지지 않는다.

나폴레옹은 조세핀과의 마지막 만남에서 이렇게 말했다고 한다.

"조세핀, 나는 정말 어느 누구보다도 운이 좋은 사람이었소. 하지만 지금 이 세상에서 내가 기댈 수 있는 사람은 당신뿐이구려."

하지만 역사가들은 나폴레옹이 진정 그녀에게는 기댈수 있었는가에 대해서 의심하고 있다.

유명한 심리학자 알프레드 애들러는 《당신에게 인생은 무엇을 의미하는가?》라는 책에 이렇게 쓰고 있다.

주변 사람들에게 관심이 없는 사람은 인생에서 가장 큰 어려움을 가지고 있으며, 상대에게 가장 큰 해를 끼치는 인물이다. 인류가 저지르는 모든 실패는 바로 이런 인간들에게서 비롯된다.

심리학 전문 서적을 여러 권 읽어봐도, 당신이나 내게 이보다 더 의미심장한 문장은 없을 것이다. 애들러의 말에 담긴 의미가 매우 심오하니 다시 반복해보겠다.

주변 사람들에게 관심이 없는 사람은 인생에서 가장 큰

어려움을 가지고 있으며, 상대에게 가장 큰 해를 끼치는 인물이다. 인류가 저지르는 모든 실패는 바로 이런 인간들에게서 비롯된다.

나는 뉴욕 대학에서 단편소설 창작 강좌를 수강한 적이 있다. 강좌는 어느 일류 잡지사의 편집장이 맡았었다. 그는 매일 책상 위에 놓인 수십 개의 소설을 몇 단락만 읽어보면, 작가가 사람들을 좋아하는지 아닌지를 느낄 수 있다고 말했다.

"작가가 사람들을 좋아하지 않으면, 사람들도 그가 쓴 소설을 좋아하지 않는다."

이 무뚝뚝한 편집장은 소설 작법에 관한 강의를 하다가 두 번이나 중단하고는 설교조로 얘기하는 것을 사과하며 말했다.

"설교처럼 들리겠지만 명심하십시오. 소설가로 성공하려면 사람들에게 관심을 가져야만 합니다."

소설을 쓰는 데 있어 이것이 사실이라면 1대 1로 사람을 대하는 일에 있어서는 두말할 나위가 없을 것이다.

하워드 더스톤이 브로드웨이에서 마지막으로 공연을 하던 날 저녁, 나는 분장실에서 그와 함께 있었다. 더스톤은 널리 알려진 최고의 마술사였다. 그는 40년 동안 전세계를 돌아다니며 환상을 창조해냈고 청중들을 사로잡았으며, 숨이 멈출 정도의 놀라움을 연출해냈다. 6천만 명 이상의 사람들이 그의 쇼를 보기 위해 돈을 지불했고, 그는 거의 2백만 달러에 이르는 수익을 올렸다.

나는 더스톤에게 성공의 비결을 물어보았다. 그는 어렸을 때 가출을 했으니, 학교 교육과는 확실히 상관이 없어 보였다. 집을 나온 후, 그는 떠돌이가 되어 지붕이 있는 화물차를 얻어 타고, 건초더미에서 잠을 잤다. 집집마다 음식을 구걸하러 다녔으며, 철로를 따라 늘어선 표지판을 보면서 글을 배웠다.

그가 마술에 대해 월등한 지식을 가지고 있었던 걸까? 아니다. 그는 빠른 손재주에 관한 책은 이미 수백여 종에 이른다고 말했으며, 그가 하는 정도의 마술을 알고 있는 사람도 많다고 했다.

그러나 더스톤은 다른 사람들이 가지고 있지 않은 두 가지를 갖고 있었다. 한 가지는 자신의 개성을 무대에 올려놓을 줄 아는 능력이었다. 그는 능숙한 흥행사였으며, 인간의 본성에 대해 잘 알고 있었다. 그는 자신이 하는 모든 행동과 동작들, 목소리의 억양과 눈썹의 움직임까지도 사전에 철저히 준비했다. 따라서 그의 행동은 초 단위로 나뉘어서 계획되었다.

나머지 하나는 사람들을 향한 진정한 관심이었다. 그는 많은 마술가가 관객을 쳐다보면서 이렇게 중얼거린다고 말했다.

"음, 순진한 바보들이 한 무더기 모여 있군. 이쯤이야 얼마든지 속여먹을 수 있지."

하지만 더스톤의 경우는 완전히 달랐다. 그는 무대에 오르는 매순간 이렇게 속삭였다.

"이렇게 많은 사람이 나를 보러 와주다니, 감사할 일이다. 이들 덕분에 내가 좋아하는 일을 하면서 살 수 있는 거야. 그러니 가능한 최선을 다해서 마술을 선보여야지."

그는 몇 번이고 이렇게 되뇌이기 전에는 무대에 나서지 않았다고 단언했다.

"나는 관객을 사랑한다, 나는 관객을 사랑한다."

우습다고? 이상하다고? 물론 당신에게는 마음대로 생각할 권리가 있다. 나는 그저 금세기에 가장 유명한 마술사의 성공 비결을 당신에게 전해줄 뿐이다.

펜실베니아에 살고 있는 조지 다이크는 30년 동안 경영하던 주유소의 부지에 고속도로가 들어서는 바람에 어쩔 수 없이 그곳을 떠나야 했다. 퇴직 후 얼마 지나지 않아서 지루함을 느끼기 시작했다. 그래서 그는 낡은 바이올린으로 음악을 연주하면서 시간을 보냈다. 그는 음악을 듣기 위해 곳곳을 여행하며 성공한 바이올리니스트들과 이야기를 나누었다.

겸손하고 친절했던 다이크는 자신이 만난 음악가들의 관심거리나 배경을 알아가는 데 점점 흥미를 갖게 되었다. 다이크는 굉장한 바이올리니스트는 아니었지만, 이런 과정을 통해 친구를 많이 사귀게 되었다.

그는 대회에도 참가했고 미국 동부 지역의 음악 애호가들 사이에서 '펜실베니아 주 출신의 바이올린 스크랩퍼 조지 아저씨'로 알려졌다. 우리가 조지 아저씨에 대한 얘기를 들었을 때, 그는 72세였으며 인생을 즐기고 있었다.

대부분의 사람이 자신을 쓸모 있던 시절이 다 끝났다고 생각할 때, 그는 타인에게 지속적인 관심을 가짐으로써 새로운 인생을 만들어낼 수 있었다.

이는 시어도어 루스벨트 대통령의 놀라운 인기 비결 중의 하나이기도 했다. 그의 하인들까지도 그를 사랑했다. 그의 시중을 드는 하인이었던 제임스 E. 아모스는 《시어도어 루스벨트, 하인들의 영웅》이라는 제목의 책을 썼다.

이 책에서 아모스는 다음과 같은 일화를 들려주었다.

언젠가 아내는 대통령께 메추라기에 대해 물어본 적이 있었다. 메추라기를 본 적이 없는 아내에게 그는 자세히 설명을 해주었다.

얼마 후, 우리집의 전화벨이 울렸다(아모스 부부는 오이스터 베이의 루스벨트 대통령 관저에 있는 작은 별채에서 살았다). 아내가 전화를 받았는데, 루스벨트 대통령의 전화였다. 그가 아내에게 전화를 걸어 창가에 메추라기가 앉아 있으니 내다보라고 말했다는 것이었다. 이처럼 작은 일에도 그분의 특성이 잘 나타났다.

그는 우리가 거주하는 별채를 지날 때마다, 우리가 보이지 않아도 이렇게 불렀다.

"우-우-우 애니? 우-우-우 제임스!"

그가 집 앞을 지나면서 하는 다정한 인사였다.

고용인들이 이런 사람을 어떻게 좋아하지 않을 수 있을까? 아니, 누군들 그를 좋아하지 않을 수 있을까?

태프트 대통령 부부가 외출 중이던 어느 날, 루스벨트 전 대통령이 백악관에 들렀다. 낮은 신분의 사람들도 아껐던 그의 성품은, 백악관 하인들의 이름을 일일이 불러가며 인사를 했다는 사실에서도 잘 드러난다. 그는 설거지를 담당했던 하녀의 이름까지도 기억하고 있었다.

아치 버트는 이렇게 쓰고 있다.

그분은 주방 하녀인 앨리스를 보더니, 여전히 옥수수 빵을 만드느냐고 물었다. 앨리스는 하인들을 위해 가끔 만들기는 하지만 윗분들은 드시지 않는다고 말했다.

루스벨트는 큰 목소리로 "맛을 모르는 사람들이군, 그래. 대통령을 만나면 내가 말해주겠네"라고 말했다.

앨리스는 쟁반에 빵을 담아 드렸고, 그는 빵을 먹으면서 사무실을 나갔다. 그리고 걸어가며 만나는 정원사며 일꾼들에게 인사를 했다.

그는 과거에 부르던 대로 한 사람 한 사람의 이름을 불렀다. 백악관에서 40년 동안 집사장을 지낸 아이크 후버는 눈물을 흘리며 "근 2년 동안 이렇게 행복한 날은 없었다. 누가 100달러를 주더라도 우리들 중 누구도 이 순간과 바꾸지는 않을 것이다"라고 말했다.

뉴저지에 사는 영업사원 에드워드 M. 사이크스는 그다

지 중요한 인물이 아닌 사람에게도 관심을 기울여 거래를 유지했다.

"몇 년 전에 저는 매사추세츠 지역에 있는 존슨 앤 존슨의 고객을 담당했습니다. 거래처 중에는 힝햄에 있는 어느 약국이 있었죠. 전 이 약국에 들어설 때마다 항상 음료수 담당 점원이나 판매 점원에게 먼저 말을 걸었습니다. 주문을 받을 주인하고 얘기하기 전에 말이죠. 어느날 약국 주인한테 갔더니 그가 더 이상 우리 회사의 제품을 구입할 의사가 없다고 하더군요. 그 이유는 존슨 앤 존슨 사가 식품점이나 할인매장에서의 영업에만 집중하고 있어서, 그렇게 작은 약국에 손해가 된다는 것이었습니다. 전 기가 죽어서 몇 시간이고 시내 여기저기를 차를 몰고 돌아다녔죠. 결국, 전 약국으로 돌아가서 적어도 회사 측의 입장을 설명할 필요는 있다고 생각했죠. 저는 약국에 다시 들어섰고, 여느 때처럼 음료수 담당 점원과 판매 점원에게 인사를 했습니다.

약국 주인에게 걸어갔을 때 그는 환하게 웃으면서 반갑게 절 맞이하더군요. 그러곤 보통 때의 두 배나 되는 주문을 했습니다. 전 놀란 얼굴로 주인을 쳐다보며 어찌 된 일인지 물었습니다. 주인은 음료수 판매대에 있는 젊은 점원을 가리키며 말하더군요. 제가 나간 후에 그 점원이 와서는, 내가 약국에 들어와서 자기나 그 외 점원들한테 인사를 하는 몇 안 되는 영업사원 중의 한 사람이라고 했다는 겁니다. 그 점원은 주인에게 거래를 할 만한 영업사원이 있다면, 그게 바로 저일 거라고 말했습니다. 주인은 이에 동의했고, 저는 주 고객으로 남게 되었죠. 다른 사람들에게 진정한 관심을 가지는 것은 영업사원에게 가장 중요한 자질이라는 사실을 절대 잊지 않고 있습니다. 이는 사람들 모두에게 마찬가지입니다.”

나는 진심 어린 관심을 기울이면, 아무리 바쁜 사람에게서도 관심과 협력을 얻어낼 수 있다는 것을 여러 경험을 통해 알게 되었다. 일화를 하나 들어보겠다.

몇 년 전, 나는 브루클린 예술 과학원에서 소설 작법 강좌를 지도했다. 우리는 캐서린 노리스, 페니 허스트, 아이다 타벨, 앨버트 페이슨 터훈, 루퍼트 휴즈처럼 유명하고 바쁜 작가들을 초빙해서 그들의 경험담을 듣고 싶었다. 우리는 이들에게 편지를 썼는데, 그들의 작품에 경애를 보내며, 조언과 함께 성공 비결을 배우고 싶다는 내용을 담았다.

약 150명의 학생들이 편지 하나하나에 모두 서명을 했다. 우리는 이 작가들이 강좌를 준비할 만한 겨를이 없을 정도로 바쁘다는 사실을 잘 알고 있었다. 그래서 우리는 작가 개인과 소설 작법에 관한 몇 가지 질문 사항을 동봉해서 보냈다. 작가들은 이 편지를 마음에 들어했다. 누군들 좋아하지 않을 수 있겠는가? 그들은 몸소 브루클린으로 와서 강의를 해주었다.

이와 똑같은 방법으로 시어도어 루스벨트 내각의 내무장관이었던 레슬리 M. 쇼, 태프트 내각의 법무장관이었던 조지 W. 워커샴, 윌리엄 제닝스 브라이언, 프랭클린 루스벨트, 그 외의 많은 저명인사가 나의 화술 강좌 수강생들에게 특강을 하도록 했다.

우리들은 모두–공장에서 일하는 노동자, 사무실의 직원, 심지어는 왕좌에 앉아 있는 왕까지도–자신을 존경하는 사람들을 좋아하게 마련이다.

독일 황제의 예를 들어보자. 1차 세계대전의 끝 무렵, 그는 이 지구상에서 가장 맹렬하게, 그리고 범세계적으로 경멸받는 인물이었다.

그가 목숨을 부지하기 위해 네덜란드로 도망쳤을 때는 고국조차도 그에게 등을 돌렸다. 그에 대한 증오심이 너무 강해서 수백만 명에 이르는 사람들이 그를 갈기갈기 찢어버리거나 화형에 처하고 싶어 했을 정도였다.

이렇게 증오의 불길이 타오르고 있을 때 한 아이가 황제에게 찬미와 존경심으로 가득 찬 짧지만 진지한 편지를 보냈다. 이 꼬마는 다른 사람들이 뭐라고 하든 상관없이 자신은 항상 빌헬름을 황제로서 사랑한다고 적었다.

황제는 꼬마의 편지에 깊은 감동을 받았고 만나보고 싶다며 아이를 초청했다. 꼬마는 어머니와 함께 그를 찾아 왔고, 황제는 꼬마의 어머니와 결혼을 했다.

이 아이는 상대에게 영향을 미쳐서 협력자로 만드는 법에 대한 책을 읽을 필요가 없었다. 본능적으로 알고 있었으니 말이다.

친구를 사귀고 싶다면, 상대방에게 헌신하라. 이는 시간과 열정, 이타심, 호의를 요구한다.

윈저 공이 영국의 황태자였을 때, 그는 남미로 여행을 갈 계획이었다. 여행을 떠나기 전에 그는 수개월 동안 그 나라 말로 연설을 하기 위해서 스페인어를 공부했다. 그리고 남미인들은 그런 그를 사랑했다.

수년간 나는 친구들의 생일을 기억하는 일에 중점을 두었다. 어떻게 했느냐고? 나는 점성술을 전혀 믿지 않았지만, 우선 상대에게 생일이 성격이나 기질과 어떤 연관성이 있다고 믿는지 물어보았다. 그리고 태어난 날짜를 묻는다.

예를 들어 상대가 11월 24일이라고 대답을 하면, 나는 속으로 "11월 24일, 11월 24일"이라고 계속 반복한다. 친구가 자리에 돌아오기 전에 이름과 생일을 적어두고, 나중에 생일 기록 노트에 옮겼다.

새해가 시작되면 자동적으로 알 수 있게끔, 나는 생일을 달력에 표시해두었다. 그리고 생일이 되었을 때 그 사람에게 편지나 전보를 보낸다. 그 반응이 얼마나 놀랍던지! 나는 종종 이 세상에서 생일을 기억해주는 유일한 사람이 되기도 했던 것이다.

친구를 사귀고 싶다면, 사람들을 활기 차고 열정적으로 맞이하자. 누군가 당신에게 전화를 걸었을 때도 똑같은 방법을 사용하라. 상대의 전화를 받아서 너무나 기쁘다는 투로 "여보세요"라고 말해라.

많은 회사가 전화교환원들에게 관심과 열의를 나타내는 말투로 응대하는 법을 가르친다. 그러면 전화를 한 사람은 회사가 자신을 배려한다고 느낀다. 전화를 받을 때는 이 점을 명심하자.

상대에게 진심 어린 관심을 보이면 협력자를 얻을 뿐

아니라, 회사에 대한 고객들의 신뢰도를 높이기도 한다.

다음은 뉴욕 노스 아메리카의 내셔널 뱅크에서 발행하는 사보에 실린 매들린 로즈데일의 편지다. 그녀는 이 은행의 예금주였다.

저는 귀 은행의 직원 여러분께 진정으로 감사하다는 말씀을 전하고 싶습니다. 직원들 모두가 예의 바르고 정중하며 친절하십니다. 오랫동안 순서를 기다린 후 창구 직원이 반갑게 맞아주면 얼마나 기쁜지……

작년에 저희 어머니는 5개월 동안 병원에 입원해 계셨습니다. 저는 종종 마리 페트루첼로라는 창구 직원에게서 은행 업무를 봤죠. 그녀는 제 어머니의 건강을 걱정하며 차도를 물어주더군요.

로즈데일 부인이 이 은행을 계속 이용할 것이라는 데 의문의 여지가 있을까?

뉴욕의 어느 대규모 은행에서 근무하는 찰스 R. 월트

스는 모 기업에 대한 기밀 서류를 작성하는 일을 맡았다. 그는 자신이 매우 급히 필요로 하는 정보를 가지고 있는 사장을 찾아냈다.

월트스가 사장실에 막 들어섰을 때, 젊은 아가씨가 문 틈으로 고개를 내밀더니 그날은 우표가 없다고 사장에게 말했다.

"열두 살 난 아들 녀석을 위해서 우표를 모으고 있지."

사장은 월트스에게 상황을 설명했다.

월트스는 용건을 말하며 질문을 시작했다. 하지만 사장은 막연하고 일반적인 태도를 취했다. 사장은 이야기를 하고 싶어 하지 않았고, 그에게서 이야기를 끌어낼 만한 방법은 아무것도 없었다. 인터뷰는 짧고 별 내용 없이 끝났다.

월트스는 우리 강좌에서 당시의 이야기를 하며 이렇게 말했다.

"솔직히 어떻게 해야 할지를 모르겠더군요. 그때 비서가 했던 말이 기억났습니다. 우표며 열두 살짜리 아들 얘기 말이죠. 그리고 우리 은행의 외환계에서 세계 7대륙에서 날아오는 편지의 우표를 모으고 있다는 사실을 떠올렸습니다.

다음 날 오후에 전 그 사장을 찾아가서 아들에게 줄 우표를 좀 가지고 왔다고 전했습니다. 제가 열렬한 환영을 받았을까요? 물론이죠. 그가 국회의원에 출마했더라도, 그보다 더한 열의로 악수할 수는 없었을 겁니다. 그는 활짝 웃으면서 호의를 보였습니다. 그는 우표들을 만지작거리면서 계속 이렇게 중얼거렸습니다. '우리 조지가 너무 좋아할 겁니다. 이것 좀 봐요. 이건 정말 귀한 건데.' 우린 30분 정도 아들 사진을 보면서 우표 얘기를 나눴습니다.

그러고 나서 사장은 1시간 이상이나 할애해서 제가 원하는 정보를 자세히 설명해주었죠. 제가 물어보지 않은 부분까지 말이죠. 그는 아는 건 모조리 말해주었고 부하직원이며 친구들에게 전화를 해서 물어보기까지 했습니다. 그는 정보, 수치, 보고서, 편지를 모두 꺼내서 보여주었죠. 신문기자들 말로 하자면 전 특종을 잡은 셈이었습니다."

또 다른 예를 들어보겠다.

필라델피아의 C. M. 크내플은 수년간 대형 유통업체에 연료를 팔려고 노력해왔다.

하지만 그 대형 유통업체는 계속 다른 업자로부터 연료를 구입했고, 연료를 실은 화물차는 그의 사무실 앞을 보란 듯이 지나가곤 했다.

크내플은 어느 날 밤 강좌에서 이 대형 유통업체를 국가에 암적인 존재라고 지칭하며 원성을 퍼부었다. 그리고 자신이 이 업체에 왜 연료를 팔 수 없었는지 알 수가 없다고 했다.

나는 다른 전략을 써보라고 제안했다. 이후의 일을 간단히 옮겨보면 이렇다.

우리는 수강생들과 대형 유통업체가 나라에 득보다 해가 되는지에 대한 토론을 열었다.

나의 제안에 따라, 크내플은 대형 유통업체를 방어하는 입장에 섰다. 그는 곧바로 자신이 경멸하는 대형 유통업체의 임원을 찾아가서 말했다.

"전 연료를 팔러 온 게 아닙니다. 부탁을 하나 하려고 왔습니다. 제가 여기 온 것은 내가 원하는 정보를 줄 수 있는 사람을 달리 생각해낼 수가 없기 때문입니다. 전 이번 토론에서 반드시 이기고 싶습니다. 그러니 당신이 절 도와주면 정말 감사하겠습니다."

나머지 이야기는 크내플 씨가 얘기한 대로 적어보겠다.

"저는 이 임원에게 딱 1분이라는 조건으로 면담을 요청했습니다. 이런 조건으로 그는 나와의 면담을 승낙했죠. 제가 상황을 설명하자 그는 의자를 권하더니 정확히

1시간 47분 동안 나에게 이야기를 했습니다. 그는 유통업체에 관한 책을 쓴 또 다른 임원을 불러오더군요. 국제 유통업체에 대한 글을 썼던 그는, 그 주제에 관한 토론의 사본을 저에게 구해주었습니다. 그는 이 유통업이 인류에 대한 진정한 봉사라고 표현하더군요.

그는 수많은 지역 사회를 위해 하고 있는 일에 자부심을 가지고 있었습니다. 그는 눈을 빛내며 말했죠. 전 제가 이제껏 꿈꿔본 적도 없던 사실에 대해 눈떴다는 사실을 고백하지 않을 수 없습니다. 제가 그 업체를 나올 때, 그는 문까지 배웅 나왔습니다. 그는 제 어깨에 팔을 두르면서 토론에서의 선전을 빌어주었고, 다시 들러서 결과를 알려달라고 했죠.

그는 마지막으로 저에게 이렇게 말하더군요. '봄쯤에 다시 오시오. 그때는 당신에게 연료를 주문할 테니.' 이건 저에게 거의 기적 같은 일이었습니다. 제가 부탁하지도 않았는데 그가 연료를 사겠다고 나섰으니까요. 10년 동안 그가 나와 내 상품에 관심을 가져주길 애썼던 것보다 2시간 동안 그와 그의 문제에 진심으로 관심을 기울였던 것이 더 많은 발전을 가져왔던 겁니다."

크내플이 새로운 사실을 발견한 것은 아니다. 오래전부

터, 즉 예수가 태어나기 1백년 전 푸블리우스 시루스라는
유명한 고대 로마 시인은 말했다.

"우리는 상대가 우리에게 관심을 가질 때 상대에게 관심
을 보인다."

다른 인간관계의 원칙과 마찬가지로 관심의 표현은 진
실해야 한다. 이는 관심을 보이는 사람에게뿐만 아니라
관심을 받는 사람에게도 똑같이 적용된다. 이는 양방향
도로이며 둘 모두에게 이익이 된다.

롱아일랜드에서 우리 강좌를 수강했던 마틴 진저버그
는 한 간호사의 특별한 관심이 그의 인생에 얼마나 큰 영
향을 미쳤는가에 대해 말해주었다.

"열 살 때의 추수감사절이었어요. 전 시립 복지병원에
서 다음 날 중요한 외과 수술을 받기로 되어 있었습니다.
전 앞으로 몇 달 동안은 병원에 갇혀서 아파하며 회복을
기다려야 한다는 것을 알고 있었습니다. 아버지는 돌아가
셨고, 어머니와 전 조그만 아파트에 사는 구호 대상자였
죠. 그리고 그날 어머니는 절 찾아올 수가 없었습니다. 시
간이 지날수록 전 외로움과 절망, 두려움 등의 감정으로

북받쳐 오르기 시작했습니다.

저는 어머니가 집에서 혼자 걱정하고 있을 거란 사실을 잘 알고 있었죠. 어머니에게는 함께 있어주거나 함께 식사를 할 사람도 없었습니다. 추수감사절 저녁 식사를 할 만한 돈도 없었죠. 눈물이 나오더군요. 전 베개에 얼굴을 묻고 이불을 끌어 올렸습니다. 전 소리 죽여 울었지만 너무 서럽게 울어서 온몸이 아플 지경이었습니다.

한 젊은 견습 간호사가 제 울음소리를 듣고는 다가왔죠. 간호사는 이불을 끌어 내리고는 눈물을 닦아주었습니다. 그날이 당번이라 가족들과 함께 저녁 식사를 할 수 없다며 너무 외롭다고 말하더군요. 그녀는 자기와 함께 식사를 하자고 하며, 두 개의 쟁반에 음식을 가득 담아 왔습니다. 거기에는 얇게 썬 칠면조 고기며 으깬 감자 요리, 캔터베리 소스와 디저트용 아이스크림까지 있었습니다. 그녀는 나에게 이야기를 했고, 제 두려움을 가라앉히려고 애를 썼습니다. 퇴근 시간이 오후 4시였는데도 함께 게임을 하고 이야기를 하면서 제가 잠들 때까지 곁에 있어 주었습니다.

그때 이후로도 많은 추수감사절이 오고 갔지만, 그 특별했던 추수감사절은 절대로 잊혀지지 않습니다. 좌절과 두려움, 외로움의 감정을 따뜻함과 친절함으로 견딜 수 있게 해준 그 간호사를 말이죠."

상대가 당신을 좋아해주길 바란다면, 진정한 우정을 쌓고 싶다면, 그리고 자신에게 하듯이 상대를 도와주고 싶다면, 이 원칙을 명심해라.

상대에게 진심으로 관심을 기울여라.

좋은 첫인상을 남기는
간단한 방법

뉴욕에서 열린 어느 만찬회에서의 일이다. 손님들 중에 막대한 유산을 상속받은 부인이 한 명 있었는데, 그녀는 모든 사람에게 좋은 인상을 남기려고 애쓰고 있었다.

그녀는 검은색 모피와 다이아몬드, 진주를 온몸에 두르고 있었다. 그러나 그녀의 얼굴은 심술궂음과 교만함으로 번뜩이고 있었다.

그녀는 모든 사람이 알고 있는 사실을 깨닫지 못했다. 즉 얼굴에 드러나는 표정이 몸에 걸치고 있는 옷보다 더 중요하다는 사실을 말이다.

찰스 슈바프는 자신의 미소가 백만 달러의 가치를 가지고 있다고 말했다. 그리고 스스로도 그 사실을 잘 알고 있었던 듯했다. 슈바프의 인간성과 매력, 호감을 사는 능력은 그가 거둔 놀라운 성공의 원동력이었다. 그리고 그의 인간성 중에서도 가장 매력적인 요소는 사람을 사로잡는 미소였다.

행동은 말보다 더 크게 울린다. 그리고 미소는 다음과 같은 뜻이다.

"나는 당신을 좋아합니다. 당신은 나를 행복하게 만드는군요. 당신을 만나서 정말 반갑습니다."

이는 개가 사람에게 사랑을 받는 이유이기도 하다. 개는 사람을 보면 너무 반가워서 날아오를 듯이 껑충껑충 뛴다. 그러므로 당연히 사람도 개를 보면 즐거운 것이다.

아기의 미소도 똑같은 효력을 발휘한다.

당신은 병원의 대기실에 가서 뚱한 얼굴로 초조하게 진찰을 기다리는 사람들을 본 적이 있는가? 스티븐 K. 스프라울은 미주리 주의 수의사다. 그는 어느 전형적인 봄날의 일을 들려주었다.

그날 병원 대기실은 강아지에게 예방접종을 하기 위해 기다리고 있는 손님들로 붐비고 있었다. 얘기를 나누는 사람은 아무도 없었다.

그들 모두는 아마도 병원에 앉아서 시간을 소비하기보다는 다른 일을 하는 게 더 나았을 거라는 등의 여러 생각에 빠져 있었을 것이다.

스티븐은 강좌에서 이렇게 말했다.

"예닐곱 명 정도의 손님들이 기다리고 있을 때, 한 젊은 부인이 9개월 된 아기와 아기 고양이 한 마리를 데리고 들어왔습니다. 그녀는 공교롭게도 너무 오래 기다린 터라 약간 짜증이 난 한 신사의 옆자리에 앉게 되었습니다. 그 부인의 아기는 이 신사를 올려다보면서 아기들만의 함박웃음을 지어 보였습니다. 이 신사는 어떻게 했을까요? 당신이나 내가 그러하듯이, 그도 물론 아기를 향해 미소를 지었습니다. 그는 곧 부인과 함께, 아기와 자신의 손주에 대한 얘기를 시작했습니다. 대기실에 앉아 있던 사람들도 모두 합세했죠. 지루함과 긴장감은 즐겁고 유쾌한 경험으로 바뀌었습니다."

그러나 거짓 미소는 안 된다. 여기에 속는 사람은 아무도 없다. 사람들은 이것이 기계적인 미소임을 알고 있으며 불쾌하게 받아들인다. 내가 말하는 것은 진실한 미소다. 마음이 따뜻해지는 미소, 가슴에서 우러나오는 미소, 가격을 매길 수 없을 만큼 귀한 그런 미소를 이야기하고 있는 것이다.

미시간 대학의 심리학 교수인 제임스 V. 맥코넬은 미소에 대한 느낌을 이렇게 표현했다.

미소 짓는 사람은 더욱 효과적으로 관리하고 가르치며, 판매하는 편이다. 그리고 행복한 아이를 길러낸다. 찌푸린 표정보다는 미소 속에 더 많은 정보가 있다. 그러므로 격려가 체벌보다 훨씬 더 효과적인 교육법이다.

뉴욕의 어느 대형 백화점의 인사부장은 나에게 이렇게 말했다. 그녀는 침울한 표정의 박사 학위 소지자보다는, 초등학교도 마치지 못했어도 즐거운 미소를 띤 사람을 판매직원으로 뽑겠다고 말이다.

미소의 효과는 강력하다. 보이지 않을 때조차도 말이다. 미국 전역의 전화회사는 '전화의 힘'이라는 프로그램을 가지고 있다.

이것은 전화로 서비스나 제품을 판매하는 사람들에게 제공된다. 이 프로그램에서는 전화상으로 이야기를 할 때 미소를 지으라고 제안한다. 당신의 '미소'는 목소리를 통해서도 전달되기 때문이다.

로버트 크라이어는 오하이오에 있는 한 회사의 전산실 부장이다. 그는 적임자를 뽑기 어려운 자리의 직원을 성공적으로 채용한 이야기를 들려주었다.

"우리 부서에서 컴퓨터 과학을 담당할 박사 학위 소지

자를 채용하기 위해, 저는 필사적으로 애를 썼습니다. 마침 조건에 딱 맞는 청년을 한 명 찾아냈습니다. 그는 퍼듀 대학을 졸업할 예정이었죠. 몇 번의 전화통화를 하고나서, 그가 우리 회사보다 더 크고 좋은 회사에게 입사 제의를 받았다는 사실을 알게 되었습니다. 그러나 그는 제 제안을 받아들였고 저는 무척 기뻤습니다. 출근을 시작한 그에게 저는 왜 더 좋은 다른 회사가 아닌 우리 회사를 택했는지 물어보았습니다. 그는 잠시 뜸을 들이더니 이렇게 말하더군요. '다른 회사의 간부들은 냉정하고 사무적인 어조로 통화했기 때문인 것 같습니다. 그것이 제겐 단지 또 하나의 사업상 거래처럼 느껴졌거든요. 하지만 부장님은 저와의 통화가 무척 반갑다는 목소리였습니다. 진정으로 회사의 일원이 되길 원하는 그런 목소리였죠.' 당신도 짐작하다시피, 전 여전히 얼굴에 미소를 띠며 전화를 받는답니다."

미국에서 최대 규모를 자부하는 한 고무회사의 사장은, 자신의 경험에 따르면 일에 재미를 느끼지 않는 사람은 성공하기 힘들다고 말했다. 이 산업체의 리더는 근면만이 희망의 문을 여는 열쇠라는 옛말을 그다지 믿지 않았다.

나는 일을 할 때 떠들썩하게 즐기면서 하기 때문에 성공한 사람들을 알고 있다. 하지만 재미가 일이 되면 변하는 사람도 보았다. 일에 활기가 없어지고 재미를 완전히 잃어버린다. 결국 그들은 실패하고 만다.

상대가 당신을 만나서 즐거운 시간을 보내길 바란다면, 당신부터 상대를 만나는 게 즐거워야 한다.

나는 수많은 사업가에게 일주일 동안 하루 한 시간씩 만나는 사람들에게 미소 지을 것을 요청한 후, 나중에 강좌에서 결과를 알려달라고 했다. 어떻게 되었을까?

자, 이제 한번 살펴보도록 하자. 아래의 편지는 뉴욕의 한 증권중개인인 윌리엄 B. 스타인하트가 보낸 것이다. 그의 경우는 특별하지 않다. 수많은 경우의 전형적인 예에 불과하다.

저는 결혼한 지 18년이 되었습니다. 결혼 생활 내내 아내에게 웃어 보이거나 말을 많이 해본 적이 거의 없습니다. 전 브로드웨이를 오가는, 가장 언짢은 표정을 한 사람 중 하나였죠. 당신이 나에게 미소로 인한 경험에 대해 이야기하라고 말했을 때, 전 딱 일주일만 노력해보기로 했습니다. 그래서 다음 날 아침, 머리를 빗던 저는 거울 속의 찡그린 얼굴을 바라보며 중얼거렸습니다. '이봐, 빌. 오늘은 그 심술난 얼굴일랑 벗어던지는 거야. 그리고 미소를 지어 보이는 거야. 자, 이제부터 웃기 시작!' 아침 식사를 하려고 자리에 앉을 때 미소를 지으며 아내에게 '잘 잤소, 여보?'라며 인사를 했습니다.

당신은 아내가 놀랄지도 모른다고 주의를 주었죠. 그런데 아내의 반응을 과소평가하셨더군요. 그녀는 당황했습니다. 충격을 받더군요. 전 아내에게 이제부터는 매일 아침 이렇게 하겠다고 말했습니다. 그리고 그 약속을 매일 아침 지키고 있답니다.

이런 태도 변화는, 작년 한 해보다 더 많은 행복을 지난 두 달 동안 가져다주었습니다. 사무실로 출근할 때면, 아파트의 엘리베이터 안내원에게 아침 인사를 건네며 미소를 짓습니다. 도어맨에게도 미소를 띠며 인사하죠. 지하철 매표원에게 거스름돈을 부탁할 때도 미소를 짓습니다. 증권거래소의 객장에 들어서면서도 최근 들어 나의 웃는 모습을 본 적이 없는 사람에게 미소를 지어 보입니다. 저는 곧 모든 사람이 나의 미소에 미소로 답한다는 것을 알게 되었습니다. 전 불만 사항을 가지고 찾아오는 사람들에게 활기찬 태도로 대합니다. 상대의 말을 들을 때 미소를 지었더니 합의점에 도달하기가 훨씬 쉽다는 것을 깨달았죠. 전 미소가 돈을 불러온다는 것을 알았습니다. 전 사무실을 다른 중개인과 함께 쓰고 있습니다. 그의 직원 중에는 호감 가는 친구가 하나 있습니다. 전 제가 거둔 성과에 너무 흡족해하며 나의 새로운 인간관계 철학에 대해 말해주었죠. 그때 그 젊은 친구가 이렇게 털어놓더군요. 처음에 저와 함께 사무실을 쓰러 왔을 때는, 제가 굉장히 언짢은 인물이라고 생각했는데 최근 들어서 마음이 변했다고요. 그는 제가 미소를 지었을 때야 비로소 인간처럼 여겨졌다고 말했습니다.

저는 또한 비난이라는 것을 하지 않기로 했습니다. 지금은 비난 대신 감사와 칭찬의 말을 합니다. 그리고 제가 원하는 것에 대해 말하기를 멈추고, 상대방의 관점에서 보려고 노력하고 있습니다. 이 모든 일이 제겐 혁명이었습니다. 전 완전히 다른 사람이 되었습니다. 제 삶은 더 행복하고 풍요로워졌죠. 우정과 행복이 배가 되었습니다. 이 세상에서 가장 중요한 것들이 말입니다.

당신은 미소를 짓고 싶지 않은가? 그렇다면 어떻게 하면 될까?

두 가지 방법이 있다. 첫째, 억지로라도 웃어라. 혼자 있다면 휘파람을 부르든지 콧노래를 흥얼거리도록 노력해라. 둘째, 당신은 이미 행복하다는 듯이 행동해라. 그러면 정말로 행복해지게 된다. 철학자이자 실미학자 윌리엄 제임스의 방법은 이렇다.

행동이 감정을 따르는 것 같지만, 사실 행동과 감정은 함께 간다. 우리는 의지의 직접적인 통제 아래 있는 행동을 다스림으로써, 의지의 직접적인 통제를 받지 않는 감정을 간접적으로 다스릴 수 있다.

따라서 기분이 좋지 않을 때, 기분이 좋아지는 최상의 자발적인 방법은 기분이 좋다는 듯이 마음을 먹고 행동하고 말하는 것이다.

세상의 모든 사람은 행복을 추구한다. 행복을 찾을 수 있는 한 가지 확실한 방법이 있다. 그것은 당신의 생각을 다스리는 것이다. 행복은 외부 조건에 좌우되지 않는다. 행복은 내부 조건에 달려 있는 것이다.

당신을 행복하게 혹은 불행하게 만드는 요소는 당신의 재산이나 지위, 사는 곳, 혹은 직업이 아니다. 그것은 '당신이 어떻게 생각하는가'이다.

두 사람이 같은 장소에서 같은 일을 하고 있다고 가정해보자. 이 두 사람은 거의 똑같은 액수의 돈과 명예를 가지고 있다. 하지만 한 사람은 비참하고, 다른 한 사람은 행복하다. 왜 그럴까? 정신 자세가 다르기 때문이다.

나는 열대 지방의 지독한 더위 속에서 원시적인 도구를 가지고 힘들게 일하는 가난한 소작농들 중 행복한 얼굴을 많이 보았다. 뉴욕이나 시카고, 로스앤젤레스의 냉방 시설이 잘된 사무실에서와 마찬가지로 말이다.

셰익스피어는 이렇게 말했다.

"세상에 좋고 나쁜 것은 없다. 생각이 그렇게 만들 뿐이다."

에이브러햄 링컨도 이렇게 말했다.

"대부분의 사람들은 마음먹기에 따라 행복해진다."

그의 말은 옳았다. 나는 이같은 사실에 대한 생생한 일화를 보았다. 내가 뉴욕의 롱아일랜드 역 계단을 오르고 있을 때였다. 바로 내 앞에 30~40명 정도의 장애아들이 지팡이나 목발을 짚고 힘들게 계단을 오르고 있었다. 한 소년은 업혀서 올라가야 했다. 그런데 그들에게는 웃음과 쾌활함이 가득했다. 깜짝 놀란 나는 이 소년들을 이끌고 있던 사람들 중 하나에게 물어보았는데 그는 이렇게 답했다.

"이 애들도 평생을 불구로 살아야 한다는 사실을 처음 깨달았을 때는 충격을 받았습니다. 하지만 충격을 극복한 후에는 점차 자신이 처한 운명을 받아들이고 보통 애들처럼 행복하게 지내죠."

나는 그 소년들에게 경의를 표하고 싶었다. 그들은 내게 절대 잊을 수 없는 교훈을 가르쳐주었다.

사무실의 밀폐된 공간에서 혼자 일하는 것은 외로울 뿐 아니라, 사무실에 있는 다른 직원들과 사귈 기회를 거부하는 것이다.

멕시코의 과달라하라에 사는 마리아 곤잘레스가 바로 그런 직업을 가지고 있었다. 그녀는 회사에서 다른 사람들의 잡담과 웃음소리가 들릴 때면, 함께 공유할 수 있는 동료애를 부러워했다. 출근 후 복도에서 그들을 지나칠 때면, 그녀는 수줍게 다른 곳을 쳐다보았다.

몇 주 후 그녀는 스스로에게 말했다

"마리아, 다른 직원들이 너에게 먼저 다가오길 바라지 마. 네가 먼저 가서 인사를 해."

다음번에 음료를 마시러 갈 때, 그녀는 환한 미소를 지으며 만나는 사람들에게 "안녕하세요?"라고 인사를 했다. 효과는 즉각적으로 나타났다. 미소와 인사가 되돌아왔고 복도는 한결 환해진 듯했다. 일의 효율도 올랐다. 아는 사람도 많아졌고 몇몇과는 우정으로까지 무르익었다. 일과 생활은 좀더 즐겁고 재미있어졌다.

수필가이자 출판업자인 앨버트 하버드의 슬기로운 충고를 읽어보자. 그러나 명심하자. 이를 실천하지 않고, 읽는 것만으로는 아무런 도움도 되지 않는다.

밖으로 나갈 때마다 턱을 당기고 머리를 높이 치켜든 후 숨을 크게 들이마셔라. 햇살을 받으며, 미소로 친구를 맞이해라.

그리고 마음을 담아 악수하라. 오해받을 것을 두려워하지 말고 적을 생각하는 데 단 1분도 허비하지 말라. 당신이 하려는 일에 마음을 확실히 고정시켜라. 방향을 바꾸지 말고 목표를 향해 곧장 나아가라.

당신이 하려는 위대하고 멋있는 일을 늘 마음속에 새겨두어라. 날이 갈수록 당신은 의식하지 못하는 사이에 자신의 소망을 이룰 수 있는 기회를 잡고 있음을 알게 될 것이다. 마음속에 당신이 되고 싶은, 유능하고 열정적이며 사회에 꼭 필요한 사람의 모습을 그려보라.

당신이 품고 있는 생각은 끊임없이 당신을 특별한 사람으로 바꾸어놓을 것이다. …… 생각은 절대적이다. 올바른 정신 상태를 유지하라. 용기와 정직, 유쾌한 태도를 지켜라. 올바르게 생각하는 자체가 바로 창조하는 것이다.

모든 것은 소망에서 비롯되며 진지한 기도는 응답을 받는다. 모든 일은 마음먹은 대로 되기 마련이다. 턱을 당기고 머리를 높이 치켜들어라. 인간은 미완의 신이다.

옛 중국인들은 세상의 순리대로 현명하게 살았다. 그들에겐 우리가 늘 마음 한켠에 담아둬야 할 속담이 있다.

웃음이 없는 사람은 장사를 해선 안 된다.

미소는 당신의 호의를 전달한다. 미소는 보는 사람들의 삶을 밝게 한다. 찌푸리고 성난 표정, 고개를 돌리는 사람들에게 당신의 미소는 구름을 가르고 나타난 햇살과 같다. 특히 상사에게, 고객에게, 선생님에게, 혹은 아이들에게 시달릴 때, 미소는 희망이 있다는 사실을 일깨워 줄 수 있다. 미소는 아직 세상에 기쁨이 남아 있음을 알려준다.

몇 년 전에 뉴욕의 한 백화점은 크리스마스 시즌에 밀려드는 고객들로 인해 판매 직원들이 심한 스트레스를 받고 있다는 것을 알고 다음과 같이 소박한 철학이 담긴 광고물을 게시했다.

크리스마스 시즌 미소의 가치

미소를 짓는 데에는 돈이 들지 않지만 많은 것을 이루어냅니다.

미소는 주는 사람을 빈곤하게 하지 않고도 받는 사람을 풍요롭게 합니다.

미소가 얼굴에 떠오르는 순간은 잠깐이지만 그 미소는 영원히 기억됩니다.

미소 없이 살 수 있을 정도의 부자는 없고, 미소의 혜택으로 보다 풍족한 삶을 누릴 수 없을 정도로 가난한 사람도 없습니다.

미소는 가정의 행복을 만들어내며 호의를 낳습니다.

그리고 미소는 친구를 뜻합니다.

미소는 지친 이에게는 휴식이며, 좌절한 이에게는 서광, 슬픈 이에게는 햇살입니다.

그리고 갈등을 풀어주는, 자연이 내려준 최고의 묘약입니다.

하지만 미소는 살 수도, 구걸할 수도, 빌릴 수도, 훔칠 수도 없습니다.

미소는 누군가에게 주기 전까지는 전혀 소용이 없기 때문입니다.

그러니 크리스마스 시즌의 막바지에 이른 지금, 우리 판매원들이 미소를 짓기에 너무 지쳤더라도, 여러분의 미소를 남겨두지 않겠습니까?

더 이상 줄 미소가 남아 있지 않은 이들만큼 미소가 절박하게 필요한 사람은 없을 테니까요.

누구에게나
친근하게 다가가는 방법

           1898년 뉴욕의 로크랜드에서 비극적인 일이 일어났다. 한 어린이가 사망해서 이웃 사람들이 장례식을 준비하고 있었다.

    짐 페어리는 수레에 매기 위해 말을 마구간에서 끌어내려 했다. 땅은 눈에 덮여 있었고, 공기는 차고 매서웠다. 말은 며칠 동안 운동을 시키지 않은 상태였다. 페어리가 말을 물통 쪽으로 끌어내리려고 하자, 말이 몸을 돌려 공중에 뒷발질을 하는 바람에 그는 죽고 말았다. 그래서 작은 마을에서는 두 건의 장례식을 치러야 했다.

    짐 페어리에게는 아내와 세 아들이 있었는데 이들에게 100달러도 안 되는 보험금을 남겼다.

    큰아들은 열 살이었다. 그는 벽돌공장에서 모래를 날라 틀에 붓고, 벽돌을 만들어서 햇볕에 말리는 일을 했다. 그에게는 교육을 받을 기회가 전혀 없었다. 하지만 그는 타고난 친절함으로 사람들의 호감을 사는 재주를 가지고 있었다.

그는 정계에 입문했다. 해가 갈수록 사람들의 이름을 기억하는 신비로운 능력은 커져갔다. 그는 고등학교에 발을 들여놓은 적은 없었지만, 46세가 되기 전에 네 개의 대학에서 학위를 받았고 민주당 전국 위원장과 미합중국 체신부 장관이 되었다.

나는 언젠가 우연히 그와 인터뷰를 할 기회가 있었다.

"페어리 씨, 당신은 자신의 성공 비결이 무엇이라고 생각하십니까?"

"그저 열심히 일하는 거지요."

"페어리 씨, 믿을 수 없군요. 농담하시는 거지요?"

"당신은 내가 무엇 때문에 성공했다고 생각합니까?"

"저는 당신이 1만 명의 이름을 기억해서 말할 수 있다고 들었습니다."

"아니오, 틀렸습니다. 나는 5만 명의 이름을 말할 수 있습니다."

이 말은 틀림없었다. 페어리가 1932년 루스벨트 대통령의 선거유세를 맡았을 때, 그는 이 능력으로 프랭클린 D. 루스벨트를 백악관에 입성시킨 것이다.

페어리는 석고 판매원으로 이곳저곳을 떠돌던 시절과 스토니 포인트에서 가게를 했을 때, 이름을 기억하는 방식을 고안해냈다.

그 방법은 매우 간단했다. 새로운 사람과 만날 때마다 페어리는 상대의 이름과 가족 사항, 직업과 정치관 등을 알아냈다. 그리고 모든 사항을 조합하여 하나의 그림처럼 마음속에 그려두고, 다음에 상대를 다시 만나면(비록 1년 뒤라 할지라도) 악수를 하면서 가족의 안부나 뒤뜰의 접시꽃 등에 대해 물어보았다. 그를 따르는 사람들이 늘어난 건 당연했다.

루스벨트 대통령의 선거유세가 시작되기 몇 달 전, 페어리는 서부와 북서부 지역에 사는 사람들에게 하루에 수백 통의 편지를 썼다.

그러고는 19일 동안 24개 주, 1만 2천 마일을 마차와 기차, 자동차, 보트를 타고 돌았다. 마을에 들러서 식사를 함께하며 사람들을 만났고 솔직한 대화를 주고받았다. 그 다음엔 곧바로 다음 지역으로 발길을 옮겼다.

그는 동부에 돌아오자마자 자신이 방문했던 마을 사람 한 명에게 편지를 써서 얘기를 나누었던 사람들의 명단을 보내달라고 부탁했다. 최종 명단에는 수천 명의 이름이 적혀 있었다. 명단에 적힌 사람들은 모두 페어리로부터 개인적인 편지를 받을 수 있었다. 이 편지들은 '친애하는 빌이나 친애하는 제인'으로 시작했고 한결 같이 '페어리'라는 서명이 들어 있었다.

페어리는 대부분의 사람이 지구상의 다른 이름들을 모두 합친 것보다 자신의 이름에 더 관심을 갖는다는 사실을 어렸을 때 깨달았다.

이름을 기억하고 편안하게 불러라. 그러면 당신은 친밀하고 매우 효과적인 칭찬을 되돌려 받게 될 것이다. 하지만 이름을 잊어버리거나 잘못 말한다면, 상당히 불리한 입장에 처하게 된다.

예를 들어보자. 언젠가 나는 파리에서 화술 강좌를 연 적이 있었다. 그리고 파리에 거주하는 미국인들에게 신청서를 보냈다. 영어를 거의 모르는 게 확실한 프랑스인 타이피스트가 미국식 이름을 입력했고 자연히 실수가 생겼다. 파리 주재 미국 은행의 한 경영인은 나에게 이름의 철자가 틀렸다며 통렬한 비난의 편지를 보내기도 했다.

때론 기억하기가 힘든 이름을 접하기도 한다. 발음이 어려울 때는 특히 그렇다.

사람들은 어려운 이름을 제대로 알아두려고 노력하는

대신, 무시하고 쉬운 별명으로 부르는 경우가 많다.

시드 레비는 이름이 니코데무스 파파둘로스인 고객을 방문했다. 대부분의 사람이 그를 '닉'이라고 불렀지만 레비는 달랐다.

"저는 방문하기 전에 그의 이름을 외우려고 여러 차례 각별한 노력을 기울였습니다. 제가 '안녕하십니까, 니코데무스 파파둘로스 씨'라고 이름을 다 부르며 인사를 하자, 그가 깜짝 놀라더군요. 약 몇 분 정도 그는 아무 말도 하지 않았습니다. 갑자기 그는 눈물을 흘리면서 말했습니다. '레비 씨. 제가 이 나라에서 15년 동안 살았지만 제 이름을 똑바로 부르려고 노력했던 사람은 아무도 없었습니다'라고요."

앤드류 카네기가 성공한 이유는 무엇일까?

그는 강철왕으로 불렸다. 하지만 카네기가 제철에 대해 아는 지식은 거의 없었다. 그에게는 자신보다 강철에 대해 더 많이 아는 수백 명의 직원들이 있을 뿐이었다.

하지만 그는 사람 다루는 법을 알았다. 그것이 그를 부자로 만든 비결이다. 카네기는 어렸을 때부터 조직을 이끄는 인식과 통솔력에 있어 천재성을 보였다.

열 살 무렵 그는 사람들이 자신의 이름을 놀랍도록 중

시한다는 사실을 발견했다. 그리고 이러한 발견을 협조를 얻어내는 데 써먹었다.

스코틀랜드에서 살았던 소년 시절, 그는 암토끼 한 마리를 갖게 되었다. 곧 새끼토끼들이 많이 생겼는데 먹이가 하나도 없었다. 그에게 기발한 생각이 떠올랐다. 이웃 아이들에게 밖에 나가 토끼를 충분히 먹일 만한 클로버잎과 민들레를 뽑아다 주면, 토끼들에게 아이들의 이름을 붙여주겠다고 한 것이다.

그 계획은 마술처럼 들어맞았고, 카네기는 이 일을 절대로 잊지 않았다.

몇 년 후, 그는 똑같은 심리를 이용하여 사업에서 수백만 달러를 벌어들였다. 그는 펜실베이니아 철도에 강철 레일을 팔려 했다. J. 에드거 톰슨이 펜실베이니아 철도의 사장이었다. 앤드류 카네기는 피츠버그에 거대한 제철소를 설립하고 이를 '에드거 톰슨 제철소'라고 이름 붙였다.

한번 생각해보라. 펜실베이니아 철도가 강철 레일을 필요로 할 때 당신은 J. 에드거 톰슨이 어디에서 이를 구입했으리라고 생각하는가? 시어스나 로버크 사에서? 아니다, 당신은 틀렸다. 다시 한 번 생각해보라.

카네기와 조지 풀맨이 철도의 침대열차 사업권을 두고

경합하고 있을 때, 강철왕은 토끼의 교훈을 떠올렸다.

앤드류 카네기가 관리하던 센트럴 운수회사는 풀맨 소유의 회사와 경쟁 중이었다. 양측은 서로 유니언 퍼시픽 철도의 침대열차 사업권을 따내기 위해 가격을 깎고 이윤 발생의 기회를 깨면서 겨루었다. 카네기와 풀맨은 유니언 퍼시픽 사의 이사회를 만나기 위해 뉴욕에 갔다. 어느 날 저녁, 니콜라스 호텔에서 풀맨을 만난 카네기는 물었다.

"안녕하십니까, 풀맨 씨. 우리가 스스로 바보 짓을 하고 있는 게 아닐까요?"

"무슨 뜻이지요?"

카네기는 양측 모두가 이익을 보는 방법에 대해 얘기했다. 그는 서로 경쟁하는 대신 상호 간의 이익을 창출해 낼 수 있는 방안을 열심히 설명했다. 풀맨은 주의 깊게 듣고 있었지만, 완전히 확신하지는 못했다. 마침내 그가 물었다.

"새 회사의 명칭은 어떻게 하실 생각이오?"

카네기는 즉시 대답했다.

"그야 물론 풀맨 팰리스 운수회사지요."

풀맨은 얼굴이 환해지면서 말했다.

"제 방으로 가서 의논해봅시다."

그리고 이 의논은 산업의 새로운 역사를 만들어냈다.

친구들과 사업 동료들의 이름을 기억하고 귀중히 여기는 일은 앤드류 카네기의 지도력 비결 중 하나였다. 그는 많은 공장 노동자의 이름을 기억할 수 있다는 사실에 자부심을 가졌다. 또한 자신이 책임자로 있는 동안, 파업으로 인해 철강 생산이 멈춘 적이 없다는 점을 자랑거리로 여겼다.

텍사스 무역 뱅크셰어의 회장 벤톤 러브는 기업의 규모가 클수록 분위기는 냉랭해진다고 했다.

"회사의 분위기를 따뜻하게 하는 방법은 사람들의 이름을 기억하는 것이다. 직원들의 이름을 기억하지 못한다고 말하는 경영자는 사업의 중요한 부분을 기억하지 못한다고 말하는 것과 같다. 언제 허물어질지 모르는 모래성을 쌓으며 일하고 있는 것이다."

캘리포니아에 사는 카렌 커쉬는 TWA의 스튜어디스다. 그녀는 가능하면 탑승 고객의 이름을 많이 외우려고 노력했고 고객과 접할 때 이름을 불렀다. 이러한 노력은 승객이 그녀에게 직접 혹은 항공사 측에 칭찬을 하는 결과를 낳았다. 한 승객은 이런 편지를 보냈다.

전 한동안 TWA를 타지 않았었는데, 지금부터는 TWA만 타려고 합니다. 당신은 내게 TWA가 고객 개개인을 소중히 여기는 항공사라는 느낌이 들게 했고, 이것은 제게 매우 중요합니다.

사람들은 자신의 이름에 매우 자부심을 느끼므로 어떠한 희생을 치르더라도 이름을 길이 남기고 싶어 한다. 심지어 당대 최고의 쇼맨이었으며 허풍쟁이에다가 동정심도 별로 없었던 P. T. 바넘도, 이름을 물려줄 아들이 없는데 실망을 해서 손자인 C. H. 실리에게 이름을 바넘 실리로 바꾼다면 2만5천 달러를 주겠다고 제안했었다.

수세기 동안 귀족과 권력자들은 예술가나 음악가, 작가들을 후원해서 작품을 자신에게 바치도록 했다. 도서관과 박물관에는 자신의 이름이 인류의 기억 속에서 사라질 것을 견딜 수 없었던 사람들이 기증한 최고가의 소장품들이 즐비하다.

뉴욕 공공 도서관에는 애스터와 레녹스의 소장품들이

있다. 메트로폴리탄 박물관은 벤자민 알트만과 J. P. 모건의 이름을 보존하고 있다.

그리고 거의 모든 교회가 기부자의 이름을 새긴 스테인드글라스로 꾸며져 있다.

대학 캠퍼스의 많은 건물이 거액을 기부한 사람의 이름을 따서 짓는다.

대부분의 사람은 남의 이름을 잘 기억하지 못한다. 상대의 이름을 잊지 않기 위해 집중해서 반복하려는 시간이나 열의를 쏟지 않기 때문이다. 그들은 너무 바쁘다며 궁색한 변명을 늘어놓는다.

하지만 그들이 프랭클린 D. 루스벨트 대통령보다 바쁘지는 않을 것이다. 그는 자신이 만났던 기계공의 이름까지도 기억하기 위해 시간을 할애했다.

루스벨트는 다리가 불편했기 때문에 일반 차는 몰 수 없었다. 그래서 크라이슬러는 그를 위해 특수한 차를 제조했다. W. F. 챔벌레인과 한 기계공이 백악관으로 차를 가지고 왔다.

내 앞에 챔벌레인이 그때 자신의 경험에 대해 쓴 편지가 놓여 있다. 그는 편지에 이렇게 적었다.

저는 루스벨트 대통령에게 특수장치가 장착된 차의 작동 방법만을 가르쳐드렸습니다. 하지만 그분은 저에게 사람을 대하는 기술에 대해 많은 것을 전수해주셨죠.

제가 백악관을 방문했을 때, 대통령은 무척 즐겁고 기분이 좋았습니다. 그는 내 이름을 부르며 편안한 분위기를 조성하셨습니다. 특히 인상적이었던 것은, 제가 그분에게 보여드리고 설명드릴 자동차에 대해 깊은 관심을 나타냈다는 점입니다. 차는 설계가 잘 되어 있어서 손으로도 충분히 조작이 가능했죠. 사람들이 차를 구경하기 위해 몰려들자 루스벨트 대통령은 이렇게 말했죠.

"정말 멋지군. 버튼만 누르면 차가 움직이다니. 힘들이지 않고 운전을 할 수 있겠군. 아주 훌륭해. 어떻게 이렇게 만들 수 있었는지 궁금해. 한번 분해해서 어떻게 작동하는 건지 볼 수 있었으면 좋겠어."

루스벨트 대통령의 친구와 동료들이 자동차를 보며 감탄할 때, 대통령은 그들이 있는 자리에서 말했습니다.

"챔벌레인 씨, 당신이 이 차를 개발하기 위해서 쏟아 부은 시간과 노력에 정말 감사드리오. 대단한 일을 해냈구려."

그는 라디에이터며 특수 백미러와 시계, 스포트라이트, 실내 장식과 운전자의 좌석 위치, 각 슈트케이스마다 자신의 이니셜을 새긴 특수 가방 등을 칭찬했습니다. 그는 제가 심사숙고를 기울인 사소한 부분 하나까지도 눈여겨보았던 거죠. 그는 영부인과 퍼킨스 양, 노동부 장관과 비서가 이런 여러 장치에 관심을 기울이도록 했습니다. 그는 백악관의 문지기에게까지 이렇게 말했습니다.

"조지, 이 슈트케이스에는 각별히 신경을 좀 써주시게."

운전 교습이 끝났을 때, 대통령은 저를 보며 말하더군요.

"그런데 챔벌레인 씨. 내가 연방준비위원회를 30분이나 기다리게 했군. 일을 하러 돌아가봐야 할 거 같은데."

전 기계공을 한 명 데리고 백악관에 갔죠. 루스벨트 대통령에게도 인사를 시켰고요. 기계공은 대통령과 얘기를 나누지도 않았고, 루스벨트도 이름을 한 번밖에 듣지 못했습니다. 기계공은 수줍음이 많은 편이어서 계속 뒤뜰에 서 있었죠.

우리가 떠나려고 할 때, 대통령은 그를 찾더니 악수를 하면서 이름을 불러주었습니다. 워싱턴까지 와줘서 고맙다는 인사였죠. 그 인사는 그저 형식적인 것이 아니었습니다. 진심에서 우러나오는 인사라는 걸 느낄 수 있었습니다.

뉴욕으로 돌아오고 나서 며칠 후에, 루스벨트 대통령이 보낸 사진과 도와주어서 고맙다는 짧은 친필의 감사 편지를 받았습니다. 대통령이 어떻게 이런 일을 할 시간을 낼 수 있었는지 신기하더군요.

프랭클린 D. 루스벨트는 상대방의 호의를 얻는 가장 간단하면서도 확실한 방법을 알고 있었다. 이름을 기억하고 존중해주는 것 말이다. 하지만 우리들 중에는 몇 명이나 이렇게 하고 있는가?

우리는 낯선 사람을 소개받고 나서 몇 분 정도 잡담을 나눈 후 헤어질 때는 이름조차도 기억하지 못한다.

정치가는 유권자의 이름을 기억하는 것이 정치적인 수완임을 첫 번째로 배워야 한다. 이름을 잊어버리면 스스로를 잊혀지게 만드는 것이다.

이름을 기억하는 능력은 사업이나 사회적인 관계에서도 중요한 부분이다.

위대한 나폴레옹의 조카이자 프랑스의 황제였던 나폴

레옹 3세는, 자신의 임무를 다하면서도 만나는 사람들의 이름을 모두 기억할 수 있다는 것을 자랑스럽게 여겼다.

그의 비결? 간단하다. 이름을 잘 듣지 못했을 땐, 다시 물어보라.

"미안하네. 이름을 잘 못 들었네."

특이한 이름이라면 이렇게 묻는다.

"이름을 어떻게 쓰지?"

그는 대화 중에 이름을 수차 되풀이해서 이름과 인상 착의, 말투를 연관시키려고 노력했다.

상대가 중요한 인물이라면 나폴레옹은 더욱 각별한 노력을 기울였다. 그는 혼자 있을 때, 이름을 종이에 써서 들여다보았다. 집중해서 쳐다보고 마음속에 뚜렷이 새긴 후 종이를 찢어버렸다. 이런 식으로 그는 이름을 외울 때 청각적인 인상과 시각적인 인상을 활용했다.

에머슨이 말했듯이 바른 예의범절은 약간의 희생에서 나온다. 이름을 기억하고 부르는 일의 중요성은 정치가와 기업 경영자에게만 해당되지는 않는다. 이는 우리 모두에게 해당된다.

인디애나에 있는 제너럴 모터스의 직원, 켄 노팅햄은 주로 구내 식당에서 점심을 먹었다. 그는 계산대에서 일하는 여자가 항상 얼굴을 찌푸리고 있음을 알았다.

"그녀는 약 두 시간 정도 샌드위치를 만들고 있었습니다. 그리고 제가 샌드위치를 주문했죠. 저는 샌드위치 속에 넣고 싶은 걸 말했습니다. 그녀가 저울에 햄을 달아보곤 양상추 한 잎과 감자칩 몇 개를 담아서 주더군요. 저는 다음 날 같은 줄에 서게 되었죠. 어제 그 여자였고 똑같이 얼굴을 찡그리고 있었습니다. 딱 하나 다른 점은 그녀의 이름표를 보고, 제가 웃으면서 말했다는 겁니다. '안녕하세요, 유니스 씨'라고요. 그리고 전 원하는 것을 말했죠. 그녀는 저울에 달아보지도 않고 햄을 얹었습니다. 양상추 세 잎과 감자칩은 접시에서 떨어질 정도로 그득히 쌓아주더군요."

우리는 이름에 담긴 마술을 깨달아야 한다. 그리고 오직 이름만이 우리가 상대하는 사람이 온전히 소유하고 있는 품목임을 알아야 한다.

이름은 개인을 차별화하며, 다른 사람들 틈에서 그 사람을 유일한 존재로 만든다. 상대의 이름을 부르며 접근할 때 우리가 말하는 정보나 요구의 중요성이 몇 배로 늘어난다. 웨이트리스에서부터 최고 경영자까지, 어떤 상대를 대하든지 이름은 마술을 발휘할 것이다.

뛰어난 화술가가
되는 방법

얼마 전, 나는 브리지(카드놀이의 일종 : 옮긴이 주) 파티에 참석했었다. 나는 브리지를 할 줄 모른다. 그리고 파티에는 나처럼 브리지를 못하는 여자가 한 명 있었다. 그녀는 로웰 토머스가 라디오에서 잘나가기 전, 내가 그의 매니저였다는 사실을 알았다. 나는 그가 세계 순회 강연을 준비하는 동안 그를 도와 유럽 전역을 여행했었다. 그러자 그녀가 말했다.

"아, 그렇군요. 카네기 씨, 당신이 여행했던 멋진 곳들과 경치에 대해 듣고 싶네요."

우리가 소파에 앉자마자, 그녀는 그들 부부가 최근 아프리카 여행을 마치고 돌아왔다고 말했다. 나는 큰소리로 외쳤다.

"아프리카라고요! 정말 재미있었겠네요. 전 항상 아프리카에 가보고 싶었어요. 하지만 알제리에서 딱 24시간

머문 것 말고는 가본 적이 없습니다. 얘기 좀 해주세요. 맹수의 나라를 가보셨다니, 운이 좋으시군요. 정말 부럽습니다. 아프리카 얘기 좀 해주세요."

그녀의 얘기는 45분 동안 계속되었다. 그녀는 내게 어디를 다녀왔으며, 무엇을 보았는지에 대해서는 한 번도 묻지 않았다. 그녀는 내 여행 이야기를 듣고 싶은 것이 아니었다.

그녀는 관심을 기울여주는 청취자를 원했던 것이다. 왜냐하면 자신이 다녀온 곳에 대해 얘기하면서 자아를 확장시킬 수 있기 때문이다.

그녀가 별난 걸까? 아니다. 많은 사람이 그녀와 마찬가지다.

나는 뉴욕의 한 출판업자가 연 만찬회에서 유명한 식물학자를 만났다. 식물학자와 얘기를 나눠본 적이 한 번도 없었던 난 그에게 매혹되었다.

그가 외래 식물들, 새로운 품종 개발, 실내 정원에 대해 얘기할 때 나는 말 그대로 의자 끝에 걸터앉아서 이야기에 열중했다(그는 보잘것없는 감자에 대한 놀라운 사실까지도 얘기해주었다).

나는 작은 실내 정원을 가지고 있었는데 몇 가지 문제

들을 해결할 방법에 대해서도 충분한 설명을 들을 수 있었다.

앞서 말했듯이 우리는 만찬회장에 있었다. 다른 손님들도 많았지만 나는 모든 예의 법칙을 어기고 다른 사람들을 모두 무시한 채, 몇 시간 동안 그 식물학자하고만 이야기를 나누었다.

자정이 되었을 때, 나는 모두에게 인사를 한 후 만찬회장을 떠났다. 그때 식물학자는 출판업자에게 나에 대한 몇 가지 칭찬을 했다고 한다.

그는 내가 가장 '흥미로운' 인물이었으며, '가장 재미있는 대화 상대'였다고 말했다는 것이다.

재미있는 대화 상대라고? 아니다. 나는 거의 한 마디도 하지 않았다. 말을 하고 싶어도 화제를 바꾸지 않고는 아무 말도 할 수가 없었다. 식물학에 대해서 나는 펭귄 해부학만큼이나 아는 게 없기 때문이었다.

그러나 난 열심히 경청했다. 식물학에 진정으로 관심이 있었기 때문에 귀를 기울였다. 그리고 식물학자도 이를 느꼈다. 당연히 그는 기쁠 수밖에 없었다.

이런 청취 방식은 우리가 누군가에게 보낼 수 있는 최고의 찬사 중 하나다.

《사랑에 빠진 이방인》에서 잭 우드포드는 이렇게 말했다.

"넋을 잃고 집중하는 은근한 감언에 대항하는 사람은 거의 없다."

나는 식물학자에게 넋을 잃고 집중하는 것 이상의 경청을 했다.

나는 상대의 진가를 인정할 때는 진정으로, 칭찬을 할 때는 아낌없이 하려고 노력한다.

나는 그에게 무척 즐거웠으며 많은 것을 배웠다고 말했고, 실제로도 그랬다. 그가 가지고 있는 것처럼 풍부한 지식을 갖고 싶다고 말했고, 진심이었다. 그와 함께 야외로 나가보고 싶다고 말했는데 나는 그럴 기회를 얻을 수 있었다. 꼭 다시 만나고 싶다고 말했으며, 그를 다시 만날 수 있었다.

그가 뛰어난 대화 상대로 생각했던 나는, 뛰어난 경청자였으며 그가 이야기를 하도록 북돋워주었던 것이다.

사업적 면담의 성공 비결, 혹은 비법은 무엇일까? 하버드 대학 전 총장 찰스 W. 엘리어트의 말을 들어보자.

"사업적인 면담의 성공 비법은 없다. 당신에게 말을 하고 있는 사람에게 온전히 집중하는 것이 매우 중요하다. 그보다 더한 비결은 없다."

엘리어트는 경청을 하는 데 도가 튼 사람이었다. 미국의 대문호 중 한 사람인 헨리 제임스는 이렇게 회상했다.

"엘리어트의 경청은 단순히 침묵을 지키는 것이 아니라 일종의 활동이었습니다. 허리를 똑바로 펴고 앉아서 손을 무릎에 포개었고, 깍지 낀 엄지손가락을 빠르게 혹은 느리게 움직이는 것을 빼면 꼼짝도 하지 않아요.
이야기 상대를 마주본 그는 마치 귀뿐 아니라 눈으로도 듣고 있는 듯하죠. 마음으로 경청하며, 상대가 이야기를 하는 동안 상대가 말하려는 바가 무엇인지 주의 깊게 생각합니다. 이야기가 끝날 무렵이면 상대는 모든 말을 다 했다고 느끼게 되죠."

정말 명쾌한 사실 아닌가? 이것을 깨닫기 위해 하버드 대학에서 4년 동안 공부할 필요는 없다.
하지만 나도 알고 당신도 알다시피, 백화점의 경영자들

은 비싼 점포를 임대하고, 수완 있게 물건을 구매한 후 구매욕구를 자극할 만큼 멋지게 진열한다. 그리고 많은 돈을 들여서 광고를 하지만, 정작 직원으로는 고객의 말에 귀를 기울이지 않는 사람을 고용한다. 고객에게 방해가 되거나 반박하고 화나게 해서 백화점 밖으로 쫓아내는 직원들을 말이다.

시카고에 있는 한 백화점은 매장에서 매년 수천 달러를 소비하는 우수 고객을 거의 잃을 뻔했다.

고객의 말을 들으려고 하지 않았던 한 판매원 때문이었다. 시카고에서 우리 강좌를 수강했던 헨리에타 더글러스 부인은 특별 세일 품목의 코트 하나를 구입했다. 집에 돌아온 후 그녀는 안감이 찢어져 있는 것을 발견했다. 다음 날 백화점을 다시 찾아간 부인은 교환을 요구했다. 하지만 판매원은 부인의 불만을 들으려고도 하지 않았다. 그녀는 말했다.

"손님께서 특별 세일 품목을 사셨잖아요."

게다가 그녀는 벽에 걸린 게시물을 가리키며 소리쳤다.

"저걸 읽어보세요. '반품 불가'잖아요. 일단 사셨으면 그대로 쓰셔야 합니다. 안감을 꿰매서 입으세요."

더글러스 부인은 불만을 토로했다.

"하지만 이건 불량품이에요."

그러나 판매원은 딱 잘라 말했다.

"그래도 어쩔 수 없습니다. 반품 불가는 불가니까요."

더글러스 부인은 분개하여 다시는 이 백화점에 오지 않겠다고 맹세하면서 나가려 하고 있었다. 그때 그녀는 오랫동안의 단골 거래로 자신을 알고 있는 백화점 관리자의 인사를 받았다. 더글러스 부인은 무슨 일이 있었는지를 설명했다. 관리자가 이야기를 경청하고 나서 코트를 살펴본 후 말했다.

"특별 세일 품목은 '반품 불가'가 맞습니다. 계절 막바지에 상품을 처분하는 거니까요. 하지만 이런 '반품 불가' 정책도 불량품에는 적용되지 않습니다. 저희가 수선을 해드리거나 안감을 교체해드리겠습니다. 원하신다면 환불도 가능하고요."

사람을 대하는 방법이 얼마나 다른가! 만약 관리자가 고객에게 다가와서 불만을 들어주지 않았다면 오랜 단골 고객을 영원히 잃어버리고 말았을 것이다.

경청은 사업에서와 마찬가지로 가정에서도 중요하다. 뉴욕에 사는 밀리 에스포시토 부인은 자녀들이 그녀와 이야기를 하고 싶어할 때 주의 깊게 듣는 것을 중요하게 생각한다. 어느 저녁, 그녀는 아들 로버트와 함께 부엌에 앉아 있었다. 마음속에 있던 무언가에 대해 간단히 의논한 후, 로버트가 말했다.

"엄마, 엄마가 절 많이 사랑한다는 걸 알아요."

에스포시토 부인은 가슴이 찡했다.

"물론 엄마는 널 많이 사랑한단다. 그걸 의심했었니?"

로버트가 대답했다

"아니오. 엄마는 제가 뭔가를 말하고 싶어할 때마다 하던 일을 멈추고 제 말을 들어주기 때문에 날 정말로 사랑한다는 걸 알고 있어요."

고질적인 반대론자, 가장 거친 혹평가까지도 끈기 있고 호감을 드러내는 경청자 앞에서는 유순하고 부드러워지는 경우가 많다. 성난 잔소리꾼이 킹코브라처럼 바짝 서서 독설을 퍼부어대는 동안, 침묵을 지키고 있는 경청자 앞에서는 말이다.

몇 년 전 뉴욕 전화회사는 고객상담원에게 욕설을 퍼붓곤 하는 못된 고객 한 명을 상대해야만 했다. 그는 악담은 물론 고함을 쳐댔다. 전화기를 송두리째 뜯어내겠다고 위협했고, 전화요금이 잘못 되었다면서 납부를 거부했다. 신문에 투서를 했고 공익사업위원회에 수없이 불만을 올렸다. 전화회사를 상대로 몇 차례 소송을 걸기도 했다.

결국 회사에서 가장 유능한 '분쟁 해결사' 중 한 사람을 이 성난 고객과의 면담에 파견하였다. 이 '분쟁 해결사'는 그 성미 고약한 고객이 장광설을 쏟아내도록 하고 잠자코 들었다. 전화회사 측의 대표는 들으면서 "그렇죠"라고 고객의 불평에 동조했다.

이 '분쟁 해결사'는 강좌에서 경험담을 이야기했다.

"거의 세 시간 동안 그는 화를 냈고 전 듣고 있었습니다. 다음에도 다시 가서 불만 사항을 더 들었죠. 그와 네 번 만났는데, 네 번째 방문을 끝내기 전에 저는 그가 막 창단하려는 한 단체의 초기 회원이 되었습니다. 단체 이름이 '전화가입자 보호협회'였죠. 저는 아직도 그 단체의 회원인데, 아마도 제가 그분을 뺀 유일한 회원일 겁니다. 저는 이 면담에서 그가 하는 말에 동조하며 들어주었습니다. 전에는 자신과 이런 식으로 대화했던 전화회사 직원이 한 명도 없었기 때문에, 그는 우호적으로 변해갔죠. 제가 그를 만나러 간 용건에 대해서는 첫 번째 방문에서는 물론 두 번째, 세 번째에서도 언급하지 않았습니다. 하지만 네 번째 면담에서는 상황을 완전히 종결했습니다. 그는 밀린 요금을 모두 지불했고, 지금까지 그가 전화회사와의 분쟁 때문에 공익사업위원회에 올린 불만을 자진해서 취소했습니다."

이 고객은 자신을 전화회사의 무감각한 착취로부터 공익을 지키려는 십자군으로 생각했던 것이다. 그러나 그가 정말로 원했던 것은 자존감이었다. 그는 우선 욕설과 반박으로 자존감을 얻었다. 그리고 회사 측의 대표로부터 자존감을 얻자마자, 망상으로 인한 불평은 허공 속으로 사라져버린 것이다.

몇 년 전의 어느 아침, 한 성난 고객이 줄리안 F. 데트머의 사무실로 쳐들어왔다. 데트머는 나중에 양복업 무역에서는 세계 최대 규모의 모직 배포사가 된 데트머 모직회사의 설립자다.

데트머는 상황을 설명했다.

"그 남자는 회사에 갚을 돈이 약간 있었습니다. 하지만 본인은 이런 사실을 부인했죠. 그가 잘못 알고 있다는 것을 우린 잘 알고 있었고요. 그래서 회사 측의 신용과는 돈을 갚으라고 독촉했습니다. 신용과로부터 몇 번의 독촉장을 받자 그는 참지 못하고 시카고까지 와서 내 사무실로 뛰어든 것이었습니다. 그는 청구서의 돈은 지불하지 않을 것이며, 데트머 모직회사에서는 더 이상 물품을 구입하지 않겠다고 하더군요. 저는 그가 하는 말을 끈기있게 들었습니다. 말을 끊고 싶은 생각도 들었지만, 좋지 않은 방법이라는 걸 알았죠. 그래서 그 남자가 말하도록 내버려두었습니다. 그가 마침내 노여움을 가라앉히자 말할 기회가 생기더군요. 그래서 조용히 말했습니다. '그런 사실을 저에게 알려주시려고 시카고까지 와주시다니 고맙다는 말을 드리고 싶군요. 당신은 저에게 상당한 도움을 주셨습니다. 저희 신용과가 당신을 괴롭힌다면 다른 선량한 고객들도 그렇게 괴롭힐 수 있으니까요. 그렇다면 정말 큰일입니다. 당신이 먼저 말하기 전에 제가 먼저 찾아가 들었어야 했군요.' 그는 내게서 이런 말을 들으리라고는 생각도 못했을 겁니다. 다소 실망한 것 같더군요. 자기는 뭔가를 말하려고 시카고까지 찾아왔는데 그를 긁어대기는커녕 고맙다고 했으니 말입니다. 저는 그에게 대금을 장부에서 지우고 잊어버리라고 말했습니다. 왜냐하면 그는 딱 한 거래처만 챙기면 되는 꼼꼼한 인물이지만, 우리 직원들은 수천 명을 챙겨야 하기 때문이라고 말입니다. 그러니 우리 쪽보다는 그가 틀릴 경우가 덜하다고요. 저는 그에게 기분이 어떨지 충분히 이해를 하며, 내가 그 상황이었더라도 똑같은 심정이었을 거라고 말했죠. 그가 우리 물건을 더 이상 사지 않을 예정이라고 해서 다른 모직회사들을 추천했습니다. 과거에도 그가 시카고에 왔을 때, 우리는 점심 식사를 함께 했었습니다. 그래서 그날도 점심을 함께 먹자고 권했죠. 그는 마지못해 제안을 받아들이더군요. 사무실로 돌아왔을 때 그는 예전보다 훨씬 더 많이 주문했습니다. 그는 편안한 마음으로 집에 돌아갔죠. 그리고 회사가 그에게 했던 것처럼 자신도 우리에게 공정하길 원하여 계산서를 훑어보았답니다. 그런데 엉뚱한 곳에 둔 청구서를 하나 발견했다면서 사과의 말과 함께 그 금액을 보내왔습니다. 나중에 그의 아내가 아들을 하나 낳았는데, 아들의 중간 이름을 데트머라고 지었더군요. 그리고 그는 22년 후 죽을 때까지 회사의 고객이자 친구로 남아 있었습니다."

네덜란드에서 이민 온 어느 가난한 소년이 가족들의 생계를 돕기 위해 방과 후 빵집 창문을 닦았다. 그의 가족이 너무 가난했기 때문에 소년은 매일 양동이를 들고 거리로 나가 석탄 차가 연료를 배달하면서 빈민가에 흘린 약간의 석탄 찌꺼기를 모으곤 했다.

이 소년은 에드워드 보크였다. 그는 평생 6년 이상 학교를 다녀보지 못했다. 그렇지만 결국 미국 신문 잡지 역사상 가장 성공적인 편집자 중 하나가 되었다.

그는 어떻게 해서 이런 인물이 되었을까? 이야기는 길지만, 어떻게 시작했는가를 간단히 요약할 수는 있다. 그는 이 장에서 주창하는 원칙들을 이용하여 성공의 길로 들어섰다.

그는 13세 때 학교를 그만두고 웨스턴 유니언 사의 사환이 되었다. 하지만 그는 잠시도 배움에 대한 열정을 포기하지 않았다. 그는 독학을 시작했다. 미국의 위인전 백과를 살 돈을 모을 때까지 차비를 아꼈고, 점심을 먹지 않았다.

더욱이 보크는 전대미문의 행동을 했다. 유명 인사의 전기를 읽고 나서 어린 시절에 대해 좀더 알려달라며 당사자에게 편지를 썼던 것이다. 그는 뛰어난 경청가였으며 유명 인사들에게 그 자신에 대해 좀더 말해달라고 부탁했다.

보크는 당시 대통령 후보였던 제임스 A. 가필드 장군에게 편지를 써서 어렸을 때 운하에서 예인선 일꾼 노릇을 한 게 사실인지 물어보았다. 가필드 장군은 답장을 보내왔다.

보크는 그랜트 장군에게 어떤 전투에 관한 얘기를 묻

는 편지를 쓰기도 했다. 그랜트 장군은 지도를 그려 보내며, 이 열네 살짜리 소년을 저녁 식사에 초대했다. 그리고 그와 이야기를 하며 저녁 시간을 보냈다.

곧 이 사환 소년은 나라에서 가장 유명한 인사들과 편지를 주고받게 되었다.

랄프 왈도 에머슨, 올리버 웬델 홈즈, 롱펠로, 에이브러햄 링컨 여사, 루이자 메이 올컷, 셔먼 장군, 제퍼슨 데이비드……

보크는 이들 유명 인사와 서신 왕래를 했을 뿐만 아니라 휴가 때면 그들의 집으로 초대되어 환대를 받았다.

이런 경험은 값으로 따질 수 없는 자신감을 그에게 불어넣었다.

이 인사들은 보크의 인생을 형성했던 꿈과 야망에 불을 지폈다. 반복하자면 이 모든 것은 이 책에서 말하고 있는 원칙들을 적용함으로써 가능했다.

아이작 F. 마코슨은 수백 명의 명사들을 인터뷰한 신문잡지 기자다. 그는 많은 사람이 주의 깊게 상대의 말을 듣지 않기 때문에 좋은 인상을 남기지 못한다고 단언한다.

"사람들은 다음에 자기가 할 얘기에 마음이 쏠려서 상대의 말에 집중을 하지 않습니다. 중요 인사들은 말을 잘하는 사람보다 잘 들어주는 사람을 선호하지만, 경청하는 능력이 다른 특성들만큼 흔하지 않은 듯하다고 말하죠."

중요한 인물들만 뛰어난 경청자를 원하는 것이 아니라 보통 사람들도 마찬가지다. 이것은 〈리더스 다이제스트〉에 실린 글이다.

사람들은 얘기를 들어줄 청중이 필요할 때 의사를 찾는다.

남북전쟁이 벌어졌던 암흑기에 링컨은 일리노이에 사는 옛친구에게 워싱턴으로 와달라는 편지를 쳤다. 링컨은 그와 의논하고 싶은 문제가 있다고 했다. 옛친구는 흔쾌히 백악관을 방문했고, 링컨은 몇 시간 동안 노예 해방 선언을 공포하는 것이 옳은지에 대해 그와 이야기를 나누었다.

링컨은 이런 움직임에 대한 찬성과 반대의 의견들을 말한 후, 편지와 신문 기사들을 읽어주었다. 그가 노예 해방을 하지 않아서 비난하는 내용과, 노예 해방을 할까봐 두려워서 비난하는 내용이었다.

몇 시간 후, 링컨은 옛친구와 악수를 나누고 인사를 했다. 그러곤 친구의 의견은 묻지도 않고 그를 일리노이로 돌려보냈다. 링컨은 혼자서 이야기를 했다. 모든 것은 이미 명확해진 듯했다. 옛친구는 그가 얘기를 하고 나서 마음이 좀 편안해진 것 같다고 말했다.

   링컨은 충고를 원한 것이 아니었다. 그는 단지 흉금을 털어놓을 다정하고 인정 많은 경청자를 원했던 것이다. 이는 곤경에 처했을 때 우리들 모두가 원하는 것이다. 화난 고객은 물론 불만 있는 직원이나 마음 상한 친구가 원하는 바이기도 하다.

   근대에 들어 가장 탁월한 경청자는 지그문트 프로이트였다. 프로이트를 만난 한 남자는 그의 경청 태도를 이렇게 묘사했다.

   "너무나 감동적이어서 그를 절대로 잊지 못할 것입니다. 그는 다른 사람에게서 볼 수 없는 특징을 가지고 있지요. 저는 그 정도로 몰두하여 전념하는 사람을 본 적이 없습니다. 꿰뚫을 듯 '영혼을 파고드는 응시' 말고는 아무것도 없었습니다. 그의 눈은 온화하고 다정했습니다. 목소리는 낮고 친절했죠. 몸도 거의 움직이지 않았습니다. 하지만 나에게 집중하여, 내가 말하는 내용을 온전히 받아들였습니다. 제가 말을 제대로 못 할 때도 그는 과연 놀라웠습니다. 당신은 그런 식으로 이야기를 들어준다는 것이 어떤 기분인지 모를 겁니다."

사람들이 당신을 피하고, 뒤에서 비웃거나 경멸하도록 만들 방법을 알고 싶다면 여기 비법이 있다.

누구의 말이든 오랫동안 듣지 말아라. 당신에 대해서 끊임없이 얘기해라. 상대가 이야기를 하는 도중에 뭔가 떠오르면, 상대의 말이 끝날 때까지 기다리지 말아라. 말을 자르거나 끼어들어라.

당신은 이런 사람을 알고 있는가? 불행히도 나는 알고 있다. 그리고 놀라운 사실은 그들 중 몇몇은 유명 인사라는 것이다.

참을 수 없는 지겨움! 그런 사람들은 자아에 도취되어 있어서 지루하기 짝이 없다. 자신에 대한 얘기만 하는 사람들은 자신밖에 생각할 줄 모른다.

오랫동안 컬럼비아 대학의 총장으로 재직했던 니콜라스 머레이 버틀러는 말한다.

"자기만 생각하는 사람들의 무지는 절망적이다. 얼마나 교육을 받았든지 상관없이, 그들은 교양이 없는 사람들이다."

뛰어난 대화 상대가 되고 싶다면, 주의 깊은 경청자가 되어라. 관심을 가지는 것이 관심을 얻는 길이다. 상대가 즐겁게 대답할 만한 질문을 해라. 자기 자신과 업적에 대해 말을 하도록 상대를 격려해주어라.

당신과 이야기를 하고 있는 사람은 당신이나 당신의 문제보다는 자신의 관심사와 소망, 문제에 몇 백 배 더 관심이 있다는 것을 기억해라. 개인에게는 자신의 치통이 수백만 명이 죽어가고 있는 중국의 기근보다 더욱 중요하다. 자기 목에 난 부스럼이 아프리카에서 일어난 마흔 번째 지진보다 더욱 큰 관심거리인 것이다.

다음 번에 대화를 시작할 때 이를 생각해라.

"좋은 경청자가 되어라.

상대가 자신에 대해 말하도록 북돋워주어라."

사람들의 관심을
끄는 방법

시어도어 루스벨트에게 초대를 받았던 사람들은 모두 그의 해박한 지식에 깜짝 놀랐다. 방문객이 카우보이든, 기수든, 뉴욕의 정치가든, 혹은 외교관이든 간에, 루스벨트는 이야깃거리가 있었다.

어떻게 그럴 수 있었을까? 답은 간단했다.

루스벨트는 방문객이 올 때마다 전날 밤 늦게까지 잠들지 않고 손님이 특히 관심을 갖는 주제에 대해 독서를 했던 것이다.

독자들도 모두 알고 있다시피, 루스벨트는 상대의 호감을 사는 지름길이 상대의 관심거리에 대해 말하는 것이라는 사실을 알고 있었다.

예일 대학의 문학 교수이자 수필가인 윌리엄 라이언 펠프스는 어렸을 때 이런 교훈을 익혔다. 그는 〈인간의 본성〉이라는 수필에서 이렇게 썼다.

여덟 살 때, 나는 리비 린즐리 숙모 댁에 놀러 가서 주말을 보냈다.

어느 날 저녁, 한 중년 신사가 찾아와서 숙모와 잠시 이야기를 나눈 후 나에게 관심을 보였다. 당시 보트에 흠뻑 빠져 있던 나는 그 방문객과 매우 흥미롭게 보트에 대해 이야기를 나누었다.

손님이 돌아간 후, 나는 열정적으로 그 남자에 대한 이야기를 했다. 얼마나 멋있는 아저씨인가!

숙모는 그가 뉴욕의 변호사이며 보트에 대해서는 전혀 관심이 없는 사람이라고 말해주었다.

"그렇다면 왜 보트 얘기만 했을까요?"

"그분은 신사이기 때문이란다. 네가 보트에 관심이 많다는 걸 아셨거든. 네가 관심을 가지고 있고 즐거워하는 일에 대해서 말한 거야. 널 친절하게 대하신 거란다."

나는 숙모님의 말을 결코 잊지 않았다.

이 글을 쓰고 있는 내 앞에는 에드워드 L. 찰리프에게서 온 편지가 놓여 있다.

그는 보이스카우트에서 활동했었다. 찰리프는 상대의 호감을 사는 방법을 정확히 알고 있는 사람이었다.

어느 날 저에게 도움을 청할 일이 생겼습니다. 대규모 스카우트 잼보리 대회가 유럽에서 열릴 예정이었는데 미국에서 대기업에 속하는 회사의 사장에게 한 소년단원의 여행 경비를 부탁하는 일이었습니다.

다행히도 그를 만나러 가기 직전에, 그가 백만 달러짜리 수표를 발행했다가 일이 취소되자 수표를 액자에 넣어두었다는 말을 들었습니다. 그래서 사장실에 들어간 제가 맨 처음으로 한 말은 수표를 보여달라는 것이었습니다.

백만 달러짜리 수표라니! 저는 그에게 누군가 이런 액수의 수표를 쓰리라고는 생각지도 못했다고 말했습니다. 그리고 백만 달러짜리 수표를 실제로 보았다고 단원들에게 말하고 싶다고도 했죠. 그는 기꺼이 수표를 보여주더군요. 저는 존경 어린 눈빛으로 그에게 수표를 쓰게 된 경위를 얘기해달라고 부탁했습니다.

사장은 곧 '아, 그런데 나를 보러 온 용건이 뭐지?'라고 물었고, 나는 찾아온 이유를 말했습니다. 정말 놀랍게도 그는 내 부탁을 그 자리에서 승낙했을 뿐만 아니라 딱 한 명만 유럽에 보내달라고 부탁했는데도 나와 다섯 명의 소년단원들을 보내주었습니다. 그리고 1천 달러짜리 신용장을 주며 7주간 유럽에 머무르라고 하더군요.

그는 또한 유럽의 지사장들에게 소개장을 써주었고, 마음껏 사용하라고 했습니다. 파리에서 우리와 만나 시내를 구경시켜주기도 했고요. 그 이후로 사장은 집안 형편이 어려운 소년들에게 일을 주었고 우리 단체를 여전히 후원한답니다.

만약 내가 그의 관심사를 몰랐더라면, 그리고 처음에 그의 마음을 훈훈하게 만들지 못했다면, 그에게 접근하기가 열배는 더 어려웠을 겁니다.

당신도 눈치챘듯이, 찰리프는 보이스카우트나 유럽에서 열리는 짐보리 대회 등 자기가 원하는 것으로 말을 시작하지 않았다. 그는 상대가 관심 있어 하는 것을 이야기했다. 이것이 일할 때도 쓸모가 있는 기술일까?

한번 알아보자. 뉴욕에서 빵 도매업을 하는 헨리 G. 듀버노이와 아들들의 예다. 듀버노이는 뉴욕의 한 호텔에 빵을 납품하려고 애를 쓰고 있었다. 그는 4년 동안 매주 지배인을 찾아갔다. 그 지배인이 참석하는 사교 모임에도 갔으며 거래를 트기 위해 그 호텔 객실을 빌려 머물기까지 했다. 하지만 모두 실패했다.

"인간관계에 대해 배우고 난 후, 저는 전략을 바꾸기로 결심했습니다. 이 남자가 무엇에 관심이 있으며 그의 열정을 사로잡는 것은 무엇인지 알아내기로 했죠. 저는 그가 미국의 호텔 그리터스라는 호텔 지배인 협회에 속해 있음을 알아냈습니다. 단순히 속해 있는 게 아니라 끓어 오르는 열정으로 인해 협회장까지 맡고 있었죠. 또한 국제 그리터스 협회장이기도 했습니다. 그는 협회가 어디에서 열리든지 꼭 참석했습니다. 다음 날 그를 만났을 때, 저는 그리터스 얘기를 꺼냈습니다. 반응은 가히 대단했습니다. 얼마나 대단하던지! 그는 그리터스에 대해 30분 정도 얘기를 했는데 목소리가 열의에 넘치더군요. 그 협회는 지배인의 취미일 뿐만 아니라 삶의 열정이라는 걸 확실히 알 수 있었습니다. 사무실에서 나오기 전, 그는 저를 협회의 회원으로 만들었습니다. 그동안 빵 얘기는 하나도 하지 않았습니다. 며칠 후에 호텔 사무장이 전화를 해서 빵 샘플과 가격표를 가지고 오라고 했죠. 그 사무장은 저를 맞으면서 '지배인한테 어떻게 했는지 모르겠지만 당신한테 완전히 반해버렸던 걸요'라고 하더군요. 생각해보세요. 그 사람에게 납품을 하려고 4년 동안 부탁을 했습니다. 만약에 그가 무엇에 관심이 있는지, 무슨 얘기를 좋아하는지 알아내는 수고를 하지 않았다면, 아직까지 그에게 부탁을 하고 있었을 겁니다."

메릴랜드에 사는 에드워드 E. 해리만은 병역을 마친 후 아름다운 컴벌랜드 계곡에서 살기로 결심했다. 하지만 불행히도 당시 그 지역에는 일자리가 거의 없었다.

그는 약간의 조사를 통해 그 지역에 있는 상당수의 회사가 R. J. 펑크하우저라는 별난 외지 사업가의 소유이거나 관리를 받고 있음을 알았다. 펑크하우저가 벼락부자가 되었다는 점이 해리만의 흥미를 돋우었다. 그렇지만 그는 일자리를 구하려는 사람들이 가까이 하기에는 어려운 인물로 알려져 있었다. 해리만의 편지를 살펴보자.

여러 사람을 통해 그의 주된 관심사가 권력과 돈이라는 사실을 알아냈죠. 헌신적이고 완고한 비서가 나 같은 사람들의 접근을 막고 있었기 때문에, 저는 비서의 관심사와 목표에 대해 알아본 후 연락도 없이 사무실을 찾아갔습니다. 그녀는 15년 동안 펑크하우저의 비서였습니다.

제가 펑크하우저에게 재정적·정치적 성공을 가져다줄 계획안이 있다고 비서에게 말하자, 그녀는 상당한 관심을 보이더군요. 저는 또한 그의 성공에 대한 그녀의 기여도에 대해 담화를 나누었습니다. 이런 대화 후, 그녀가 펑크하우저와 만날 기회를 마련해주었죠.

저는 곧바로 일자리를 부탁하지는 않겠다고 다짐하면서 그의 거대하고 인상적인 사무실로 들어갔습니다.

그는 커다란 나무 책상 뒤에 앉아서 쩌렁쩌렁한 목소리로 '무슨 일이지? 젊은이'라고 말하더군요. 제가 '펑크하우저 씨, 저는 당신께 큰돈을 벌어드릴 수 있습니다'라고 말하자 그는 즉각 자리에서 일어나 커다란 의자 하나를 가리키며 앉으라고 했습니다.

저는 아이디어들을 쭉 열거하고 이를 실현할 만한 저의 자질에 대해 설명했습니다. 물론 이런 것들이 그의 개인적인 성공과 사업에 어떻게 기여할지에 대해서도 말했죠.

펑크하우저는 처음 만난 자리에서 저를 채용했고 저는 지난 20년 동안 그의 기업에서 성장했습니다. 우리 둘 모두 성공했고요.

상대방의 관심사에 대한 이야기는 양측 모두에게 이득이다. 인사 관리의 전문가인 하워드 Z. 헤르지그는 항상 이 원칙을 따르고 있다.

그는 이 원칙으로 상대로부터 각기 다른 보상을 받을 뿐만 아니라, 누군가와 이야기를 나눌 때마다 자신의 삶이 확장되었다고 말한다.

사람들이 당신을
좋아하게 만드는 방법

나는 뉴욕의 33번 가와 8번 가가 만나는 지점에 있는 우체국에서 등기 소포를 부치기 위해 줄을 서 있었다. 나는 우체국 직원이 봉투의 무게를 달고, 우표를 건네주고, 잔돈을 거슬러주고, 영수증을 발급하는 등 매일 반복되는 지루한 일에 싫증을 느낀다는 것을 알아챘다. 그래서 나는 생각했다.

"저 직원이 나를 좋아하게 만들어야지. 좋아하게 만들려면, 분명히 나에 관한 것이 아닌 그에 대해 뭔가 좋은 말을 해줘야 할 텐데…… 내가 그에게서 진정으로 감탄할 만한 게 뭐가 있을까?"

이 질문은 때론 대답하기가 참 어렵다. 특히 낯선 사람에게 적용할 때는 더욱 그러하다. 하지만 이번 경우에는 쉬웠다. 나는 몹시 감탄할 만한 것을 금세 찾아냈다.

내가 건넨 봉투의 무게를 그가 달아보는 동안 나는 감

탄하며 말했다.

"머리카락이 정말 부럽네요."

다소 놀란 듯이 고개를 든 그의 얼굴에는 미소가 번져
있었다.

"글쎄요. 옛날만큼 좋지는 않아요."

그는 겸손히 말했다. 나는 타고난 빛깔이 약간 바랬더
라도, 머리칼이 여전히 근사하다고 다시 한번 말했다. 그
는 무척 기뻐했다. 간단한 대화를 즐겁게 나누고 나서 그
가 마지막으로 한 말은 다음과 같았다.

"많은 사람이 제 머리칼을 보고 감탄하죠."

그 직원은 그날 바깥 공기를 쐬며 점심을 먹으러 나갔
을 것이다. 아마 집에 가서는 부인에게 그 일에 대해 말
했을 것이다. 또한 거울 속의 자신을 바라보며 중얼거렸
으리라.

"정말 멋있는 머리카락이야."

언젠가 사람들 앞에서 이 이야기를 했더니 나중에 한
남자가 내게 물었다.

"그에게서 무엇을 원하셨던 겁니까?"

그에게서 뭘 원했느냐고? 내가 그에게서 뭘 얻어내려고
그랬냐고?

상대방에게서 아무런 대가도 바라지 않은 채 약간의 행복을 퍼뜨리고, 정직한 칭찬 몇 마디를 건넬 수 없을 정도로 인간이 이기적이라면, 그리고 우리의 영혼이 사막처럼 삭막하다면, 인간에게 닥치는 불행은 너무나 당연한 것이다.

아, 그렇다. 나는 그 사람에게서 무언가를 원했다. 값으로 따질 수 없는 무엇인가를 원했다. 그리고 나는 그것을 얻었다.

상대방에게서 아무런 보상을 받지 않고도 그에게 무엇인가를 해주었다는 느낌을 얻었던 것이다. 이 느낌은 그 사건이 지나간 한참 후에도 나의 기억 속에 남아 맴돌 것이다.

아주 중요한 인간 행동의 법칙이 있다. 이 법칙을 따르면 우리가 곤경에 빠질 일은 절대로 없다. 이 법칙만 따르면 수많은 친구와 영원한 행복을 나눌 것이다. 그러나 이 법칙을 어기는 바로 그 순간, 우리는 끝없는 곤경에 처하게 된다. 그 법칙은 이렇다.

상대방에게 그가 항상 중요한 사람이라는 생각이 들게 하라.

앞에서도 언급했듯이, 존 듀이는 중요한 인물이 되고자 하는 욕망은 인간의 본성에 가장 깊이 내재되어 있는 욕구라고 말했다. 그리고 윌리엄 제임스도 말했다.

"인간 본성의 가장 깊은 원칙은 인정받으려는 욕구다."

내가 이미 지적한 것처럼, 이 욕구가 바로 인간을 동물과 구별되게 한다. 문명도 이 욕구로 인해 발달되었다.

철학자들은 수천 년 동안 인간관계의 법칙에 대해 사색해왔다. 이런 사색의 결과, 한 가지 중요한 가르침을 깨달았다. 그 가르침은 새롭지 않으며 역사만큼이나 오랜 세월에 거쳐 전해왔다.

조로아스터는 2천5백 년 전 페르시아에서 자신을 따르는 추종자들에게 이를 가르쳤다. 공자는 25세기 전에 중국에서 이를 전파했다. 도교의 시조인 노자는 한의 계곡에서 이 원칙을 가르쳤다. 부처는 기원전 5백 년에 갠지스 강 기슭에서 이를 설법했다. 힌두교의 성서는 1천 년 전에 이를 가르쳤다. 예수는 20세기 전에 유대의 바위산에서 이를 전했다. 예수는 이를 한 가지 사상으로 요약했는데 이는 아마도 세상에서 가장 중요한 법칙일 것이다.

너희는 너희가 남에게서 바라는 대로 그대로 남에게 해주어라.

당신은 만나는 사람들에게 인정을 받고 싶어한다. 당신의 작은 세계에서 중요한 존재라는 느낌을 원하는 것이다. 값싸고 위선적인 아첨은 듣고 싶지 않지만, 진정으로 인정받기를 갈망한다.

찰스 슈바프의 말처럼 "상대의 진가를 인정할 때는 진정으로, 칭찬을 할 때는 아낌없이" 해주기를 원한다. 이는 우리 모두의 바람이다.

그러니 이 황금률에 따르자. 남에게서 바라는 대로 그대로 남에게 해주자.

어떻게, 언제, 어디에서 그래야 하느냐고? 대답은 '항상, 어디에서나'이다.

위스콘신 주에 사는 데이비드 G. 스미스는 어느 자선 음악회에서 스낵 판매대를 담당했을 때 벌어진 미묘한 상황을 강좌에서 이야기했다.

"음악회가 열린 날 저녁, 공원에 도착한 저는 나이가 지긋한 두 명의 부인이 매우 기분이 상한 얼굴로 스낵 판매대 옆에 서 있는 걸 보았습니다. 두 부인은 분명히 자신이

스낵 판매대를 맡을 책임자라고 생각했던 거죠. 저는 거기에 서서 어떻게 하나 생각하고 있는데 후원회의 회원한 명이 와서 금고를 제게 건넸습니다. 그러고는 이 일을 맡아줘서 고맙다고 제게 말했죠. 그녀는 두 부인, 로즈와 제인이 제 일을 거들 사람들이라고 소개하곤 가버렸습니다. 무거운 침묵이 흘렀죠. 금고가 일종의 권한의 상징임을 깨달은 저는 금고를 로즈에게 주며 말했죠. 제가 돈 관리를 제대로 못할 것 같으니 대신 맡아주면 안심이 되겠다고요. 그리고 제인에게는 간단한 먹을거리를 담당한 10대 두 명에게 소다수 기계 작동법을 가르쳐주도록 제안했습니다. 그리고 그쪽 일을 책임저달라고 부탁했죠. 그날 저녁은 돈 계산을 맡은 로즈나, 10대 아이들의 감독을 맡은 제인, 콘서트를 즐긴 저 모두에게 매우 즐거운 밤이었습니다."

당신이 상대의 진가를 인정하는 철학을 적용하기 위해, 모임의 회장이나 프랑스 대사가 될 때까지 기다릴 필요가 없다. 당신은 거의 매일 이 철학을 적용해서 마술을 부릴 수 있다.

만약 당신이 감자튀김을 주문했는데 여종업원이 으깬 감자를 가져왔다면, 이렇게 말하자.

"폐를 끼쳐서 미안하지만, 전 감자튀김을 시켰습니다."

그러면 상대방은 "폐는 무슨…… 죄송합니다"라고 말한 후, 감자튀김으로 기꺼이 바꿔줄 것이다. 그녀를 존중해주었기 때문이다.

"폐를 끼쳐서 미안하지만", "실례지만……?", "부탁드립니다", "……해도 괜찮겠습니까?", "고맙습니다"와 같은 간단한 말은 단조롭게 돌아가는 일상생활의 톱니바퀴에 바르는 기름과도 같다. 이것은 동시에 예의범절의 지표이기도 하다.

또 다른 예를 들어보자. 홀 케인이 쓴 《크리스천》, 《재판관》, 《맨 섬의 사람들》 등의 소설은 20세기 초기의 베스트셀러였다. 셀 수 없이 많은 사람이 그의 소설을 읽었다.

그는 대장장이의 아들이었고, 평생 학교 교육이라고는 8년도 받지 못했다. 하지만 생을 마감할 때 그는 가장 부유한 문학가였다.

홀 케인이 이런 인물이 된 사연은 이렇다. 그는 소네트(이탈리아에서 처음 생긴 14행의 짧은 시)와 발라드(소박한 용어와 운율로 쓰여진 전설, 설화를 노래한 시)를 사랑했다.

그래서 단테 가브리엘 로제티의 시를 모두 탐독했고 로

제티의 예술적인 업적을 찬양하는 노래를 쓰기도 했다. 로제티에게도 사본을 보냈는데 로제티는 매우 기뻐했다. 그는 아마도 이렇게 생각했을 것이다.

"나의 능력에 대해 이런 놀라운 의견을 가진 젊은이라면 틀림없이 뛰어난 인물일 거야."

로제티는 대장장이의 아들을 런던으로 초청해서 비서로 삼았다. 이때가 홀 케인 인생의 전환점이었다.

비서라는 새로운 지위에서 홀은 매일 문학가들을 만났다. 그들의 충고를 통해 도움을 받고, 격려를 통해 영감을 받은 홀은 자신의 이름을 만방에 알린 작가의 길로 들어섰다.

맨 섬에 있는 그의 집, 그리바 캐슬은 전세계에서 찾아오는 관광객들의 메카가 되었다. 그리고 그는 수백만 달러의 재산을 남겼다.

하지만 그가 유명한 시인을 향한 존경을 담은 글을 쓰지 않았다면, 이름도 돈도 없는 가난한 사람으로 죽었을지 누가 알겠는가?

이것이 바로 진실하고, 진심에서 우러나온 칭찬의 엄청난 힘이다.

로제티는 스스로를 중요한 인물로 여겼다. 그것은 이상

한 일이 아니다. 거의 모든 사람이 스스로를 중요한 인물로 여긴다. 매우 중요한 인물로 말이다.

누군가 상대에게 중요한 인물이라는 생각이 들게끔 만든다면 많은 개개인의 삶이 바뀔 수 있다.

캘리포니아에서 우리 강좌의 강사로 일하고 있는 로널드 J. 로랜드는 미술과 공예를 가르치는 선생님이기도 하다. 그는 기초 공예반에 있는 크리스라는 학생에 대해 편지를 보내왔다.

크리스는 자신감이 부족하며 매우 조용하고 수줍음을 많이 타는 소년이었습니다. 당연히 받아야 할 관심을 받지 못하곤 하는 학생이었죠.

저는 고급반도 가르치고 있었는데 이 반에 들어가는 학생은 약간의 우월감을 느낄 수 있었고, 특별 대우를 받았습니다.

수요일에 크리스는 부지런히 작업을 하고 있더군요. 그 아이의 내면에 감춰진 열정이 느껴졌습니다. 그래서 크리스에게 고급반에 들어가고 싶은지 물어보았죠. 저로서는 당시 수

줍은 열네 살 소년의 얼굴에 나타난 표정을 표현할 방법이 없을 정도였습니다. 아이는 눈물을 꾹 참으며 묻더군요.

"누구를 말씀하시는 거죠, 로랜드 선생님? 저 말이에요? 제가 그 정도로 잘하나요?"

"그렇다마다. 크리스, 너는 그 정도로 잘한단다."

저는 그 자리를 떠야 했습니다. 눈물이 나왔기 때문이었죠. 그날 교실을 걸어나가는 크리스는 평소보다 2인치는 더 커 보였습니다. 그 아이는 밝게 빛나는 파란색 눈동자로 저를 쳐다보며 활기 찬 목소리로 "고맙습니다. 로랜드 선생님"이라고 말했습니다.

크리스는 제게 절대로 잊지 못할 교훈을 가르쳐주었습니다. 자신이 중요한 인물임을 느끼고 싶은 강한 열망을 말이죠. 이 법칙을 절대로 잊지 않기 위해서 저는 "당신은 중요한 존재입니다"라는 표어를 만들었습니다. 아이들이 모두 볼 수 있도록 이 표어를 교실 앞에 걸어놓았죠. 그리고 저는 표어를 보면서 제가 대하는 학생 하나하나가 똑같이 중요한 존재라는 사실을 상기한답니다.

당신이 만나는 사람들 거의가 어떤 식으로든 자신이 당신보다 나은 인물이라고 생각한다는 것은 부정할 수 없는 진실이다.

따라서 상대의 마음을 사로잡는 확실한 방법은 당신이 상대의 존재를 인정하고 있음을 은근히 내비치는 것이다. 에머슨이 한 말을 기억하라.

"내가 만나는 모든 인간은 어떤 식으로든 나의 스승이다. 내가 상대에 대해 경험을 하게 되기 때문이다."

그런데 안타까운 것은 메스꺼운 거짓말로 자아를 부풀려서 성취감을 정당화하려는 인간들이다. 셰익스피어는 말했다.

"……인간이여, 오만불손한 인간이여, 하잘것없는 얄팍한 권위를 내세워…… 하늘을 앞에 두고 우스꽝스러운 농간을 부리고 있도다. 천사를 울리려고 하는구나."

이제 나는 강좌에 참석한 실업가들이 이 원칙들을 적용하여 얼마나 놀라운 결과를 얻었는지 말하려고 한다.

코네티컷의 한 변호사의 예를 들어보겠다(이 변호사는 친척들 때문에 본인의 실명을 거론하기를 원치 않았다).

강좌에 참가한 지 얼마 지나지 않아 R씨는 아내와 함께 롱아일랜드에 있는 아내의 친척 댁을 찾았다. 아내는 그를 고령의 숙모와 함께 담소를 나누도록 내버려두곤 혼자서 다른 친척들을 방문하기 위해 나가버렸다.

R씨는 칭찬의 원칙을 적용한 사례 발표를 해야 했기 때문에, 이 노부인과 이야기를 나누면서 값진 경험을 얻을 수도 있으리라 생각했다. 그래서 그는 정말로 감탄할 만한 것을 찾아 집안을 둘러보았다.

그는 숙모에게 말을 걸기 시작했다.

"이 집이 1890년도에 지어진 거죠?"

"그렇지. 정확히 그해에 지어졌어."

"이 집은 제가 태어난 집을 생각나게 하네요. 정말 아름답습니다. 아주 잘 지었어요. 널찍하고요. 요즘은 이런 집을 짓지 못하죠."

"맞아. 요즘 젊은이들은 아름다운 집 같은 건 전혀 신경을 안 쓰지. 원하는 거라곤 작은 아파트에다가 자동차를 타고 여기저기 돌아다니는 것뿐이지."

그분의 목소리는 옛 추억으로 약간 떨리고 있었다.

"이건 꿈의 집이라네. 사랑으로 지어진 집이지. 남편과 내가 오랫동안 꿈꿔왔던 집이었어. 건축가도 없이 우리 손으로 설계해서 지었지."

숙모는 R씨에게 집을 보여주었고, 그는 숙모가 평생 동안 아껴오던 물건이나 여행 중에 사서 모은 소중한 보물들, 즉 페이즐리 숄이며 오래된 영국식 찻잔 세트, 웨지우드 도기와 프랑스산 침대와 의자들, 이탈리아의 회화, 한때 프랑스의 성을 장식했던 실크 휘장 등에 진심 어린 찬사를 보냈다.

R씨에게 집안을 보여준 후 숙모는 그를 차고로 데리고 갔다. 그곳에는 시장에 내놓아도 손색이 없는 패커드 자동차가 있었다. 그녀는 부드러운 목소리로 말했다.

"남편이 죽기 얼마 전에 나한테 사준 차라네. 남편이 죽은 이후론 한 번도 타지 않았지. 자네는 멋있는 물건을 보는 눈이 있으니 저 차를 자네한테 주겠네."

"안 됩니다. 숙모님, 저한테는 과분해요. 호의는 감사하지만 받을 수는 없어요. 전 숙모님의 직계 친척도 아닌 걸요. 그리고 저한테는 새 차가 있습니다. 이 패커드를 갖고 싶어하는 친척 분들도 많이 있을 거고요."

"친척들이라고! 그렇지, 내가 죽기를 기다리고 있는 친척들 말이군. 그래야 저 차를 가질 수 있으니까. 하지만 절대로 그렇게는 안 되네."

"저 차를 물려주고 싶지 않으시면, 중고차 판매업자에 게 파실 수도 있습니다."

그러자 숙모는 울부짖듯이 외쳤다.

"이 차를 팔라고! 내가 이 차를 팔 수 있을 거라고 생 각하나? 낯선 사람이 이 차를 타고 거리를 오가는 걸 내 가 볼 수 있다고 생각해? 남편이 나를 위해 사준 차를? 나는 꿈에도 이 차를 팔 생각은 하지 않았어. 자네한테 주겠네. 아름다운 물건을 보는 안목이 있는 사람이니까."

그는 사양해보려고 했지만, 숙모의 감정을 상하게 하면 서까지 거절할 수는 없었다.

페이즐리 숄과 프랑스 고가구, 추억과 함께 큰 집에 남 겨진 노부인은 약간의 칭찬에 굶주려 있었던 것이다. 그 옛날 그녀는 사랑으로 가득한 집을 지었고 집을 아름답 게 장식할 물건들을 유럽 전역에서 사들였다.

하지만 지금은 늙은 나이에 세상과 떨어져 외롭게 살고 있는 부인은, 인간의 정과 진심 어린 칭찬을 갈망했다. 그 러나 아무도 이를 주지 않았다.

그녀가 마침내 사막의 오아시스처럼 이것을 발견했을

때, 자신이 아꼈던 패커드를 선물하는 것 말고는 감사하는 마음을 적당히 표현할 길이 없었던 것이다.

또 다른 예를 들어보겠다. 루이스 앤 발렌타인의 관리인인 도널드 M. 맥마흔은 뉴욕에서 묘목업자이자 정원사로 일하고 있다. 그가 겪은 일은 다음과 같다.

"지난번에 열린 '사람들을 내 편으로 만들고 움직이는 법' 강좌에 참석한 직후, 저는 유명한 법률가의 저택 조경을 맡았습니다. 집주인이 만병초와 진달래를 심을 위치에 대해 몇 가지 지시를 하러 왔습니다. 제가 '판사님, 정말 좋은 취미를 가지고 계시군요. 댁에 있는 멋진 개를 보고 감탄했답니다. 매년 메디슨 스퀘어가든에서 열리는 대회에서 우승을 자주 차지하시는 이유를 충분히 알겠군요'라고 말했죠. 몇 마디도 안 되는 칭찬의 효과는 놀라웠습니다. 판사가 '그렇죠. 제 개들 때문에 즐거운 일이 많죠. 사육장에 한번 가보시겠습니까?'라고 하더군요. 그는 거의 한 시간 동안 자기가 기르는 개들과 대회에서 탄 상을 보여주었습니다. 혈통서까지 가져와서 이렇게 아름답고 똑똑한 개가 나오게 된 혈통에 대해서 설명해주었죠. 그는 나를 보며 묻더군요. '나이 어린 자녀가 있습니까?' '네, 아들이 하나 있죠.' '그럼, 아들은 강아지를 좋아합니까?'

'그럼요. 아주 좋아합니다.' '좋습니다. 내가 강아지를 한 마리 주겠소.' 그는 강아지 키우는 법에 대해 설명을 시작했죠. 그러다가 잠시 멈추더니 '내가 말하는 걸 잊어버릴 수도 있으니 적어 주리다'라며 집안으로 들어가서 혈통서와 사육법을 타이핑해 왔습니다. 그러곤 수백만 달러짜리 강아지 한 마리를 주었죠. 판사는 금쪽 같은 시간을 한 시간 15분이나 할애했는데, 제가 그의 취미와 업적에 대해 솔직한 존경의 뜻을 표현했기 때문입니다."

조지 이스트먼은 코닥 필름으로 유명하다. 그는 활동사진을 가능하게 만드는 투명 필름을 발명했으며, 수억 달러에 달하는 재산을 모았다. 그리고 세상에서 가장 유명한 사업가 중 한 사람이 되었다. 하지만 이렇게 놀라운 업적에도 불구하고, 그 역시 당신이나 나처럼 사소한 칭찬을 갈망했다. 일화를 하나 소개하겠다.

이스트먼이 로체스터에 이스트먼 음악학교와 킬보언 홀을 짓고 있을 때, 뉴욕의 슈피리어 의자회사의 사장인 제임스 아담슨은 이 빌딩에 들어갈 극장 좌석을 납품하고 싶어 했다.

건물 건축가를 통해 아담슨은 로체스터에서 이스트먼과의 면담 일정을 잡았다.

아담슨이 도착했을 때 건축가가 말했다.

"납품을 원하신다는 걸 알고 있습니다. 그러니 말씀드리는 건데 조지 이스트먼 씨의 시간을 5분 이상 뺏으면 그럴 가망성이 전혀 없습니다. 그분은 꼼꼼한 원칙주의자이고 매우 바쁘십니다. 그러니 얘기를 빨리 끝내고 나오십시오."

아담슨은 그의 말대로 하려고 마음먹었다.

그가 방으로 들어갔을 때, 이스트먼은 책상 위에 쌓여 있는 서류를 진지하게 들여다보고 있었다. 곧 이스트먼이 고개를 들고는 안경을 벗었다. 그는 건축가와 아담슨 쪽으로 걸어오며 말했다.

"안녕하십니까. 무슨 일 때문에 오셨죠?"

건축가가 서로를 인사시켰다. 그리고 아담슨이 곧 말을 꺼냈다.

"이스트먼 씨를 기다리는 동안, 사무실을 보며 감탄하고 있었습니다. 저도 이런 사무실에서 일을 해보고 싶군요. 실내 목공 사업을 하고 있지만 제 평생 이보다 더 아름다운 사무실은 보지 못했습니다."

"당신은 내가 거의 잊어버릴 뻔했던 걸 새삼 상기시키는군요. 사무실이 정말 아름답죠? 처음 지었을 때는 저도 굉장히 좋아했답니다. 하지만 요즘은 머릿속에 생각할 게 너무 많아서, 몇 주일 동안 방 안을 제대로 둘러보지도 못했답니다."

아담슨은 손으로 패널을 문질렀다.

"이게 영국산 오크(떡갈나무, 가시나무, 참나무 등의 나무 : 옮긴이 주)죠? 이탈리아산 오크와는 결이 약간 다르군요."

"그렇습니다. 수입한 영국산 오크죠. 고급 목재를 전문으로 취급하는 친구가 골라준 거랍니다."

이스트먼은 아담슨에게 사무실의 면적과 채색, 손으로 새긴 조각, 자신이 고안해서 제작한 것 등에 대해 설명하며 방을 보여주었다.

그들은 나무 세공에 감탄하며 방을 둘러보다가 창문 앞에 멈춰 섰다.

그리고 조지 이스트먼은 온화하고 부드러운 목소리로 자신이 공동체를 위해 하고 있는 사업들, 즉 로체스터 대학, 종합병원, 공제단체, 아동병원 등에 대한 이야기를 시작했다.

아담슨은 인류의 고통을 덜어주기 위해 자신의 부를 환원하고 있는 이스트먼의 이상론을 진심으로 기쁘게 받아들였다.

잠시 후 조지 이스트먼은 그가 소유했던 최초의 카메라를 꺼내 보여주었다. 그것은 어느 영국인에게서 사들인 발명품이었다.

　아담슨은 그에게 사업을 시작할 때 겪었던 어려움에 대해 자세히 물었다. 이스트먼은 가난했던 어린 시절에 대해 꾸밈없이 이야기했다. 자신이 보험회사에 다니던 시절, 홀어머니가 어떻게 하숙집을 꾸려나갔는지, 가난의 공포가 매일 밤낮으로 그를 짓누른 일, 어머니가 일을 하지 않으셔도 될 정도로 돈을 많이 벌겠다고 결심한 일에 대해 말했다.

　그가 사진에 대해 실험한 얘기를 할 때는 더 많은 질문을 해서 이야기를 끌어냈고, 아담슨은 이스트먼의 얘기에 빠져 귀를 기울였다.

　그는 하루 종일 사무실에서 일하고 밤을 새며 여러 약품을 실험한 얘기, 화학 실험 도중 잠깐씩 눈을 붙이거나 72시간 동안 옷도 갈아입지 않은 채 일하고 잠든 이야기들을 해주었다.

　제임스 아담슨이 이스트먼의 사무실로 안내받은 시간은 10시 15분이었다. 그리고 5분 이상 시간을 끌면 안 된다는 경고를 받았었다.

하지만 한 시간이 흘렀고, 두 시간이 지나갔다. 그러나 그들은 여전히 대화 중이었다.

마침내 조지 이스트먼이 아담슨을 돌아보며 말했다.

"지난번에 일본에 갔을 때, 의자를 몇 개 사 가지고 와서 집의 현관에 놓아두었습니다. 그런데 햇빛 때문에 페인트가 벗겨졌더군요. 그래서 시내에 가서 페인트를 사다가 손수 색을 칠했답니다. 제가 의자를 어떻게 색칠했는지 보시겠습니까? 좋아요. 집에 가서 점심을 함께 하고 보여드리리다."

점심 식사를 마친 후, 이스트먼은 아담슨에게 일본에서 사온 의자를 보여주었다. 몇 달러도 안 되는 거였지만, 백만장자 조지 이스트먼은 자신이 손수 색을 칠했다는 이유로 의자를 무척 자랑스러워했다.

극장 좌석의 주문액은 9만 달러에 달했다. 당신은 제임스 아담슨과 다른 경쟁자들 중에서 누가 주문을 땄을 거라고 생각하는가?

이 일이 있은 후, 이스트먼이 죽을 때까지 두 사람은 절친한 친구로 지냈다.

클로드 마레는 프랑스의 루앙에 있는 어느 레스토랑의 주인이다. 그는 이 원칙을 사용하여 레스토랑에서 중요한 직원을 잡아둘 수 있었다. 이 여직원은 5년 동안 일을 하고 있었으며 마레와 21명의 직원들 사이를 이어주는 다리였다. 마레는 그녀의 사직을 알리는 등기 우편을 받고 깜짝 놀랐다.

마레는 이렇게 말했다.

"저는 너무나 놀랐고 실망스럽기까지 했습니다. 저는 그녀에게 올바른 대우를 해주었고 그녀의 요구는 모두 들어주었다고 생각하고 있었기 때문입니다. 그녀가 종업원뿐 아니라 친구이기도 했기 때문에, 다른 직원들보다 그녀에게 더 많이 요구했던 걸 당연하게 여겼는지도 모릅니다. 물론 어떤 설명도 없이 그녀의 사표를 수락할 수는 없었습니다. 저는 그녀를 따로 불러서 말했죠. '폴레트, 제가 당신의 사표를 받아들일 수 없다는 건 이해하죠? 당신은 나한테나 이 회사에 너무나도 큰 존재입니다. 당신은 이 레스토랑의 성공에 있어서 중요한 존재예요.' 저는 전 직원들 앞에서 이 말을 반복했고, 그녀를 집으로 초대해서 가족들이 있는 자리에서도 그녀에 대한 나의 신뢰를 재차 확인시켰습니다. 폴레트는 사표를 철회했고 지금은 그 어느 때보다도 더 그녀를 믿고 의지할 수 있습니다. 저는 종종 그녀가 한 일에 대해 감사를 표현하고, 나에게

나 레스토랑에 있어 그녀가 얼마나 중요한 존재인지를 상
기시킨답니다."

상대방에 관한 이야기를 하라.

한때 대영 제국을 다스렸던 빈틈없는 정치가 디즈렐리
가 말했다.

"상대방에 관한 이야기를 하라. 그러면 몇 시간이고 귀를
기울일 것이다."

3장

사람들을 내 생각대로
움직이는 방법

논쟁에서
최상의 결과를 얻는 방법

　　　　　　　1차 세계대전이 끝난 직후, 런던에 있던 어느 날 밤에 나는 귀중한 교훈을 배웠다.

　당시 나는 로스 스미스 경의 매니저였다. 로스 경은 전쟁 당시, 팔레스타인에서 참전했던 가장 우수한 호주 출신의 공군이었다. 그리고 종전이 선언되자, 그는 지구의 반을 30일 동안 비행하여 세상을 놀라게 했다. 이전에는 그런 모험이 시도된 적이 없었기 때문에 대단한 반향을 일으켰다. 호주 정부는 그에게 5만 달러를 수여했고 영국 왕은 훈공작위를 내렸다. 한동안 그는 영국에서 사람들 입에 가장 많이 오르내리는 인물이었다.

　어느 날 밤, 나는 로스 경을 축하하는 연회에 참석했다. 식사를 하면서 내 옆에 앉은 한 남자가 "인간이 벌여놓은 일을 끝맺는 것은 신의 몫이다"라는 인용구를 주축으로 하는 재미있는 이야기를 들려주었다.

그 이야기꾼은 인용구가 성경에서 나온 것이라고 했다. 그가 틀렸다는 사실을 나는 알고 있었다. 아주 확실히 알고 있었다. 의심할 여지가 전혀 없었다. 그래서 자존감도 얻고 나의 우월함을 드러내기 위해, 그의 잘못을 바로잡아주는 쓸데없고 환영받지도 않을 역할을 스스로 맡았다.

하지만 그는 자기 주장을 굳게 지켰다.

"뭐라고? 셰익스피어 작품에 나오는 말이라고? 말도 안 되는 소리!"

그는 인용구가 성경에 나오는 말이라고 끝까지 우겼다.

그 이야기꾼은 내 오른쪽에 앉아 있었다. 그리고 나의 오랜 친구 프랭크 가몬드는 왼쪽에 앉아 있었다. 가몬드는 셰익스피어에 대한 연구에 평생을 바친 친구였다. 이야기꾼과 나는 가몬드에게 묻기로 했다. 가몬드가 잠자코 듣더니 식탁 밑으로 나를 치면서 말했다.

"이봐, 데일. 자네가 틀렸어. 저 신사분 말이 맞네. 그건 성경에 나오는 말이야."

그날 밤 집으로 돌아오면서 나는 가몬드에게 항의했다.

"프랭크, 자넨 그 인용구가 셰익스피어 작품에 나오는 말이라는 걸 알고 있잖아."

"물론 알고 있지. '햄릿' 5막 2장에 나오는 말이야. 하지만 데일, 우리는 즐거운 만찬에 초대된 손님이었어. 왜 그가 잘못 알고 있다는 걸 증명해야 하지? 그러면 그가 자네를 좋아할 것 같은가? 왜 그 사람 체면을 지켜주지 않는 거지? 그가 네 의견을 묻지도 않았잖아. 묻고 싶어하지도 않았고. 왜 그와 논쟁하려 들지? 괜히 상황을 어렵게 만드는 일은 피하는 게 좋아."

친구는 내게 절대로 잊지 못할 교훈을 가르쳐주었다.

나는 이야기꾼을 불편하게 만들었을 뿐만 아니라 친구까지 곤란한 상황에 몰아넣었다. 내가 따지려들지 않았다면 분위기는 훨씬 좋았을 것이다.

고질적인 논쟁자였던 내게 그것은 몹시 유용한 교훈이었다. 어린 시절, 나는 은하계에 있는 모든 것에 대해 형과 논쟁을 벌였다. 대학에 진학했을 때 논리와 논법을 공부했고 토론 대회에도 참가했다. 나는 미주리 출신답게 얘기했다. 돋보여야 했기 때문이었다.

뉴욕에서는 토론과 논법에 대해 가르치기도 했다. 인정하기 부끄럽지만, 한때는 이에 관한 책을 쓸 계획도 가지고 있었다. 그 때문에 나는 수많은 토론을 경청하고, 참여했으며, 결과를 지켜보았다.

이런 과정들을 모두 거친 결과, 논쟁에서 이길 수 있는 최고의 방법은 단 하나라는 결론에 도달했다. 그것은 바로 논쟁을 피하는 것이었다.

방울뱀이나 지진을 피하는 것처럼 논쟁을 피해라.

논쟁의 10중 9는 참가자들이 스스로를 절대적으로 옳다고 더욱 확고히 믿는 것으로 끝난다.

당신은 논쟁에서 이길 수 없다. 논쟁에서 지면 논쟁에서 졌기 때문에 당신은 이길 수 없다. 논쟁에서 이긴다고 할지라도 당신은 진 것이다.

이유가 뭐냐고? 당신이 다른 사람의 주장이 허점으로 가득하며, 상대가 '심신상실자'(심한 정신 기능의 장애로 사물에 대한 판단 능력이 없거나 의사를 결정할 능력이 없는 상태에 있는 사람을 일컫는 법률용어: 옮긴이 주)라는 걸 증명해서 승리를 쟁취했다고 치자.

그래서 어떤가? 당신은 기분이 좋을 것이다. 하지만 상대는 어떤가? 당신은 상대에게 열등하다는 느낌이 들게 만들었다. 당신은 상대의 자존심에 상처를 입힌 것이다. 그는 당신의 승리에 분개할 것이다.

다음의 원칙을 기억하라.

인간은 자신의 의지에 반해 설득을 당하더라도 항상

똑같은 의견을 고수하려는 성향이 있다. 몇 년 전 패트릭 J. 오헤어가 나의 강좌에 참가했다. 교육을 받은 적이 거의 없던 그는 싸움을 너무나 좋아했다. 그는 한때 운전기사를 했었고, 지금은 트럭 판매를 하고 있는데, 그다지 일이 잘 풀리지 않아서 나를 찾아왔다. 나는 몇 가지 질문 끝에 그가 거래처 사람들과 끊임없이 싸우고, 그들에게 적의를 품는다는 사실을 알아냈다.

자신이 팔고 있는 트럭에 대해 고객이 흠을 잡으면 패트릭은 얼굴을 붉히며 고객의 멱살을 잡아버렸다. 그 당시 패트릭은 많은 논쟁에서 이겼다. 나중에 그는 내게 이렇게 말했다.

"저는 종종 '저 녀석한테 본때를 보여줘야지'라고 말하면서 사무실을 걸어나왔습니다. 그리고 확실히 따끔하게 혼을 내주었죠. 하지만 트럭을 팔진 못했습니다."

우선적인 문제는 패트릭 J. 오헤어에게 화술을 가르치는 것이 아니었다. 가장 시급한 과제는 그에게 말을 삼가고 언쟁을 피하게 하는 연습을 시키는 것이었다.

패트릭은 뉴욕의 화이트 모터 사에서 가장 잘나가는 영업사원에 속하게 되었다. 그는 어떻게 이런 성과를 얻었을까? 그가 한 말을 그대로 적어보겠다.

"제가 고객의 사무실에 들어갔는데 고객이 이렇게 말한다고 칩시다. '뭐요? 화이트 트럭이라고? 그 트럭은 형편없어. 그냥 줘도 안 갖겠소. 나는 후즈잇 트럭을 살 거요.' 저는 조용히 대꾸합니다. '후즈잇은 좋은 트럭입니다. 후즈잇을 사시면 절대 후회하지 않으실 겁니다. 후즈잇은 좋은 회사에서 생산되고 뛰어난 판매원들이 팔고 있죠.' 상대는 더 이상 말을 못하죠. 논쟁할 여지가 없으니까요. 후즈잇이 최고라고 말하는 그에게 저도 맞장구를 치면, 그는 말을 멈출 수밖에 없습니다. 제가 그의 말에 동의를 하는데 그게 최고라고 계속 말할 수는 없는 노릇이니까요. 그런 다음 저는 후즈잇 얘기에서 벗어나 화이트 트럭의 장점에 대해 말하기 시작합니다. 그가 처음했던 말이 저를 불끈하게 만드는 때도 있었습니다. 그러면 저는 후즈잇에 반대하는 논쟁을 시작했었죠. 하지만 논쟁이 계속될수록, 제 잠재 고객은 후즈잇을 옹호하는 편에 더 가까이 서게 됐습니다. 고객은 논쟁을 할수록, 제 경쟁 상품에 더욱 마음이 가게 되죠. 돌이켜보면 내가 어떻게 물건을 팔 수 있었을까 하는 의문이 듭니다. 저는 싸우고 논쟁하느라 인생을 허비했습니다. 지금은 입을 다물고 있죠. 그리고 제 삶에 보람을 느끼고 있습니다."

현명한 인물이었던 벤자민 프랭클린은 이렇게 말했다.

"논쟁하고 괴롭히며 반박하면 때론 승리를 성취할 수도 있다. 하지만 그것은 무의미한 승리다. 절대로 상대의 호의를 얻지는 못하기 때문이다."

자, 혼자서 따져보도록 하자. 당신은 어느 쪽을 원하는가? 공리공론과 연극적인 승리인가, 아니면 상대의 호의인가? 둘 모두를 얻을 수는 없다.

보스톤의 〈트랜스크립〉은 언젠가 이런 의미심장한 광시(격을 맞추지 않고 속어나 비어 따위를 써서 익살스럽게 쓴 상스러운 시: 옮긴이 주)를 실었다.

여기 윌리엄 제이가 잠들다.
자신이 옳다고 고집하다 죽은 사람
그는 옳았다. 정말 옳았다. 지금까지 해온 것처럼.
그러나 그 역시 죽었다. 자신이 마치 그르다는 듯이.

지금까지 당신이 논쟁에서 그랬듯이 당신이 옳을지도 모른다. 그러나 상대의 마음을 바꾸는 문제에 있어서는 아마도 소용이 없을 것이다. 마치 당신이 옳지 않은 듯이 말이다.

프레드릭 S. 파슨스는 소득세 상담원이다. 그는 정부의 세무 조사관과 한 시간 가량 언쟁을 벌이고 있었다. 9천 달러라는 돈이 걸려 있는 일이었다. 파슨스는 9천 달러가 실상은 악성 채권이라 절대로 받을 수 없을 테니, 세금이 부가되면 안 된다고 주장했다. 조사관은 매섭게 반박했다.

"악성 채권이라고요? 정말입니까? 세금을 내야 합니다!"

파슨스는 강좌에서 이 이야기를 들려주었다.

"그 조사관은 냉정하고 거만하며 완고하기까지 했습니다. 이유도 소용없고, 사실을 말해도 마찬가지였죠. 논쟁이 길어질수록, 그는 더더욱 완고해졌습니다. 그래서 전 논쟁을 피하기로 했죠. 화제를 바꿔서 그를 칭찬하기로 마음먹었습니다. '이 일은 당신이 처리해야 하는 정말 중요하고도 어려운 결정에 비하면 매우 사소한 문제라고 생각합니다. 저도 세법 공부를 해봤지만, 그저 책에서 얻은 지식에 불과하죠. 저에 비하면 당신은 실전에서 뛰고 있는 사람이고요. 저도 때론 당신과 같은 일을 했더라면 하고 바란답니다. 그러면 많은 것을 배웠을 테죠.' 이 말들은 모두 진심이었습니다. 그런데 조사관은 허리를 곧게 펴더니 의자에 기대더군요. 조사관은 자신의 일에 대해 오랫동안 이야기했습니다. 그가 밝혀낸 감쪽 같은 사기행위에 대해서도 들려주었죠. 그의 목소리는 점차 친근해졌고, 급기야는 자기 아이들 얘기까지 꺼냈습니다. 자리에서 일어서면서 그는 내 문제에 대해서는 좀 더 검토해본 후 며칠 내로 결과를 알려주겠다고 하더군요. 그는 3일 후에 사무실로 전화를 해서 납세 신고는 없었던 걸로 마무리했다고 알려왔습니다."

이 세무 조사관은 가장 보편적인 인간의 약점을 드러냈다. 그는 자존감을 원했고, 파슨스 씨가 그와 논쟁을 하려 들자 권위를 내세워 자존감을 얻었던 것이다. 하지만 그가 중요한 존재라는 사실을 인정받자 논쟁을 멈추었고, 자아 확장의 기회가 오자 인정 많고 친절한 인간이 되었다.

부처는 이렇게 말했다.

"증오는 사랑으로 치유된다. 오해는 논쟁으로 푸는 것이 아니라 재치와 절충, 화해와 상대방의 관점에서 보려는 따뜻한 마음으로 해결된다."

링컨은 동료들과 격렬한 논쟁을 벌인 젊은 장교를 다음과 같이 질책했다.

"자신을 소중히 여기는 사람은 사사로운 논쟁에 시간을 허비하지 않네. 냉정함을 잃고, 자제력을 떨어뜨리는 결과만 낳을 뿐이니까. 양보는 동등한 권리를 주장하는 것보다 더 큰 의미를 갖네. 자기 생각이 더 낫다고 해도 상대에게 양보를 하게. 개와 정면으로 붙어서 싸우다가 물리느니 길을 비켜주는 게 더 낫지 않은가. 개를 죽인다고 해서 물린 상처가 치료되는 건 아니니까 말이야."

다음은 〈비츠 앤 피어스〉에 실린 기사다. 여기에서는 논쟁을 벌이지 않고도 의견 차이를 지키는 방법에 대해 몇 가지 제안을 하고 있다.

의견의 차이를 기꺼이 받아들여라.

그리고 이 말을 기억하라.

"두 명의 동료가 항상 의견을 같이 한다면, 그중 한 명은 불필요한 존재다."

당신이 미처 생각해본 적이 없는 문제가 생기면 그 문제가 당신의 관심을 끌었다는 사실에 감사하라. 아마도 이 의견의 차이는 당신이 심각한 실수를 저지르기 전에 바로 잡으려는 기회일 테니 말이다.

당신의 첫 직감을 믿지 마라.

기분이 나쁜 상황에 처했을 때 나오는 자연스런 반응은
방어적이다. 이것을 조심해라. 마음을 가라앉히고 당신의 첫
반응을 조심하라. 그것은 당신을 최선이 아닌 최악의 상태로
몰아넣을 수도 있다.

자신의 감정을 조절하라.

그리고 무엇이 상대를 화나게 하는지를 살펴보면 상대의
인격을 파악할 수 있다는 것을 명심하라.

우선 경청하라.

상대에게 이야기할 기회를 주어라. 그들이 말을 끝낼 수
있도록 하라. 가로막거나, 변론하거나, 논쟁하지 말라. 이같은
행동은 벽을 높이 쌓을 뿐이다. 이해의 다리를 놓으려고 노
력하라. 오해의 벽을 더 높이 쌓지 말라.

정직해져라.

실수를 인정하고 밝힐 수 있는 부분을 찾아라. 당신의 실

수를 사과하라. 이는 상대를 무장해제시키고 방어벽을 허무는 데 도움이 될 것이다.

반대자의 생각에 대해 잘 생각해보고 신중히 검토하겠다고 약속하라. 그리고 실천하라.

상대의 말이 맞을 수도 있다. 이 상황에서는 성급하게 앞서가서, 상대가 "우리가 당신에게 말하려고 했지만, 당신이 들으려 하지 않았소"라고 말할 수 있는 상황에 처하는 것보다, 상대의 관심에 대해 심사숙고하는 데 동의하는 것이 훨씬 쉽다.

상대의 관심에 진심으로 감사하라.

당신의 의견에 반대하는 사람은, 당신과 같은 관심사를 가지고 있다. 상대가 당신을 진정으로 도와주고 싶어한다고 생각하라. 그러면 반대자를 친구로 바꿀 수 있다.

양측이 모두 문제를 곰곰이 생각해볼 시간을 갖기 위해 행동을 미루어라.

밤늦게 혹은 다음 날 다시 만나자고 제안하라. 그때가 되면 모든 사실들을 참아낼 수 있을 것이다. 다음 만남을 기다리면서 스스로에게 몇 가지 어려운 질문들을 해보아라. 상대가 옳을 수도 있지 않을까? 부분적으로라도 옳지 않은가? 그들의 입장이나 주장에 진실이나 가치가 있는가? 나의 반응은 문제를 풀려는 것인가, 아니면 단지 욕구불만을 해소하려는 것인가? 내 반응으로 인해 상대는 나에게서 멀어질까, 아니면 더 가까워질까? 나의 반응이 나에 대한 사람들의 평가를 높일까? 이기는 것일까, 혹은 지는 것일까? 내가 이긴다면 어떤 대가를 치러야 할까? 내가 잠자코 있는다면, 이 의견 대립이 잠잠해질까? 이 어려운 상황이 나에게는 어떤 기회일까?

오페라 가수인 안 피어스는 거의 50년간의 결혼 생활 후에 이렇게 말했다.

"아내와 나는 오래전에 약속을 하나 했습니다. 서로에게 얼마나 화가 나 있든, 우리는 이 약속을 지켜왔죠. 그 약속은 한 사람이 소리를 지르면, 상대방은 듣는 것이었습니다. 둘 다 소리를 지르는 건, 의사소통이 아니라 소음과 마음의 동요를 자초할 뿐이니까요."

적을 만들지
않는 방법

시어도어 루스벨트가 백악관에 있을 당시, 자신이 75퍼센트만 옳더라도 그것이 최대의 기대치라고 고백했다.

20세기에 손꼽히는 저명인사였던 사람이 바라는 최대치가 그 정도라면, 당신이나 나는 어떠한가?

당신이 옳다고 생각하는 것의 55퍼센트를 확신할 수 있다면, 당신은 월스트리트에 가서 하루 1백만 달러를 벌어들일 수 있다. 55퍼센트조차도 옳다고 확신할 수 없으면서 당신은 왜 다른 사람들이 틀렸다고 말하는가?

당신은 말로 하는 것처럼 표정이나 억양, 몸짓으로 상대가 틀렸다고 말할 수 있다. 그들이 틀렸다고 직접적으로 말한다면, 상대가 당신의 의견에 동조할까? 절대로 아니다! 왜냐하면 당신이 상대의 지성과 판단, 긍지와 자존심에 노골적인 타격을 가했기 때문이다. 이는 상대로 하여금 당신에게 반격을 가하고 싶게 만든다. 그리고 상대는 자신의 생각을 바꿔야겠다는 생각은 절대 하지 않는다.

당신이 플라톤이나 칸트의 논리를 가지고 공세를 펼쳐도, 그들은 의견을 바꾸지 않을 것이다. 당신이 그들의 감정을 상하게 했기 때문이다.

이런 말로는 절대 대화를 시작하지 말자.

"내가 당신에게 이러저러한 것을 증명해보이겠소."

"그것 참 고약하군요."

"제가 당신보다 아는 게 더 많아요. 그러니 당신 마음을 바꿀 만한 얘기를 한두 가지 하겠소."

얼마나 도전적인 말들인가? 상대방은 반감을 품고, 당신이 말을 시작하기도 전에 당신과 싸우고 싶은 마음뿐일 것이다. 가장 좋은 분위기에서도 사람의 마음을 바꾸기란 어렵다. 그런데 왜 상황을 더 힘들게 만드는가? 왜 스스로를 불리하게 만드는가?

무엇인가를 증명하려면, 아무도 그것을 눈치 채지 못하게 하라. 당신이 증명하고 있다는 것을 아무도 느끼지 못할 정도로 미묘하고, 재치 있게 하라. 알렉산더 대왕은 이를 간결하게 표현했다.

"사람은 마치 가르치지 않는 것처럼 하면서 가르쳐야 하며, 모르는 것은 마치 잊어버려서 그렇다는 듯이 물어보아야 한다."

3백 년 전, 갈릴레오는 말했다.

"당신은 사람에게 아무것도 가르칠 수 없다. 스스로 찾아내도록 도와줄 뿐이다."

체스터필드 경은 아들에게 말했다.

"할 수 있다면, 다른 사람보다 현명해져라. 그러나 그런 사실을 그들에게 말하지 말아라."

소크라테스는 아테네에 있는 제자들에게 반복적으로 강조했다.

"내가 아는 한 가지는, 내가 아무것도 모른다는 것이다."

나는 소크라테스보다 더 똑똑할 수 없기 때문에 사람

들에게 틀렸다는 말을 하지 않는다. 그리고 언젠가는 보답을 받았다.

누군가가 당신의 생각이 틀렸다는 말을 했다고 치자. 당신은 그 사람의 견해가 틀렸다는 사실을 알고 있어도 이렇게 말해야 한다.

"글쎄요, 저는 다르게 생각하지만 제가 틀릴 수도 있죠. 자주 그러니까요. 제가 틀렸다면 바로잡고 싶네요. 사실을 검토해보죠."

"제가 틀릴 수도 있죠. 자주 그러니까요. 사실을 검토해보죠"라는 말에는 마법이 숨어 있다. 아주 긍정적인 마법 말이다.

이렇게 말한다면, 세상의 어느 누구도 당신에게 이의를 제기하지 않을 것이다.

강좌의 수강생 중 해럴드 레인케는 몬태나에서 닷지 자동차를 판매하는 영업사원이었다.

그는 자동자 영업의 스트레스 때문에 고객들과 상담할 때, 매정하고 무감각해지곤 했다고 말했다. 고객들의 불만을 들으면 울컥하는 기분이 들어 퉁명스런 목소리로 짜증을 냈고, 그로 인해 영업 손실을 낳았다.

그는 강좌에서 발표했다.

"제 행동이 잘못됐다는 것을 깨달은 저는 새로운 방법을 시도했습니다. 즉 이런 식으로 말하는 것이었죠. '저희 대리점이 실수를 너무 많이 해서 부끄럽게 생각하고 있습니다. 손님께 잘못을 저지른 것 같군요. 무슨 일인지 말씀해주십시오.' 이런 접근 방식은 고객의 마음을 누그러뜨립니다. 고객이 진정하면, 문제를 훨씬 이성적으로 처리할 수 있죠. 사실, 이렇게 이해하는 태도를 취해주어서 고맙다고 하는 고객도 있습니다. 그중 두 사람은 새 차를 살 친구를 직접 데리고 오기까지 했죠. 치열한 경쟁 시장에서 이런 고객들은 더 많이 필요합니다. 그리고 모든 고객의 의견을 존중하고, 예의 바르면서도 수완 있게 고객을 대하는 태도가 경쟁자를 물리치는 데 도움이 될 거라고 믿습니다."

당신이 틀릴 수도 있다는 사실을 인정하면, 곤란한 상황에 빠지는 일은 절대 없다. 이는 모든 논쟁을 멈추게 하며, 상대도 당신처럼 공정하고 넓은 마음을 갖도록 한다. 상대도 자신이 틀릴 수 있음을 인정하게 된다.

상대가 틀렸다는 것을 당신이 확신해서, 무뚝뚝하게 이런 사실을 전한다면 어떤 일이 벌어질까?

뉴욕의 어느 젊은 변호사 S씨는 미국 대법원에서 매우

중요한 사건을 맡은 적이 있었다. 이 사건에는 상당한 액수의 돈과 중요한 법률적 문제가 걸려 있었다. 논쟁 중에 한 대법원 판사가 말했다.

"해사법의 소송 제기 기간 한정법은 6년 아닙니까?"

S씨는 말을 멈추고 잠시 판사를 빤히 쳐다보다가 퉁명스럽게 대꾸했다.

"판사님, 그런데 해사법에는 소송 제기 기간 한정법이 없습니다."

S씨는 강좌에서 이 경험담을 발표했다.

"일순간 법정에 적막감이 흘렀습니다. 그리고 법정 내 기온이 0도로 뚝 떨어진 듯했습니다. 제 말은 맞았습니다. 그 판사가 틀렸고요. 전 사실을 말했던 겁니다. 그 판사가 친절해졌을까요? 절대로 아닙니다. 저는 지금도 제 의견이 옳았다고 믿습니다. 그리고 그 어느 때보다도 변론을 잘했고요. 하지만 설득을 하진 못했습니다. 저는 학식도 매우 높고 유명한 판사에게 그가 틀렸다고 말하는 엄청난 실수를 저질렀던 겁니다."

논리적인 사람은 거의 없다. 우리들 대부분은 편견을 가지고 있다.

선입관과 질투, 의심, 두려움과 부러움, 그리고 자부심 때문에 제대로 된 판단을 하는 데 방해를 받는다.

대부분의 시민들은 자신의 종교나 머리 스타일, 정치적 이념이나 좋아하는 영화배우를 바꾸고 싶어하지 않는다. 그러니 당신이 상대가 틀렸다고 말하는 경향을 가지고 있다면, 아침 식사를 들기 전에 매일 다음 글을 읽도록 해라. 이는 제임스 하비 로빈슨의 자기계발서 《미완성 상태의 정신(The Mind in the Making)》에 있는 글이다.

우리는 종종 어떤 저항이나 격한 감정 없이도 생각을 바꾸는 자신을 발견한다. 그러나 우리가 틀렸다는 소리를 들으면, 그 비난에 불쾌해 하며 완고해진다.

우리는 믿음을 형성하는 데는 놀라울 정도로 조심성이 없다. 누군가 그 믿음을 빼앗으려 하면, 자신의 믿음을 지키려는 맹목적인 열정에 사로잡힌다. 우리에게 중요한 것은 믿음이 아니라 위협받는 자존심이다.

'나의'라는 말은 인간사에서 가장 중요한 단어이며, 이를 적당히 배려하는 것이 지혜의 발단인 것이다. 이것은 '나의' 저녁 식사, '나의' 개, '나의' 집, '나의' 아버지, '나의' 조국, '나의' 주님 등 어디에서나 똑같은 힘을 갖는다.

우리는 자신의 시계가 틀렸다든지, 우리 차가 낡았다는 비난에 분개할 뿐 아니라, 화성의 운하나 '에픽테토스(그리스 스토아 학파의 철학자 : 옮긴이 주)'의 발음, 살리신(해열제, 류머티즘 치료약, 강장제로 씀 : 옮긴이 주)의 의학적 가치, 사르곤 1세의 연대 같은 개념이 수정 대상이 될 때도 화를 낸다.

우리는 사실이라고 인정해왔던 것을 계속 믿고 싶어한다. 그리고 그러리라고 가정했던 사실에 대해 의심받으면, 화를 내면서 그것에 집착할 구실을 찾아내려고 애쓴다. 그러므로 우리가 소위 논증이라고 부르는 것은, 우리가 이미 알고 있는 사실을 믿음으로 굳혀가기 위한 근거를 찾아가는 결과인 것이다.

저명한 심리학자인 칼 로저스는 《인간이 되는 길》에서 이렇게 썼다.

나는 자신이 타인을 이해하도록 내버려두는 것이 상당한 가치가 있음을 알았다. 당신은 이런 식의 표현을 이상하게 여길 수도 있다. 타인을 이해하도록 자신을 내버려둘 필요가 있을까? 나는 그렇다고 생각한다.

타인에게서 듣는 말에 대한 우리의 첫 반응은 이해보다는 평가나 판단이다. 누군가 어떤 감정이나 태도, 소신을 표현했을 때 우리는 거의 즉각적으로 '맞아', '바보 같군', '비정상이야', '이치에 안 맞아', '틀렸어', '안 좋군'과 같이 느끼려는 성향이 있다.

그 말이 상대에게 무엇을 뜻하는지 정확하게 이해하려고 자신을 내버려두는 경우는 매우 드물다.

나는 언젠가 집에 휘장을 치려고 실내 장식가를 고용했었다. 그러나 청구서가 도착했을 때, 엄청난 청구액을 보고 당황했다.

며칠 뒤, 친구가 집에 들러서 휘장을 보았다. 가격을 말해주자, 그녀는 다소 뽐내는 투로 소리쳤다.

"뭐라고? 어처구니가 없다. 그 사람이 너한테 바가지를 씌웠네."

사실이냐고? 그렇다. 친구는 사실을 말했다. 하지만 자신의 판단을 비난하는 진실을 듣기 좋아하는 사람은 거의 없다. 나도 어쩔 수 없는 인간인지라 나 자신을 방어하려고 애썼다. 싼 게 결국은 비지떡이라고 들먹이며, 헐값에 제품의 질과 예술적 취향을 얻을 수는 없다는 등의 얘기를 해댔다.

다음 날 다른 친구가 집에 들러서 휘장을 보곤 감탄하

면서 열광적으로 칭찬했다. 그리고 자기 집도 이렇게 아름다운 휘장을 달 수 있는 형편이었으면 좋겠다는 소망을 표현했다. 내 반응은 완전히 달랐다.

"근데, 사실은 나도 이걸 살 형편이 못 돼. 너무 비싸거든. 괜히 산 거 같아."

자신의 생각이 틀렸을 때, 스스로 인정할 수 있다. 또한 상대가 부드럽고 재치 있게 처리한다면, 자신의 솔직함과 넓은 아량에 자부심을 느끼면서 남에게도 잘못을 인정할 수 있다.

누군가 당신에게 껄끄러운 진실을 밀어 넣으려고 하지 않는다면 말이다.

호레이스 그릴리는 남북전쟁 당시 미국에서 가장 유명한 편집자였다. 그는 링컨의 정책을 격렬히 반대했다. 그릴리는 링컨을 비웃고 헐뜯는 주장을 설파하면, 링컨이 자신의 의견에 동조하리라고 믿었다.

그는 다달이, 해마다 지독한 비방 캠페인을 펼쳤다. 그릴리는 부스가 링컨을 저격했던 날 밤, 링컨 대통령을 향해 야비하고 신랄하게 빈정대는 인신 공격성 기사를 썼다.

그러나 이렇게 신랄한 비판을 받고 링컨이 그릴리에게

동조했는가? 천만의 말씀이다. 비웃고 헐뜯는다고 해서 동조를 얻어낼 수는 없다.

만약 당신이 사람을 대하는 법과 자신을 다스리고 성격을 개선하는 방법에 대해 어떤 조언을 듣고 싶다면, 벤자민 프랭클린의 자서전을 읽어라. 이 자서전은 이제까지 나온 책 중에서 가장 흥미진진한 삶의 여정을 담고 있으며 미국 문학의 고전으로 꼽힌다.

벤자민 프랭클린은 자신이 어떻게 논증이라는 사악한 습관을 정복하여 미국 역사상 가장 유능하고, 유쾌하며, 외교적 수완이 있는 사람이 될 수 있었는지를 들려준다.

벤자민 프랭클린이 서투른 청년이었던 어느 날, 퀘이커 교도인 옛친구가 그를 불러내어 다음과 같은 가슴 아픈 진실을 퍼부어댔다.

"벤, 자넨 구제 불능이야. 넌 너와 의견을 달리하는 사람들에게 모욕을 주지. 넌 너무 공격적이어서 아무도 널 좋아하지 않아.

친구들은 네가 주변에 없을 때 훨씬 즐겁다고 하지. 넌 아는 게 너무 많아서 누구도 너에게 뭘 말할 수가 없어. 말하려고 하는 사람도 없고…… 말해봤자 고작 돌아오는 결과는 불편함과 힘든 상황뿐이니까 말이야. 그러니 넌 지금 알고 있는 것 이상은 깨닫지 못할 거야."

내가 알고 있는 벤자민 프랭클린의 훌륭한 면모 가운데 하나는 이런 따끔한 비난을 받아들였던 방식이었다. 그는 친구의 말이 사실임을 깨달을 정도로 그릇이 크고 현명했다. 자신이 실패와 재앙의 길로 향하고 있다는 것을 감지한 그는 방향을 틀었다. 자신의 거만하고 독선적인 태도를 즉시 바꿔나가기 시작했다.

프랭클린은 이렇게 털어놓았다.

"저는 규칙을 하나 만들었습니다. 상대방의 의견에 정면으로 반박하거나 절대적인 단언을 하지 않는 것이었죠. 그리고 단정적인 의견을 내포하는 '확실하게', '의심할 여지없이' 등의 단어나 표현은 쓰지 않기로 했습니다. 그 대신 '……라고 생각합니다', '이해합니다', '……라고 짐작합니다', '지금으로선 그렇게 보이는군요'라는 말을 사용했죠. 내가 틀렸다고 생각하는 것을 다른 사람이 주장할 때는, 무뚝뚝하게 그의 말에 반박하거나 상대의 어리석음을 당장 밝혀내고 싶은 충동을 억누릅니다. 그리고 어떤 경우나 상황에서는 그의 의견이 옳을 테지만, 현재 내 생각은 약간 다르다는 식으로 말을 꺼내죠.

나는 곧 이런 태도의 변화에 이득이 따른다는 사실을 알게 되었습니다. 대화는 좀 더 즐겁게 진행되었고 온화한 방식으로 내 의견을 제안하면 상대도 기꺼이 받아들이고 반발도 덜했습니다.

내가 틀렸다는 지적을 받아도 크게 동요되지 않았고 상대가 잘못을 시정하고 내 의견을 따르도록 설득하는 일이 수월해졌습니다. 자연스러운 성향을 거스르는 이런 방식이 겨우 몸에 익게 되었고 곧 습관화되었습니다. 아마 지난 50년 동안 저에게서 이런 독단적인 비판을 들은 사람은 없을 것입니다.

그래서 새로운 제도와 개정안을 제안할 때나 공익 위원회의 일원으로 영향력을 행사할 때, 제가 시민 여러분께 폐를 많이 끼치고 있다고 생각합니다. 제가 유창한 연설가가 아니어서 말을 잘 못하기 때문이죠.

저는 단어 선택에도 많이 주저하고 말을 술술 하는 경우도 거의 없습니다. 하지만 제 연설의 요점은 대체적으로 잘 전달이 된답니다."

벤자민 프랭클린의 방법이 사업에는 어떻게 적용될까?
캐서린 A. 올레드는 노스캐롤라이나에 살고 있다. 그녀는
어느 방사 제조공장의 생산기계 감독관이다. 그녀는 강좌
를 마친 후에, 자신이 민감한 사안들을 다루는 방식이 어
떻게 변화했는지에 대해 발표했다.

"제 임무 중에는 성과급 제도와 등급제를 관리하는 일
이 있었습니다. 그렇게 해서 방사 생산 증가에 따라 직공
들이 돈을 더 받을 수 있었죠. 생산할 방사의 종류가 적
을 때는 이전에 사용했던 제도가 효과적이었지만, 최근에
는 12가지가 넘는 종류를 생산하게 되니 지금의 제도로
는 직공들이 한 일에 대해 합당한 대우를 해줄 수도 없고
생산 증가에 따른 성과급을 줄 수도 없었습니다. 저는 특
정 시간에 생산한 방사의 등급에 따라 직공들에게 적당
한 돈을 지불할 수 있는 새로운 제도를 만들었습니다. 제
가 만든 제도가 적절한 조치임을 경영진에게 증명하기 위
해 당시 생각하고 있던 새로운 제도에 대한 자료를 가지
고 회의에 참석했죠. 저는 경영진들이 어떻게 잘못하고
있으며, 직공들에게 부당한 대우를 하고 있다는 것, 그리
고 제가 모든 해답을 쥐고 있다는 것을 말했습니다. 이런
시도는 끔찍하게 실패했죠. 저는 새로운 제도에 대한 제

입장을 옹호하는 데 급급해서 경영진들이 예전의 제도가 안고 있던 문제점들을 점잖게 인정할 수 있는 여지를 주지 않았던 겁니다. 결국 그 사안은 백지화 되어버렸죠. 강좌에 몇 번 참석해본 후, 제가 실수했음을 여실히 깨달았습니다. 그래서 회의를 다시 소집하여 경영진들이 느꼈던 문제점들에 대해 물어보았습니다. 우리는 토론을 했고 어떻게 하는 것이 최선인가에 대한 그들의 의견을 들어보았습니다. 그리고 적당한 간격을 두고 몇 가지를 겸손하게 제안하여 나의 제안을 그들이 검토하도록 했습니다. 회의가 끝나갈 무렵 저는 새로운 제도를 소개했고, 그들은 이를 열렬히 수용했죠. 상대가 틀렸다고 직접적으로 말하면 좋은 결과는커녕 피해를 입을 수 있다는 것을 이제 저는 확신합니다. 이런 태도는 상대의 존엄성을 깎아내리고, 자신을 어떤 토론에서도 환영받지 못하는 존재로 만들 뿐입니다."

또 다른 예를 들어보겠다.

R. V. 크롤리는 뉴욕에 있는 어느 제재소의 영업사원이었다. 크롤리는 몇 년 동안 매정한 제재목 검사관들에게 그들이 틀렸다고 말해왔다. 그리고 그가 논쟁에서 이겼다. 하지만 득은 전혀 없었다.

"이 제재목 검사관들은 야구 심판 같아요. 일단 결정을 내리면 절대로 바꾸지 않습니다."

크롤리는 자신이 승리한 논쟁으로 인해 회사는 수 천 달러의 손실을 본다는 사실을 알았다. 내가 연 강좌에 참석하는 동안, 그는 전략을 바꿔 논쟁을 하지 않기로 결심했다.

어떤 결과를 얻었을까? 여기 크롤리가 강좌에서 동료 수강생들에게 들려준 말을 그대로 옮겨보겠다.

"어느 날 아침, 사무실로 전화가 왔습니다. 전화를 건 사람은 잔뜩 흥분해서 말하더군요. 우리가 그의 공장으로 실어 보낸 화물 한 대 분량의 목재가 전부 마음에 안 든다는 거였죠. 그는 목재 부리던 것을 중단했으니, 작업장에 쌓아둔 목재를 즉시 회수해달라고 요청했습니다. 차에서 4분의 1 정도가 하역된 후에 제재목 검사관이 목재의 55퍼센트가 등급 이하라고 했다는 겁니다. 상황이 그렇게 되자, 그들은 목재 하역을 거절했습니다. 저는 즉시 공장으로 향했고 가는 길에 이 상황에 대처할 최선책을 생각했습니다. 원래대로라면 등급 기준을 인용하고, 제재목 검사관으로서 저의 경험과 지식으로 냉정히 판단했겠죠. 그래서 검사관에게 목재는 등급 이상이며, 그가 규칙을 잘못 적용했다는 점을 납득시키려고 했을 것입니다. 그렇지만 전 이 강좌에서 배운 원칙들을 적용해보기로 했습니다. 제가 공장에 도착했을 때, 구매 직원과 제재목 검사관이 불쾌한 기분으로 싸울 태세를 하고 있더군요. 우리는 하역하고 있던 화물차로 걸어가서 어찌된 일인지 확인할 수 있도록 작업을 계속해달라고 요청했습니다. 그리고 검사관에게 불량품과 합격품을 가려달라고 부탁했죠. 잠시 동안 분리 작업을 지켜보니 그 검사관이 지나칠 정도로 엄격하며 규칙을 잘못 알고 있다는 것을 알게 되었습니다. 그 특수 목재는 백송이었는데, 검사관은 단단한 목재에 관해 철저히 알고 있는 반면 백송에 대해서는 유능하거나 경험이 있는 사람이 아니었습니다. 백송이라면 제가 너무나도 잘 알고 있었죠. 그렇다고 제가 그 검사관이 목재 등급을 매기는 방식에 대해 반대 의사를 표현했을까요? 아닙니다. 전 잠자코 있었습니다. 전 계속 지켜보면서, 왜 불량품이라고 판단한 목재가 만족스럽지 않은지를 그에게 물어보았죠. 저는 검사관이 틀렸다는 것을 한순간도 내색하지 않았습니다. 단지 제가 질문을 하는 이유는 회사 측이 어떤 제품을 원하는지 정확히 파악하기 위해서라고 했죠. 매우 친절하고 협조적인 태도로 질문을 하면서 회사 측의 기준에 만족스럽지 않은 제품을 철회하는 것은 합당한 처사라고 끊임없이 강조했습니다. 이 말은 그 검사관을 누그러뜨렸고, 우리 둘 사이의 팽팽한 긴장감도 사라져버렸습니다. 제가 가끔씩 신중하게 내비친 말은, 그가 거절한 목재가 실제로는 회사가 구매하려던 등급에 맞을지도 모른다는 생각이 들게끔 했습니다. 그리고 그들이 더 비싼 등급을 요구한다고 생각하게 했죠. 하지만 제가 이런 사항을 따지고 있다는 것을 그가 모르도록 매우 조심했습니다. 검사관의 태도는 점차 변했습니다. 그는 결국 자신이 백송을 다룬 경험이 없다는 사실을 인정하며, 하역되는 목재에 대해 질문을 시작하더군요. 저는 이 목재가 명기된 등급에 드는 이유를 설명했습니다. 그러면서도 작업에 적합하지 않다면 목재를 넘겨받지 않아도 된다고 계속 강조했죠. 마침내 검사관은 목재가 적당하지 않다고 거절할 때마다 죄책감을 느꼈었다고 고백했습니다. 또한 필요한 등급을 제대로 명기하지 않은 잘못이 회사 측에 있다고 하더군요. 그 검사관은 제가 떠난 후, 전체 화물을 검사하고는 전량을 넘겨받았습니다. 그리고 우리는 전액을 수표로 결제받았죠. 약간의 요령과 상대에게 틀렸다고 말하고 싶은 것을 자제한 마음이 회사에 큰 수익을 안겨주었습니다. 그리고 이런 결과를 낳은 호의의 가치는 돈으로 따지기 힘들겠죠."

마틴 루터 킹 목사는 평화주의자로서, 어떻게 당시 국가 최고의 계급장을 달고 있던 미 공군의 다니엘 '채피' 제임스 장군의 우상이 될 수 있었는지에 대한 질문을 받았다. 킹 목사는 이렇게 대답했다.

"나는 사람들을 내 기준이 아닌 상대의 기준으로 판단합니다."

비슷한 예로 로버트 E. 리 장군이 남부 연합의 의장이었던 제퍼슨 데이비드에게 한 이야기를 들어보겠다. 그는 자신의 지휘 아래에 있는 어떤 장교에 대해 매우 열정적인 칭찬을 했다. 함께 있던 다른 장교는 깜짝 놀라며 말했다.

"장군님! 장군님께서 그렇게 격찬하시는 사람은 장군님을 헐뜯을 기회만 노리는 지독한 적수라는 것을 모르십니까?"

그러자 장군이 대답했다.

"알고 있네. 하지만 의장님은 그에 대한 내 의견을 물으신 거지, 나에 대한 그의 견해를 물은 게 아니지 않은가."

그건 그렇고, 나는 여기에서 새로운 사실을 밝히고 있

는 것이 아니다. 2천 년 전 예수는 말했다.

　"너희의 적과 빨리 화합하라."

　기원전 2천2백 년 이집트의 악토이 대왕은 아들에게
이런 날카로운 충고를 했다. 그의 말은 오늘날에도 진정
필요한 충고다.

　"외교적이 되거라. 그러면 네가 원하는 바를 얻는 데 도움
　이 될 것이다."

　다시 말해, 당신의 고객이나 배우자 혹은 적과 논쟁을
하지 마라. 그들이 틀렸다고 말하지 마라. 또한 사람들의
감정을 선동하지 마라. 그리고 약간의 외교적 수완을 발
휘하라.
　"당신이 틀렸어요."
　이 말은 절대로 하지 마라.

비난을
피하는 방법

　　　　　　우리 집 가까운 곳에 넓게 펼
쳐진 원시림이 있었다. 봄이 되면 그곳에는 검은 딸기가
흰 꽃을 피웠고, 다람쥐가 둥지를 틀어 새끼를 키웠다. 그
리고 망초가 말의 키만큼 자랐다. 인간의 손이 닿지 않은
이 숲은 '삼림 공원'이라고 불렸다. 그곳은 진정한 숲이었
다. 아마도 콜럼버스가 아메리카 대륙을 발견했을 당시의
모습과 크게 다르지 않을 것이다.

　나는 보스턴산 불도그인 작은 렉스를 데리고 이 공원
을 자주 산책했다. 렉스는 상냥하고 해를 끼치지 않는 자
그마한 사냥개였다. 공원에서 누군가를 만나는 일이 거의
없었기 때문에, 나는 줄이나 입마개 없이 렉스를 데리고
다녔다. 어느 날, 우리는 공원에서 기마 경찰과 마주쳤다.
그는 자신의 권위를 뽐내고 싶어서 몸이 근질거리는 경찰
관이었다.

"줄이나 입마개도 없이 개를 공원에 풀어놓다니 어떻게 하려고 그러시죠? 그게 위법 행위라는 걸 모르십니까?"

나는 부드럽게 대꾸했다.

"네. 알고 있습니다. 하지만 우리 개가 여기에서 무슨 해가 될 거라고는 생각하지 않습니다."

"생각하지 않는다고요! 생각하지 않는다니! 법은 당신이 생각하는 것 따위는 조금도 개의치 않습니다. 저 개가 다람쥐를 죽이거나 아이를 물 수도 있습니다. 이번에는 그냥 봐주겠지만, 줄이나 입마개 없이 이곳에 개를 다시 돌아다니게 한다면 당신은 법정에 서게 될 것입니다."

나는 얌전하게 그렇게 하겠다고 약속했다.

그리고 몇 번 정도는 정말로 그렇게 했다. 하지만 렉스가 입마개를 좋아하지 않았고 나도 마찬가지였다. 그래서 위험을 감수하기로 결심했고 한동안은 괜찮았다.

하지만 뜻하지 않은 장애가 찾아왔다. 어느 오후 렉스와 내가 언덕배기까지 달음박질을 할 때였다. 그곳에서 놀랍게도 적갈색 말에 걸터앉은 법의 존엄함을 보았다. 렉스는 그 경찰관을 향해 곧장 달려가고 있었다. 나는 죄값을 치러야 한다는 것을 알고 있었다. 그래서 나는 경찰관이 먼저 말을 꺼내기 전에 선수를 쳤다.

"안녕하십니까, 경찰관님. 저를 현행범으로 붙잡으셨군요. 제가 범죄를 범했네요. 알리바이도 없고 변명할 여지도 없고요. 입마개 없이 개를 데리고 나오면 벌금을 부과하겠다고 지난주에 저한테 주의를 주셨는데요."

경찰관은 부드러운 목소리로 대꾸했다.

"하지만 주위에 아무도 없을 때는 저렇게 작은 개가 맘껏 뛰어다니도록 내버려두고 싶은 유혹이 들죠."

"그렇죠. 그건 정말 유혹입니다. 그래도 위법 행위지요."

"그렇지만 저렇게 작은 개는 누구한테도 폐를 끼치지는 않을 것 같은데요."

"아닙니다. 다람쥐를 죽일 수도 있죠."

"글쎄요. 당신이 이 문제를 너무 심각하게 받아들인다는 생각이 드는군요. 어떻게 할지 알려드리죠. 제 눈에 안 띄는 곳으로 개를 데리고 가면 이 일은 잊어버리겠습니다."

경찰관도 인간이기에 자존감을 원했다. 스스로를 비난하는 나에 대해, 그가 자존심을 충족시킬 수 있는 유일한 방법은 자비를 베푸는 아량이었다.

하지만 내가 자신을 방어하려고 경찰관과 논쟁을 벌였다면 어떻게 되었을까?

나는 그와 논쟁을 벌이는 대신 그가 전적으로 옳고 내가 전적으로 잘못했다는 사실을 인정했다. 내가 그의 편을 들고 그가 내 편을 들어주자 사건은 점잖게 마무리되었다.

체스터필드 경(영국의 정치가이자 외교관 : 옮긴이 주)도, 일주일 전만 해도 나에게 법을 들이대며 겁을 주었던 이 기마경찰보다 더 점잖을 수는 없었을 것이다.

자신이 비난을 받으리라 예상한다면, 먼저 선수를 치는 편이 더 낫지 않을까? 상대의 입에서 나오는 비난을 견디는 것보다 자기 비판에 귀 기울이는 것이 훨씬 쉽지 않을까? 상대가 생각하고 있거나 말하고 싶어 하는, 혹은 말하려고 하는 불명예스러운 말을 당신이 먼저 스스로에게 말해라. 그들이 먼저 말하기 전에 말이다. 그러면 당신은 1백 배는 유리해질 것이다. 상대는 너그럽게 용서하는 태도를 가지고, 기마 경찰이 나와 렉스에게 했듯이 당신의 실수를 최소한으로 평가할 것이다.

대중 예술가인 페르디난트 E. 위렌은 이런 방법으로 성급하고 입심이 사나운 구매자의 호의를 얻어냈다.

"광고나 출판용으로 그림을 그릴 때는 정교함과 정확성이 중요합니다. 어떤 미술 편집자들은 의뢰한 그림을 즉시 해달라고 요구합니다. 이런 경우에는 약간의 실수가 일어나게 마련입니다. 저는 사소한 일에 트집 잡기를 특히 좋아하는 한 미술 감독을 알고 있었죠. 넌더리를 내며 그의 사무실에서 나오는 때도 종종 있었습니다. 그의 비난 때문이 아니라 공격하는 방식 때문이었죠. 최근 이 편집 자에게 급히 끝낸 작업을 보내자, 그가 당장 사무실로 오라고 전화를 했더군요. 도착했을 때 저는 잔뜩 겁을 집어 먹고 있었습니다. 그는 비난할 기회를 잡아서 자못 만족 스러운 듯 적의를 표하더군요. 그는 왜 일을 이렇게 했느냐며 열을 냈습니다. 강좌에서 배운 자기비판을 적용할 기회가 제게 온 거였죠. 그래서 이렇게 말했습니다. '아무 개 씨, 당신의 말이 사실이라면 그건 제 실수이며 변명의 여지도 전혀 없습니다. 당신을 위해 그림을 그린 지도 오래 되어서 이젠 충분히 알 만하다고 생각했는데요. 너무 부끄럽군요.' 그가 즉시 날 옹호하기 시작했습니다. '예, 그렇기는 하지만 그리 심각한 실수는 아닙니다. 단지……' '어떤 실수라도 비용이 드는 법이고 사람을 짜증나게 하죠.' 그가 끼어들려고 했지만, 제가 그렇게 내버려두지 않았습니다. 정말 멋진 경험이었죠. 태어나서 처음으로 자신을 비판하고 있었던 겁니다. 정말 좋았습니다. '제가 좀더 신중했어야 했습니다. 당신이 제게 일도 많이 주시니, 최고의 작품을 받아야 마땅합니다. 그러니 전부 다시 그려 드리겠습니다.' '아니오, 아닙니다. 당신에게 그런 폐를 끼칠 생각은 아니었습니다.' 그는 내 작품을 칭찬하면서 아주 조금만 변화를 주길 원하고 내 미미한 실수가 회사 측에 손해를 끼치지는 않았다고 안심시켰습니다. 아주 단순한 실수니 걱정할 필요가 전혀 없다고 말이죠. 나 자신을 열심히 비판함으로써 그와 싸울 일이 없어졌습니다. 그리고 그는 내게 점심을 대접하면서 헤어지기 전에 수표 한 장과 또 다른 작업을 주었죠."

자신의 실수를 인정하는 용기는 자신에게도 어느 정도의 만족감을 준다. 죄책감과 방어 태세를 깨끗이 날려 버릴 뿐 아니라, 실수로 인한 문제를 해소하는 데 도움이 된다.

뉴멕시코에 사는 브루스 하비는 병가 중인 직원에게 임금을 잘못 지불한 적이 있었다. 자신의 실수를 깨달은 브루스는 그 직원에게 초과 지불한 액수만큼 다음 월급에서 제하겠다고 설명했다.

직원은 그렇게 되면 심각한 재정 문제가 생기니 일정 기간 동안 상환할 수 있게 해달라고 간청했다. 그렇게 하려면, 관리자의 승인을 얻어야 한다고 브루스는 설명했다. 그가 우리 강좌에서 발표한 내용은 이렇다.

"저는 이 일로 사장님이 불같이 화를 내리라는 것을 알고 있었습니다. 이 상황을 어떻게 잘 처리할까 고심하던 중, 이게 모두 내 실수이니 사장님께 가서 제 잘못을 인정해야 함을 깨달았죠. 사장실로 들어가서 제가 실수를 했다고 말한 후, 사실을 전부 보고했습니다. 그는 화를 내면서 그건 인사과 잘못이라고 하더군요. 전 제 실수라고 다시 말씀드렸습니다. 하지만 사장님은 다시 경리부의 부주의라면서 화를 내시는 겁니다. 저는 제 실수라고 다시 반복해서 설명했죠. 그는 사무실에 있던 다른 두 사람을 비난했지만 그때마다 저는 제 실수라고 되풀이했습니다. 사장님이 결국 저를 쳐다보면서 말하더군요. '알겠네. 자네 실수야. 그러니 문제나 해결하게.' 실수는 시정되었고, 아무도 곤경에 빠지지 않았습니다. 저는 이렇게 긴장된 상황을 잘 처리해내고, 변명거리를 찾지 않은 용기에 대해 스스로 무척 흐뭇했죠. 사장님도 그때 이후로 절 더욱 존중해주시고요."

어떤 바보라도 자신의 실수를 옹호할 수는 있다. 그리고 대부분의 바보들이 그렇게 한다. 하지만 자신의 실수를 인정하는 사람은 고결함과 환희를 느끼며 자신을 드높인다. 로버트 E. 리 장군에 관한 일화 중 하나를 예로 들어보자. 그는 게티즈버그에서 벌어진 피케트의 작전 실패를 오직 자신의 잘못으로 돌렸다.

피케트의 공격은 확실히 서구 세계에서 벌어진 가장 훌륭하고 화려한 공격이었다. 조지 E. 피케트 장군 자신이 화려한 인물이었다. 다갈색의 머리칼은 어깨에 닿을 정도로 길었고, 이탈리아 전선의 나폴레옹처럼 전쟁터에서 거의 매일 열렬한 연애편지를 썼다.

비극적인 7월의 오후, 피케트 장군이 모자를 맵시 있게 비스듬히 쓰고 유니언 라인을 향해 말을 타고 진격했을 때 그가 몸바쳤던 부대는 환호했다. 대원들은 환호하며 이 감동적인 남자의 뒤를 따랐다. 태양 아래 깃발은 펄럭이고 총검은 번쩍였다. 실로 위풍당당한 장관이었다. 그들은 용감하고 웅장했다. 그들을 지켜보고 있던 적진에서는 감탄사가 터져 나왔다.

피케트의 부대는 과수원과 옥수수 밭을 달렸고 초원을 지나 계곡을 넘었다. 적군의 대포가 대열을 향해 무시무시한 폭격을 했지만 피케트의 부대는 꿈쩍도 하지 않았다.

연방군의 보병 부대가 잠복해 있던 세메터리 리지의 돌

담 뒤에서 갑자기 쏟아져 나와 돌진하고 있던 피케트의 부대에 일제히 사격을 가했다. 산등성이는 화염과 시체로 뒤덮였다.

몇 분 후, 피케트 여단의 사령관들은 한 명만 빼고 모두 쓰러졌고 5천 명의 부하들 중 4천 명이 전사했다. 최후의 돌진을 이끈 루이스 A. 아미스테드 장군은 돌담을 단숨에 뛰어넘고 총검 끝에 꽂은 모자를 흔들며 소리쳤다.

"돌격하라!"

군인들은 장군의 말을 따랐다. 그들은 돌담을 뛰어넘어서 적을 향해 총검을 휘둘렀다. 곤봉 모양의 머스킷 총으로 적을 무찌른 그들은 세메터리 리지에 남군의 군기를 꽂았다. 그 깃발이 펄럭였던 순간은 아주 잠시였으나 남부 동맹에 있어 최고의 순간으로 기록되었다. 피케트의 돌격은 훌륭하고 영웅적이었지만 종말의 시작에 불과했다. 리 장군은 실패했다. 그는 북군을 물리칠 수 없음을 알고 있었다. 남군의 운명은 이미 결정되어 있었다.

리 장군은 너무나 큰 충격을 받았기에, 남부 동맹의 의장인 제퍼슨 데이비드에게 사의를 표명하고 '젊고 유능한 사람'을 자기 대신 임명해달라고 요청했다. 만약 리 장군이 피케트 부대의 실패 이유를 다른 곳에서 찾으려고 했다면 분명 몇 가지 이유는 찾을 수 있었을 것이다. 몇몇 사단장이 그를 비난하여 협조하지 않았고 보병대를 지원해줄 기병대가 제때 도착하지 않았기 때문이었다.

그러나 리 장군은 다른 사람을 비난하기에는 너무 고결한 사람이었다. 처참한 몰골의 패잔 부대가 남부 연합으로 돌아오자, 로버트 E. 리 장군은 다음과 같이 짧은 말로 자신을 자책하며 그들을 맞이했다.

"이 모든 것이 내 잘못이며, 나는 전투에서 패했습니다."

역사상 자신의 실패를 인정할 수 있는 용기와 인격을 가진 장군은 거의 없었다.

마이클 챙은 홍콩에서 우리 강좌를 가르치고 있다. 그는 중국 문화에서 어떻게 특수한 문제가 야기되는지, 그리고 원칙 적용에 있어서 낡은 전통의 고수보다 더 이로운 것을 인식할 필요가 있다고 말했다.

그의 수강생 중에는 오랫동안 아들과 사이가 좋지 않았던 중년 남자가 한 명 있었다. 그 중년의 아버지는 아편 중독자였지만 현재는 치료가 된 상태였다. 중국 전통에 따른다면, 나이가 더 많은 쪽이 먼저 화해를 청할 수가 없었다. 그리고 아버지는 아들이 화해의 손짓을 할 만큼 컸다고 생각했다.

강좌 초기에 그는 이제껏 한 번도 본 적이 없는 손자들이 얼마나 보고 싶은지, 얼마나 아들과 화해하고 싶은지에 대해 털어놓았다. 같은 중국인 수강생들은 이 남자가 자신의 소망과 오랜 전통 사이에서 갈등하고 있음을 공감했다. 그 아버지는 젊은이들이 어른을 공경해야 한다고 생각했기 때문에, 아들이 먼저 다가오기를 기다려야 한다고 믿었다.

강좌의 끝 무렵, 그 아버지는 이렇게 발표했다.

"이 문제에 대해 생각해보았습니다. 나는 데일 카네기의 말을 떠올렸습니다. '당신의 잘못이라면, 즉시 단호하게 이를 인정하라.' 제가 즉시 단호하게 잘못을 인정하기에는 너무 늦었습니다. 저는 아들에게 잘못했습니다. 그 아이가 나를 보고 싶어하지 않으며, 자신의 삶에서 나를 빼버리고 싶어하는 것도 당연했어요. 젊은 사람의 용서를 구하는 건 체면이 구겨지는 일이지만, 제 잘못이니 이를 인정하는 건 제 책임입니다."

수강생들은 박수를 쳤고 그에게 도움을 주었다. 다음 시간에 그는 자신이 어떻게 아들네를 찾아가서 용서를 구했으며 아들과 며느리, 이제야 만나본 손자들과 어떻게 새로운 관계를 시작했는지 얘기했다.

앨버트 허버드는 전국을 휩쓴 가장 독창적인 작가 중한 사람이었다. 그의 신랄한 글은 종종 독자들에게 격렬한 감정을 불러일으켰다. 그러나 허버드의 사람 대하는 기술은 적을 친구로 돌려놓곤 했다.

예를 들어보자. 어느 화난 독자가 이 따위의 글에 공감하지 않는다면서 허버드를 마구 욕하는 편지를 썼다면, 그는 이런 식으로 답장을 썼을 것이다.

> 당신의 의견에 대해 깊이 생각해보았습니다. 저도 저 자신에 대해 전적으로 동의하지는 않습니다. 어제 쓴 글이 오늘도 제 마음에 드는 건 아니니까요. 그 주제에 대한 당신의 생각을 알려주셔서 정말 기쁩니다. 다음에 근처에 오시면, 꼭 방문하셔서 이 문제에 대해 철저히 검토해봅시다. 멀리에서 악수를 보냅니다.
>
> 앨버트 허버드 드림

당신을 이렇게 대하는 사람에게 무슨 말을 할 수 있겠는가? 우리가 옳다면, 자신의 생각을 점잖고 재치 있게 설득하려고 노력하자. 우리가 틀렸다면 – 자신에게 솔직해지기만 하면, 틀리는 경우가 놀라울 만큼 잦음을 발견할 것이다 – 실수를 즉시 그리고 솔직하게 인정하자.

이런 방법은 놀라운 결과를 낳을 뿐만 아니라 믿든 안 믿든, 이런 상황에서 자신을 방어하려고 하는 노력보다는 훨씬 재미있다.

옛 속담을 기억하라.

"싸움으로 만족스러운 결과를 얻을 수는 없다. 하지만 양보로서 기대 이상의 것을 얻을 수 있다."

꿀
한 방울

　　　화가 나서 상대에게 한두 마디
쏘아붙이고 나면, 당신은 기분이 풀릴 것이다. 하지만 상
대는 어떨까? 상대도 당신처럼 기분이 좋을까? 도전적인
말투와 적대적인 태도가 상대를 당신의 의견에 쉽게 동조
하도록 만들까?

　우드로 윌슨은 말했다.

　"당신이 주먹을 불끈 쥐고 내게 온다면, 내 주먹도 당
신처럼 불끈하리라고 장담할 수 있다. 하지만 당신이 내
게 이렇게 말한다고 치자. '우리 앉아서 함께 의논해봅시
다. 서로 의견 차이가 있다면 왜, 그리고 정확히 무엇이
다른지를 이해해보도록 하죠.' 우리는 의견 차이가 실제
로는 그리 크지 않으며, 다른 점도 거의 없다는 것, 그리
고 동의할 만한 사항이 많다는 것을 유쾌한 마음으로 알
게 된다. 그리고 인내, 솔직함, 소망만 있다면 함께 화합하

게 될 것이다."

우드로 윌슨의 참뜻을 존 D. 록펠러 2세보다 더 깊이
인식한 사람은 아무도 없었다. 1915년 록펠러는 콜로라
도에서 가장 끔찍하게 경멸받던 인물이었다. 당시는 미국
역사상 가장 지독한 파업이 2년 동안 콜로라도 주를 뒤
흔들고 있었다. 적개심을 품은 성난 광부들은 콜로라도
연료 철강사에 임금 인상을 요구했다. 그 회사는 록펠러
가 경영하고 있었다. 기물이 파손되었고 군대가 동원되었
다. 유혈 사태가 벌어졌고 파업자들은 총에 맞았다.

파업자들의 증오가 산불처럼 타오르던 이런 시기에, 록
펠러는 그들을 자신의 편으로 끌어오려 했다. 그리고 그
는 성공했다. 어떻게 그럴 수 있었을까?

그는 몇 주간 협력자를 구해본 후, 파업 주동자들에게
강연을 했다. 이 연설은 말 그대로 걸작이었다. 그리고 놀
라운 결과를 낳았다. 연설은 록펠러를 삼켜버릴 듯이 위
협하던 성난 증오의 파도를 가라앉혔고, 그를 따르는 사
람들도 생겼다.

록펠러는 상당히 우호적인 태도로 현실을 밝혔고, 파업
자들은 격렬히 투쟁했던 임금 인상에 대해서는 한마디도
없이 일터로 돌아갔다.

이 놀라운 연설의 시작은 다음과 같다. 얼마나 호의가 넘치는지 주목하자. 록펠러가 불과 얼마 전까지만 하더라도 자기를 목매달고 싶어했던 이들을 상대로 연설했다는 사실을 기억해라.

그는 더 이상 다정하고 정중할 수 없을 정도였다. 그의 연설은 다음과 같은 말로 더욱 빛을 발한다.

'여기 있는 것에 자부심을 느낀다', '여러분 가정을 방문해서 부인과 아이들을 만나보았다', '우리는 이방인이 아닌 친구로서 여기에서 만났으며', '상호 우애의 정신', '서로의 이익', '제가 여기 있게 된 것은 여러분의 호의 덕택이다……'

"오늘은 제 생애에 있어 경축할 만한 날입니다. 이 훌륭한 회사의 임직원 및 직원과 감독관 여러분들을 만나는 행운을 처음으로 누리는 날이니까요. 제가 이곳에 있다는 점에 자부심을 느끼며 이 만남을 살아 있는 동안 영원히 기억할 것입니다. 이 모임이 2주 전에 열렸더라면, 저는 몇 사람밖에 알지 못하는 이방인으로 이 자리에 서야 했을 것입니다. 지난주에 남부 탄광촌을 방문할 기회를 갖고, 그곳에 없었던 분들을 제외한 거의 모든 대표자들과 개별 면담을 했습니다. 또한 여러분의 가정을 방문하여 부인과 아이들을 만나보았죠. 우리는 이방인이 아닌 친구로서 만났습니다. 그리고 우리가 상호 우애의 정신으로 서로의 이익에 대해 토론할 기회를 갖게 되어 무척 기쁩니다. 이것은 회사의 직원들과 직원 대표자들의 모임이기 때문에, 제가 여기 있게 된 것은 여러분의 호의 덕택입니다. 제가 어느 한쪽에 끼지 못하는 것이 안타깝지만, 어찌 보면 제가 주주와 이사들을 대표하기 때문에 여러분과 각별한 관계라고 생각합니다."

이 연설은 적을 친구로 만드는 놀라운 처세술의 예가 아닐까?

록펠러가 다른 전략을 택했다고 가정해보자. 광부들과 얼굴을 맞대고 지독한 파업 사태에 대해 욕설을 퍼붓고 논쟁을 벌였다고 생각해보라. 그들이 틀렸다는 말을 암시했다고 가정해보라. 온갖 논리를 동원하여 광부들이 잘못했음을 증명했다고 생각해보라.

어떤 일이 벌어졌을까? 분노가 하늘을 찔렀을 것이며, 증오와 폭동은 더욱 번졌을 것이다.

누군가의 마음이 당신을 향한 불화와 나쁜 감정으로 사무쳐 있다면, 당신은 세상에 있는 모든 논리를 가지고도 그를 설득할 수 없다. 아이를 꾸짖는 부모, 거만한 상사나 남편, 잔소리하는 아내들은 사람들이 생각을 바꾸고 싶어하지 않는다는 사실을 깨달아야 한다.

당신이나 나의 의견에 동의하도록 상대에게 강요할 수는 없다. 하지만 더 이상 점잖고 우호적일 수 없을 만큼 변화한다면, 그들은 아마도 생각을 바꿀 것이다. 1백 년 전 링컨은 이런 말을 했다.

"꿀 한 방울이 1갤론의 쓸개즙보다 더 많은 파리를 잡을 수 있다. 이 말은 오래된 진실이다. 사람에게도 마찬가지다. 상대를 당신의 주장대로 이끌고 싶다면, 우선 당신이 그의 진정한 친구라는 확신을 가지게 하라. 꿀 한 방울이 상대의 마음을 사로잡는다.

당신이 상대의 편이라고 말하는 것은 상대를 자기편으로 만드는 가장 확실한 길이다."

사업가들은 파업 노동자들에게 호의적으로 대하는 것이 결국은 득이라는 사실을 안다.

화이트모터회사의 공장에서 일하는 2천5백 명의 직원들이 임금 인상과 유니언 숍(노동자는 취직 후 일정 기간 안에 반드시 노동조합에 가입하는 것을 조건으로 하는 고용자와 노동조합과의 노동 협정이 있는 사업소 : 옮긴이 주)을 요구하며 파업을 했을 때, 로버트 F. 블랙 사장은 이성을 잃고 비난하거나 직원들을 위협하지 않았다. 노동자들에게 극악무도하다거나 공산주의자라는 말도 하지 않았다.

사장은 오히려 파업 노동자들을 칭찬했다. 그는 클리블랜드 신문에 '공구를 내려놓고 하는 평화로운 파업'이라는 칭찬의 글을 실었다.

파업 주동자들이 빈둥거리고 있자, 그는 야구 방망이와 글러브를 잔뜩 사주었다. 볼링을 더 좋아하는 사람들을 위해 볼링장을 빌리기도 했다.

블랙 사장이 베푼 호의는 진심 어린 우호의 표시였다. 그리고 이는 또 다른 우호를 낳았다. 파업 노동자들은 빗자루와 삽, 손수레를 빌려 공장 주변의 성냥이나 휴지, 담배꽁초를 줍기 시작했다.

상상해보라! 노동조합의 승인과 임금 협상을 위해 투쟁 중인 파업 노동자들이 공장의 부지를 청소하는 모습을……. 이런 사건은 미국의 격렬한 노동쟁의의 역사상 유례가 없었다. 이 파업은 일주일 만에 협상을 거쳐 마무리되었다. 안 좋은 감정이나 어떠한 원한도 없이 말이다.

다니엘 웹스터는 사건 변론에 있어 가장 유능한 변호

사 중 하나였다. 그는 다음과 같은 우호적인 표현으로 강력한 논조를 펼쳤다.

"배심원 여러분께서 고려해주십시오", "이것은 아마도 생각해볼 가치가 있을 것입니다", "여기 여러분께서 놓치지 않으리라 사료하는 몇 가지 사실이 있습니다", "인간의 본성에 대해 잘 알고 계신 여러분께서 이 사실의 중요성을 쉽게 간파하실 것입니다."

그는 우격다짐으로 밀어붙이지도 않고, 억지를 쓰지도 않았으며, 상대에게 자신의 의견을 강요하려는 시도도 하지 않았다. 웹스터는 온화하고 조용했으며, 상대에게 우호적으로 다가갔다. 그리고 그는 유명인사가 되었다.

당신이 파업을 해결하거나 배심원들을 상대할 일은 절대로 일어나지 않을 수도 있다. 그러나 임대료를 낮추고 싶을 수는 있다. 그렇다면 이런 우호적인 접근 방식이 유용할 것이다.

기술자인 O. L. 스트러브는 임대료를 깎고 싶어 했다. 그리고 집주인이 매정한 인물이라는 것을 잘 알고 있었다. 스트러브는 강좌에서 이렇게 발표했다.

"저는 임대 기간이 끝나는 대로 아파트를 비워주겠다고 알리는 편지를 보냈습니다. 저는 사실 이사 가고 싶지 않았습니다. 임대료를 조금만 깎아주면 그냥 살고 싶었죠. 하지만 가망이 없는 듯했습니다. 다른 거주자들도 시도했었지만 실패한 상태였고, 모두 집주인과 협상하기는 어려울 거라고 말했습니다. 하지만 저는 나 자신에게 이렇게 속삭였죠. '사람을 대하는 법을 배우고 있으니 그에게 시도나 해보자. 그리고 일이 어떻게 풀리는지 보자.' 집주인과 그의 비서가 편지를 받자마자 절 만나러 왔습니다. 저는 다정한 인사로 그를 맞았죠. 저에게서는 호의와 성의가 넘쳐났습니다. 저는 임대료가 얼마나 비싼지에 대해서는 얘기하지 않고 제가 이 아파트를 얼마나 좋아하는지에 대해서만 얘기했죠. 저는 '진심 어린 칭찬과 아낌없는 찬사'를 보냈습니다. 그의 건물 운영 방식에 대해서도 칭찬을 늘어놓았고, 1년 더 살고 싶지만 그럴 형편이 안 된다고 말했습니다. 그는 거주자들에게 이런 환영을 받아본 적이 없었던 게 분명했습니다. 어찌 할 바를 모르더군요. 집주인은 자기 문제를 나에게 얘기하기 시작했습니다. 불만 많은 세입자들에 관한 얘기였죠. 어떤 사람은 그에게 14통의 편지를 보냈는데, 상당히 모욕적인 내용도 있었답니다. 또 다른 사람은 위층 남자가 계속 코를 골게 놔두면 계약을 파기하겠다고 겁을 주었고요. 그는 저처럼 만족하는 세입자도 있다니 얼마나 다행인지 모른다고 하더군요. 집주인은 제가 부탁하지도 않았는데 임대료를 조금 깎아주겠다고 했습니다. 저는 더 많이 내려주길 원했기 때문에, 제가 지불할 수 있는 금액을 얘기했죠. 그랬더니 그는 한마디 불평도 없이 저의 제안을 수락했습니다. 그는 자리를 뜨면서 실내 장식을 어떻게 해줄지 묻기까지 하더군요. 만약에 다른 세입자들이 했던 방법으로 임대료를 낮추려고 했다면, 저도 똑같이 실패했으리라고 장담합니다. 저는 우호적이면서 감사하는 마음으로 접근했기 때문에 성공했지요."

펜실베이니아에 사는 딘 우드코크는 그 지역 전기회사에서 어느 부서의 관리자로 일하고 있다. 그의 부서가 전신주의 장비를 수리하는 작업을 맡게 되었다.

예전에 이런 일은 다른 부서에서 담당했었지만 최근 들어 우드코크의 부서로 옮겨왔던 것이다. 부서원들이 이 일에 대한 교육을 받기는 했지만, 실제 현장에 나서는 것은 처음이었다. 부서원들의 관심은 온통 일을 잘해낼 수 있을까에 쏠렸다.

우드코크와 몇 명의 부하 직원들, 다른 부서의 직원들이 그 작업을 보러 갔다. 차와 트럭도 많이 있었기 때문에 많은 사람이 빙 둘러서서 전신주 꼭대기에 매달려 있는 두 남자를 쳐다보고 있었다.

주변을 살펴보던 우드코크는 길 위쪽에서 카메라를 들고 차에서 내리는 사람을 보았다. 그 사람은 이 장면을 찍기 시작했다. 공익 사업 단체의 직원들은 대외 이미지를 상당히 의식한다. 불현듯 우드코크는 카메라를 든 남자에게 이 장면이 어떻게 비칠지를 깨달았다.

이것은 노동력 낭비였다. 수십 명의 사람들이 두 사람의 작업을 지켜보고 있으니 말이다. 그는 사진사에게 천천히 걸어갔다.

"우리가 하는 작업에 관심이 있으신가보군요."

"네. 제 어머니는 더 관심이 있으실 것 같군요. 그쪽 회사의 주식을 갖고 계시거든요. 이 사진을 보고 아마 눈이 휘둥그레지실 겁니다. 현명한 투자가 아니라고 결심하실 수도 있겠죠. 제가 오랫동안 당신네 회사에서는 쓸데없는 것을 너무 많이 한다고 말해왔는데, 이제 입증을 하겠군요. 신문들도 아마 이 사진들을 좋아하겠죠."

"정말 그렇게 보이는군요. 제가 그쪽 입장이라도 똑같이 생각할 겁니다. 하지만 이건 특수한 상황입니다."

딘 우드코크는 자기네 부서에서 이런 일을 처음 맡게

된 경위와, 회사 사람들이 왜 다들 관심을 가지는지에 대해 설명을 했다. 정상적인 상황에서라면 두 사람이 충분히 처리할 수 있는 일이라는 점도 확인시켰다.

그 사진사는 카메라를 치우고는 우드코크와 악수를 하면서 일부러 상황 설명을 하느라 시간을 내줘서 고맙다고 말했다. 딘 우드코크의 우호적인 접근 방식은 회사가 곤란한 상황에 빠져 오명을 쓰지 않도록 했다.

제럴드 H. 윈은 강좌의 또 다른 수강생으로 뉴햄프셔에 살고 있다. 그는 우호적인 접근 방식을 이용해 손해 배상 청구에서 만족스러운 결과를 얻은 경험을 발표했다.

"겨울 결빙이 다 풀리기도 전인 이른 봄이었습니다. 보기 드문 폭우가 쏟아졌고, 보통 때 같으면 길가에 있는 도랑이나 배수구로 빠졌을 물이 새집이 있는 건물 터로 유입되었죠. 빠져나갈 길이 없게 되자 집의 토대를 둘러싼 수압은 갑자기 높아졌습니다. 물이 시멘트로 된 지하실 바닥까지 침투해서 균열을 일으켰고 지하실은 물바다가 되었죠. 이로 인해 화로와 온수기가 망가졌고, 피해 보상액은 2천 달러가 넘었습니다. 전 이런 피해를 충당할 보험을 들어놓지도 않았습니다. 그렇지만 저는 하청업자가 이런 문제의 방지를 위한 배수관을 집 주변에 설치하지 않았다는 사실을 알아냈습니다. 저는 그와 약속을 잡아두었죠. 그의 사무실을 가기 위해 25마일을 가는 동안, 저는 상황을 신중히 돌이켜보았습니다. 이 강좌에서 배운 원칙들을 명심하면서, 화를 내보았자 득이 되지 않을 거라고 다짐했죠. 사무실에 도착했을 때, 저는 침착함을 유지했죠. 그리고 서인도 제도로 휴가를 다녀온 그의 얘기로 말을 시작했습니다. 알맞은 때가 되었을 때 저는 수해라는 '사소한' 문제에 대해 언급했죠. 그는 재빨리 문제 해결을 돕기로 동의했습니다. 며칠 후 그는 전화를 해서 수해 복구 비용을 지불하겠으며, 앞으로 똑같은 일이 재발하지 않도록 배수관을 설치하겠다고 했습니다. 피해가 비록 하청업자의 실수이기는 했지만, 제가 우호적으로 말을 시작하지 않았다면, 그로부터 전적인 책임을 동의 받지는 못했을 것입니다."

내가 북서부의 미주리 주에 있는 시골 학교까지 맨발로 통학을 하던 때였다. 나는 해와 바람에 관한 우화를 읽었었다. 해와 바람은 어느 쪽이 더 강한지 싸움을 벌였다.

바람은 득의양양했다.

"내가 힘이 더 세다는 것을 보여주지. 저기 코트를 입고 있는 할아버지가 있지? 내가 너보다 더 빨리 그 코트를 벗길 수 있어."

해가 구름 뒤로 숨자, 바람은 거의 토네이도 수준의 바람을 일으켰다. 하지만 바람이 거세질수록, 할아버지는 코트깃을 더욱 단단히 여몄다.

결국 바람은 잠잠해졌고 포기하고 말았다. 구름 뒤에 숨어 있던 해가 나와 할아버지를 보고 다정하게 미소 지었다. 그러자 할아버지는 얼굴에서 땀을 훔치며 코트를 벗었다. 해는 바람에게 부드러움과 친절함이 포악함과 강압보다 강하다는 진리를 보여준 것이다.

부드러움과 친절함은, 꿀 한 방울이 1갤론의 쓸개즙보다 더 많은 파리를 잡는다는 사실을 배운 사람들에 의해 매일매일 실증되고 있다.

메릴랜드에 사는 F. 게일 코너는 구입한 지 4개월밖에 되지 않은 차를 세 번째 보증 수리 받으러 갔을 때 이를 증명했다.

"수리 담당자에게 소리를 치거나 조리 있게 설명을 해도 문제가 만족스럽게 해결되지는 않을 거라는 점은 분명했습니다. 저는 대리점으로 걸어들어가서 화이트 점장을 만나고 싶다고 했습니다. 잠시 기다린 후, 점장의 사무실로 안내되었죠. 제 소개를 한 후, 예전에 그에게서 차를 구입했던 친구의 권유로 이 대리점에서 차를 샀다는 말을 꺼냈습니다. 가격도 매우 좋고 서비스도 으뜸이라고 하자, 그가 만족스러운 미소를 지었습니다. 그리고 서비스 담당 부서와 빚어진 문제들에 대해 설명하면서 '점장님의 훌륭한 명성에 누가 될 상황에 대해 알고 싶어하실 거라고 생각했습니다'라고 말했죠. 그러자 그가 상황을 알려줘서 고맙다며 내 문제는 확실히 해결해주겠다고 다짐하더군요. 그는 직접 신경을 써 주었을 뿐만 아니라 차를 수리하는 동안 자기 차를 빌려주기까지 했습니다.”

이솝은 크노수스 궁에 살았던 그리스 노예였으나, 기원전 6백 년에 불멸의 우화들을 지어냈다. 이솝이 인간의 본성에 대해 가르쳤던 진리는, 26세기 전의 아테네나 지금의 보스턴과 버밍햄에서도 같은 진리로 남아 있다.

해가 바람보다 당신의 코트를 더 빨리 벗길 수 있다. 친절하고 우호적인 접근과 칭찬은 세상의 온갖 협박과 꾸중보다 더 쉽게 상대의 마음을 바꿀 수 있다.

링컨이 한 말을 기억하라.

“꿀 한 방울이 1갤론의 쓸개즙보다 더 많은 파리를 잡을 수 있다.”

소크라테스의
비밀

사람들과 이야기를 할 때, 서로 의견이 다른 사항을 먼저 논의하지 말라. 당신이 동의하는 사항을 강조하고 또 강조하면서 말을 시작하라. 가능하다면, 당신과 상대가 같은 목표를 향하고 있으며 차이점은 방법이지 목표가 아님을 계속 강조하라.

상대로부터 처음에 "네, 네"라는 말을 이끌어내라. 가능하면 "아니오"라는 말을 하지 않도록 하라.

오버스트리트 교수에 따르면 "아니오"라는 반응은 극복하기가 가장 어려운 조건이다. 당신이 "아니오"라고 말하고 나면, 당신의 자존심은 지조를 지킬 것을 요구한다.

나중에 "아니오"가 분별없는 말이었음을 느끼게 될 수도 있다. 그렇지만 당신에게는 소중한 자존심이 있다. 일단 한 가지를 말하고 나면, 당신은 이를 고수해야 한다고 생각한다.

그러므로 긍정적인 방향으로 시작하는 것이 가장 중요하다. 숙련된 연사는 처음에 "네"라는 반응을 많이 이끌어낸다. 이 말은 청중들을 긍정적인 방향으로 움직이는 심리 작용을 일으킨다.

이는 당구공의 움직임과 같다. 한쪽 방향으로 공을 친 후, 이 방향을 바꾸려면 어느 정도의 힘이 든다. 그러니 반대 방향으로 되돌리려면 훨씬 더 많은 힘이 들게 마련이다.

여기에서 심리적인 작용은 아주 확실하다. 상대가 진심으로 "아니오"라고 말하면, 상대는 세 글자로 이루어진 말 한 마디를 하는 것 이상의 행동을 하게 된다. 신경, 근육 등의 인체 기관이 모두 거부 상태로 들어간다.

신체적인 거부 혹은 거부 준비 상태는 대개 미미한 정도이지만 눈에 띌 정도로 심한 경우도 있다. 즉 전체 신경 근육 체제가 허락을 거부하며 공격 태세를 취한다.

이와는 정반대로 상대가 "네"라고 말하면, 거부 반응은 하나도 일어나지 않는다. 인체 기관이 열린 마음으로 상대의 의견을 받아들일 상태에 들어간다. 그러므로 "네"라는 대답을 대화 초반에 더 많이 유도할수록, 자신의 궁극적인 제안에 대해 관심을 끌 확률이 높아진다.

"네"라는 반응을 얻는 것은 매우 간단한 기술이다. 그런데도 얼마나 무시되고 있는가! 사람들은 마치 처음부터 상대의 적의를 일으키면 자신의 가치가 높아진다고 여기는 듯하다.

학생에게 처음부터 "아니오"라는 말을 하게 해보라. 고객이나 자녀, 남편이나 아내도 마찬가지다. 이 짧은 부정의 말을 긍정으로 바꾸려면 천사의 지혜와 인내가 필요할 것이다.

제임스 에버슨은 이 "네, 네" 기술을 사용하여 하마터면 잃어버릴 뻔했던 잠재 고객을 확보할 수 있었다. 그는 뉴욕 그리니치 세이빙즈 은행의 금전 출납 계원이었다.

"한 젊은 남자가 계좌를 개설하려고 왔습니다. 저는 필요한 문서 양식을 주며 써달라고 했죠. 그는 몇 가지 질문 사항에는 기꺼이 대답을 적었지만, 나머지에는 단호하게 대답을 거부했습니다. 만약 제가 인간관계에 대한 공부를 시작하기 전이었다면, 이 잠재 고객에게 양식을 모두 채우지 않으면 계좌 개설을 거부할 수밖에 없다고 말했겠지요. 제가 과거에 이런 말을 하고도 죄책감을 느끼지 않았다니 참 부끄러울 따름입니다. 이런 식의 최후통첩은 제 기분을 좋게 만들었습니다. 누가 주인인지와 은행의 규칙과 규정은 얕볼 수 없다는 것을 밝혔으니까요. 하지만 이런 태도는 자기 돈을 우리 은행에 맡기려고 한 고객에게 좋은 감정을 주지는 않았을 것입니다. 그날 아침에는 약간의 상식을 사용해보기로 했죠. 은행이 원하는 것이 아닌, 고객이 원하는 것에 대해 얘기해보기로 말이죠. 무엇보다 처음부터 '네, 네'라는 말을 끌어내자고 다짐했습니다. 그래서 저는 그의 말에 동의했습니다. 그가 응답하기를 거부한 사항이 절대적으로 필요하지는 않다고요. 저는 이렇게 말했습니다. '그렇지만, 손님께서 사망 시 은행에 돈을 갖고 계시다고 생각해보세요. 은행이 손님의 법정 상속인에게 돈을 이체해드리는 게 좋지 않을까요?' 그는 '네. 물론이죠'라고 대답했습니다. 제가 말을 이었죠. '그렇다면 손님이 사망할 경우, 저희가 어떤 착오나 지연없이 손님의 뜻대로 할 수 있도록, 상속받을 가족의 이름을 알려주시는 편이 좋다고 생각하지 않으십니까?' 그가 다시 '네'라고 말했습니다. 이 남자는 양식에 기입하는 정보가 은행의 이익이 아닌 자신의 이익 때문임을 깨닫자, 부드러운 태도로 변했습니다. 은행 문을 나가기 전에, 이 남자는 칸을 꽉 채웠을 뿐만 아니라 제 제안대로 신탁 계좌를 개설했습니다. 계좌의 수익자를 어머니로 했는데, 어머니에 대한 질문에도 기꺼이 대답을 해주었답니다. 처음부터 '네, 네'라는 말을 유도하자 그는 문제가 된 쟁점은 잊어버리고, 저의 제안에 모두 응해주었던 겁니다."

웨스팅 전기회사의 영업 대표인 조셉 앨리슨은 이런 이야기를 해주었다.

"제 영업 구역에 한 남자가 있었는데, 회사는 그에게 판매를 하려고 혈안이 되어 있었습니다. 선임자가 10년 동안 그에게 구매를 부탁했지만, 성과는 전혀 없었습니다. 제가 이 구역을 인수받았을 때, 주문을 받으려고 3년 동안 그를 끊임없이 방문했습니다. 결국 13년 만에 모터 몇 개를 팔았습니다. 그리고 이 모터만 인정받으면, 수백 건의 주문이 뒤이을 예정이었습니다. 물론 제 기대가 그랬다는 겁니다. 저는 모터가 인정받으리라고 확신했습니다. 그래서 3주 후에 전화를 했을 때는 의기충천해 있었죠. 하지만 그는 '앨리슨, 나머지 모터는 당신에게 살 수 없겠소'라는 의외의 말을 하더군요. 저는 너무 의아해서 '왜죠? 이유가 뭐죠?'라고 물었습니다. 그는 '모터가 너무 뜨거워서 손을 댈 수도 없소'라고 말하더군요. 저는 논쟁해봤자 득될 게 없다는 것을 알고 있었습니다. 그런 방법은 아주 오랫동안 시도해봤으니까요. 그래서 '네, 네' 반응을 유도해내기로 했죠. '아, 그렇군요. 저도 스미스 씨 말에 100퍼센트 동의합니다. 모터가 너무 뜨거워진다면, 그런 모터를 구입하시면 안 되죠. 전국 전기 제조업협회에서 규정한 표준보다 더 뜨겁게 가열되지 않는 모터를 구매하셔야 합니다. 그렇지 않나요?' 그가 동의하더군요. 그래서 첫 번째 '네'라는 반응을 얻어냈습니다. '전기 제조업협회의 규정에서는 정상적으로 생산된 모터가 실내 온도보다 화씨 72도 높이 가열된다고 하고 있죠? 맞습니까?' '네.' 그가 또다시 동의했습니다. '그렇군요. 그런데 스미스 씨의 모터는 훨씬 더 뜨거운 거로군요.' 저는 그와 논쟁하지 않고 물었습니다. '공장 실내가 얼마나 뜨겁죠?' '화씨 75도 정도입니다.' '그렇다면, 공장 실내가 75도이고 모터가 72도라면 전부 화씨 147도가 되는군요. 만약에 화씨 147도의 온수 꼭지에 손을 대면 데지 않을까요?'라고 묻자, '네. 그렇겠죠.' 그가 다시 대답했습니다. '그렇다면, 스미스 씨가 모터에 손을 대지 않는 게 좋지 않을까요?' 그는 '그렇군요. 당신 말이 맞는 것 같소'라며 인정했습니다. 잠시 얘기를 한 후, 그가 비서를 불렀습니다. 그리고 다음 달 물량으로 거의 3만5천 달러에 이르는 주문을 했죠. 저는 이미 놓쳐버린 계약에서 헤아릴 수 없을 정도로 엄청난 손실을 보았었습니다. 그러고 나서야 논쟁은 득이 되지 않는다는 사실과 상대방의 관점에서 보는 것이 훨씬 이득이며 흥미롭다는 것, 그리고 상대로부터 '네, 네'라는 대답을 끌어내야 함을 깨달았죠."

에디 스노우는 캘리포니아 오클랜드에서 열리는 우리 강좌의 후견인이다. 그는 어느 상점의 주인이 그에게서 "네, 네"라는 말을 끌어내서 그를 상점의 단골손님으로 만들었다고 한다.

에디는 활 사냥에 관심을 갖게 되어, 그 지역의 어느 활 상점에서 관련 장비를 구입하는 데 상당한 돈을 썼다. 에디의 남동생이 그 상점에서 활을 하나 빌리고 싶다며 에디를 찾아왔다.

판매 직원은 활을 대여하지 않는다고 말했고, 에디는 다른 활 상점에 전화를 걸었다. 에디는 그때 일어난 일을 이렇게 말했다.

"아주 상냥한 신사가 전화를 받았습니다. 활 대여를 하는지 묻는 질문에 대한 그의 반응은 다른 가게와 완전히 달랐습니다. 그 신사는 죄송하지만 비용을 감당할 수가 없어서 더 이상 활을 대여하지 않는다고 대답했죠. 그리고 이전에 대여를 해본 적이 있는지 물었습니다. 제가 '네, 몇 년 전에요'라고 대답하자, 그는 당시 대여 가격이 25달러나 30달러 정도 했을 거라고 상기시켜주더군요. 저는 다시 '네'라고 말했죠. 그는 제게 절약하는 걸 좋아하느냐고 물었고, 저는 당연히 '네'라고 대답했습니다. 그는 필요한 장비를 모두 갖춘 활 세트를 34.95달러에 판매하고 있다고 하더군요. 그러니 저는 활 대여료보다 4.95달러만 더 지불하면 완전한 세트를 살 수 있었습니다. 주인은 이런 이유 때문에 대여를 계속하지 않는다고 설명했죠. 제가 이 설명에 일리가 있다고 생각했을까요? 당연합니다. 저는 '네'라는 반응을 했고, 그 활 세트를 구매했습니다. 그리고 그 세트를 사면서 다른 상품도 몇 가지 더 골랐고 그때부터 단골손님이 되었답니다."

'아테네의 귀찮은 참견꾼' 소크라테스는 이 세상에서 가장 위대한 철학자에 속한다.

그는 역사를 통틀어 겨우 몇 사람만 할 수 있는 일을 했다. 그는 전반적인 인간의 사고방식을 획기적으로 바꿔 놓았다.

또한 소크라테스는 죽은 지 24세기가 지난 지금까지도 이 말 많은 세상을 좌우한 가장 현명한 설득자 중 하나로 존경받고 있다.

그의 방법이 무엇이었을까? 사람들에게 그들이 틀렸다고 말했을까? 아니다. 소크라테스는 그러지 않았다. 그러기에 소크라테스는 너무도 수완이 좋은 인물이었다. 오늘날 '소크라테스 방법론'이라고 불리는 이 방법은 "네, 네" 반응을 이끌어내는 데 기초한다.

그는 반대자들이 동의할 수밖에 없는 질문을 했다. 그는 "네"라는 대답을 한아름 얻어낼 때까지 동의를 이끌어냈다. 그는 마지막까지 질문을 계속했고 반대자들은 자신이 미처 깨닫지도 못하는 사이, 불과 몇 분 전만 하더라도 극구 부정했던 결론을 받아들이고 있음을 알아차렸다.

자신과 생각이 다른 상대에게 틀렸다고 말해주고 싶은 유혹이 들거든, 소크라테스를 기억하고 부드럽게 질문해보자. "네, 네"라는 반응을 이끌어낼 질문 말이다.

중국인들에게는 옛날부터 전해오는 동양의 지혜를 함축한 속담이 하나 있다.

유하게 걷는 사람이 멀리 간다.

이 말은 인간의 본성을 연구하는 데 5천 년의 세월을

보낸 중국인들의 통찰력이 얻어낸 진실이다.

　자신과 다른 견해를 가진 사람을 만났을 때 "아니오"라는 차이를 먼저 인정하면 그 사람과는 대립관계에 놓일 수밖에 없다. 그리고 한번 돌아선 관계는 쉽게 되돌려지지 않는다. 여러 사람들과 소통하고 싶다면, 대화 속에서 합의점을 찾고 싶다면, 상대와 당신의 차이를 인정하고 부드럽게 다가서라.

　상대방에게서 "네, 네"라는 말을 이끌어내라.

불평불만을
처리하는 방법

　　　　　　자신의 생각대로 상대를 설득
하려고 애쓰는 대부분의 사람은 스스로에 대해 너무 많
은 얘기를 늘어놓는다. 상대가 말을 하도록 해라. 상대는
자신의 일이나 문제에 대해 당신보다 더 많이 알고 있다.
그러니 상대에게 질문을 해라. 그리고 상대가 몇 가지 사
실에 대해 얘기하도록 만들어라.

　당신이 상대의 말에 동의하지 않을 때에는 중간에 끼
어들고 싶은 유혹이 생길 것이다. 그러나 위험한 짓이므
로 그렇게 하지 말라. 상대가 소리쳐 말하고 싶은 생각을
여전히 많이 가지고 있는 한, 상대는 당신에게 관심을 주
지 않을 것이다. 그러니 인내와 열린 마음으로 경청하라.
성의껏 들어라. 상대가 자신의 생각을 충분히 표현할 수
있도록 북돋워 주어라.

　이런 방침이 사업에도 도움이 될까? 한번 살펴보자. 다

음은 강요를 당했던 어느 영업 대표의 이야기다.

미국의 어느 거대 자동차회사가 차에 쓸 직물의 1년치 주문을 협상 중이었다. 주요한 세 개의 제작업체가 견본으로 낼 직물을 제작했다. 자동차회사의 임원들은 견본을 검사했고, 각 제작업체의 대표는 지정된 날에 계약을 위한 최종 청원을 할 수 있다는 통지를 받았다.

어느 제작업체의 대표였던 G. B. R 씨는 후두염을 앓고 있는 상태에서 그 도시에 도착했다.

R 씨는 강좌에서 당시의 이야기를 들려주었다.

"협의를 하기 위해 임원들과 만날 차례가 돌아왔는데, 목소리가 나오지 않았습니다. 소곤소곤 말할 수도 없을 지경이었죠. 저는 회의실로 안내되었고 직물 기술자와 구매 담당원, 영업부장, 그리고 사장과 대면하게 되었습니다. 저는 자리에 서서 말을 하려고 갖은 애를 다 썼지만, 끽끽거리는 소리 이상은 낼 수가 없었습니다. 그들이 탁자에 빙 둘러앉아 있었기 때문에 저는 종이에 이렇게 썼습니다. '여러분, 목소리가 나오지 않습니다. 말을 할 수가 없군요.' 사장은 '당신 대신 내가 말하리다'라고 하더니 정말로 그렇게 해주었습니다. 그는 견본을 보이며 우리 제품의 장점을 칭찬했습니다. 우리 상품의 장점에 대해 열띤 토론이 벌어졌고, 제 대신 말을 해주겠다던 사장은 제 입장을 대변해주었습니다. 토론 중에 제가 한 일이라곤 미소를 짓거나 고개를 끄덕이고 몸짓을 몇 번 한 것뿐이었습니다. 이렇게 독특한 협의를 한 결과 저는 50야드가 넘는 직물을 160만 달러에 계약했습니다. 이제껏 체결한 계약 중 가장 큰 건이었죠. 목소리가 제대로 나왔다면 저는 계약을 놓쳤을 것입니다. 전반적인 정세에 대해 잘못된 생각을 가지고 있었으니까요. 저는 예기치 못한 일을 통해 다른 사람들이 얘기하도록 내버려두는 것이 얼마나 큰 이익인지를 발견하게 됐습니다."

상대가 얘기하도록 하는 것은 사업에서뿐 아니라 가족 문제 해결에도 도움이 된다.

바바라 윌슨과 그녀의 딸 로리의 사이는 급격히 악화되고 있었다. 조용하고 걱정 한 번 끼친 적이 없는 아이였던 로리는 성장할수록 비협조적이고 때론 호전적이기까지 한 10대가 되어갔다. 윌슨 부인은 아이를 타이르기도 하고, 겁을 주거나 벌을 주기도 했다. 하지만 모두 소용이 없었다. 윌슨 부인은 강좌에서 다음과 같이 말했다.

"어느 날, 저는 완전히 포기해버렸어요. 로리는 내 말을 듣지 않습니다. 자기에게 맡겨진 잔일을 끝내지도 않고 친구를 만나러 나가버렸죠. 아이가 돌아왔을 때, 저는 수천 번 그랬듯이 고함을 지르려고 했습니다. 하지만 그때 저에게는 그럴 기력조차 남아 있지 않았어요. 저는 아이를 쳐다보면서 슬프게 말했습니다. '왜 그러니, 로리야. 왜 그러는 거지?' 로리가 제 상태를 알아채고는 차분한 목소리로 묻더군요. '정말로 알고 싶어요?' 저는 고개를 끄덕였고 로리가 말을 꺼냈습니다. 처음에는 머뭇거렸지만 전부 다 쏟아내더군요. 저는 한 번도 아이의 말에 귀를 기울인 적이 없었습니다. 항상 이래라저래라 하는 말만 했죠. 아이가 자신의 생각과 감정, 의견을 말하고 싶어 했을 때, 저는 더 많은 요구를 하면서 말을 끊어버렸습니다. 로리는 주인 행세를 하는 엄마가 아니라 믿을 수 있는 친구이자, 성장을 하며 겪는 혼란들을 털어놓을 사람으로서 저를 필요로 했던 거죠. 로리의 목소리에 귀를 기울였어야 할 때, 저는 제 말만 늘어놓았습니다. 아이의 말은 들은 적이 없었던 거예요. 그때부터 저는 로리가 원하는 것을 모두 말하도록 했습니다. 아이는 무슨 생각을 하고 있는지 털어놓았고, 우리 사이는 상상할 수 없을 만큼 좋아졌습니다. 로리는 다시 협조적인 아이가 되었고요."

어느 뉴욕 신문의 경제란에 비상한 능력과 경험을 가

진 사람을 구한다는 광고가 크게 실렸다. 찰스 T. 큐벨리스는 광고에 답하는 편지를 해당 사서함 번호로 보냈다. 며칠 후, 그는 면접을 보러 오라는 편지를 받았다. 그는 면접을 보러 가기 전에, 그 회사를 설립한 사람에 대한 정보를 월스트리트에서 가능한 한 모두 모았다.

면접 때, 그는 이렇게 말했다.

"이렇게 역사가 깊은 회사와 인연을 맺게 되어 매우 영광입니다. 28년 전에 책상 하나 있는 방에서 속기사 한 명으로 시작하셨다고 들었습니다. 사실입니까?"

성공한 사람들 거의 모두는 자기가 겪었던 초반의 어려움에 대해 회상하기를 좋아한다. 이 회사의 사장도 예외는 아니었다.

그는 현금 450달러와 독창적인 아이디어 하나로 어떻게 사업을 시작했는지에 대해 장시간 이야기했다. 그는 힘든 상황을 어떻게 극복했으며, 어떻게 비난을 이겨냈는지, 일요일과 공휴일에도 일을 했고, 하루 12시간 내지 16시간 동안 일했다는 얘기를 들려주었다.

월스트리트에서 가장 중요한 간부들이 정보와 자문을 구하러 찾아오는 지금까지 자신이 어떻게 이런 역경을 딛고 성공하게 되었는지를 말했다. 그는 이런 이력을 자랑스러워했다.

그는 그럴 만한 자격이 있었고 그 점에 대해 말할 수 있는 시간을 가졌다.

마침내 그가 큐벨리스에게 경력에 대해 잠깐 질문을 하더니 부사장을 불러 말했다.

"내 생각에는 이 사람이 우리가 찾고 있던 인물 같소."

큐벨리스는 장차 고용주가 될 사람의 업적에 대해 자료를 찾아보고 알아보는 수고를 했다. 그는 상대와 그 상대의 문제에 관심을 보였고, 상대가 말을 하도록 이끌어냈다. 그리고 이로써 자신의 좋은 인상을 만들어냈다.

캘리포니아에 사는 로이 G. 브래들리는 정반대의 문제를 겪었다. 브래들리의 회사에 영업직으로 취업을 하고 싶어 했던 한 남자의 이야기를 들어준 경우였다. 브래들리는 이렇게 발표했다.

"우리는 중개업을 하는 작은 회사였기 때문에 입원 시의 보험이나 의료보험, 연금과 같은 추가혜택이 없었습니다. 각각의 대리인이 독자적인 중개업자인 거죠. 우리보다 규모가 더 큰 경쟁사들처럼 광고도 할 수 없어, 잠재 고객을 제공해줄 수조차 없었습니다. 리처드 프라이어는 우리가 원했던 경력자였습니다. 우선 제 보좌직원이 면접을 보면서 우리 회사에서 일하게 될 경우의 부정적인 면들을 모두 말해주었습니다. 그는 제 사무실로 들어올 때는 다소 실망한 듯 보였습니다. 저는 회사와 관련된 한 가지 혜택에 대해 언급했는데, 그것은 독자적인 계약을 체결하므로 사실상 자기 자신이 회사를 운영한다는 것이었습니다. 그는 이런 이점에 대한 얘기를 들으면서, 처음 사무실로 들어올 때 가지고 있던 부정적인 생각을 버리더군요. 그는 생각을 정리하면서 몇 번인가 스스로에게 이야기하듯이 말하기도 했습니다. 때론 제 생각을 말하고 싶은 유혹도 들었지만, 면접이 끝날 무렵에는 그가 우리 회사에서 일하고 싶은 확신을 갖고 있다는 것을 느꼈습니다. 제가 상대의 말에 귀를 기울이며 그가 편하게 말하도록 유도했기 때문에, 그는 속으로 두 가지 측면을 저울질할 수 있었을 것입니다. 그리고 스스로 내린 결정이 긍정적인 쪽이었던 거죠. 우리는 그를 고용했고 그는 회사에서 탁월한 대리인으로 일하고 있습니다."

심지어 친구들도 우리의 자랑을 듣기보다는 자신의 성공에 대해 더 말하고 싶어한다. 프랑스의 철학자인 라 로슈푸코는 말했다.

"만약 적을 원한다면 친구를 능가하라. 그러나 친구를 원
한다면 친구가 당신을 능가하도록 하라."

이 말이 왜 진실일까? 친구가 자신보다 뛰어나면, 친구
는 자신이 중요한 존재라고 느낀다. 하지만 내가 친구보다
뛰어나거나 비슷한 정도라면, 친구는 열등감이나 질투심
을 느낄 것이다.

뉴욕의 미드타운 직업 소개소에서 가장 인기 있는 상
담원은 헨리에타 G.였다. 하지만 그녀가 항상 인기 만점이
었던 것은 아니었다.

소개소에서 일하기 시작한 처음 몇 달간, 헨리에타에게
는 동료들 중 단 한 명의 친구도 없었다. 왜 그랬을까? 그
녀는 매일 자신이 성사한 중개와 새로 개척한 거래처, 그
리고 자신이 해낸 일에 대해 자랑을 했다. 헨리에타는 강
좌에서 이렇게 발표했다.

"저는 일을 잘했고, 그 점에 대해 자부심을 느꼈습니다.
하지만 동료들은 나의 성공을 함께 나누는 대신, 스스로
를 비난하는 것 같았어요. 저는 동료들에게 사랑을 받고
싶었고 정말로 친구가 되고 싶었어요. 이 강좌에서 가르
쳐준 몇 가지 제안을 듣고, 저는 저에 대해 얘기하는 것

을 줄이고 동료들의 말에 귀를 기울이기 시작했습니다. 그들에게도 자랑거리가 있었어요. 그들은 내 자랑을 듣기보다 자신의 성과를 말하는 걸 더 좋아했지요. 지금은 수다를 떨 시간이 있을 때, 그들의 기쁨을 얘기해달라고 부탁합니다. 그리고 동료가 물어볼 때만 제 성취에 대해 얘기하죠."

협조를
얻는 방법

당신은 잘 가공·포장되어 건네진 생각보다 스스로 알아낸 생각을 훨씬 더 많이 믿지 않는가? 만약 그렇다면 당신의 의견을 상대방의 목구멍으로 우겨 넣으려고 하는 것은 잘못된 판단이 아닐까? 상대가 스스로 결론을 내리도록 제안하는 편이 더 현명하지 않을까?

필라델피아에 사는 아돌프 셀츠는 어느 자동차 대리점의 판매 책임자다. 우리 강좌의 수강생이기도 했던 그는 사기가 꺾이고 의욕을 상실한 영업 사원들에게 열정을 주입시켜야 할 절박한 상황에 직면했다.

그는 판매에 관한 회의를 소집해서 직원들에게 원하는 사항을 정확히 말해달라고 촉구했다. 사원들이 말을 시작하자, 셀츠는 칠판에 그들의 생각을 적었다. 그리고 물었다.

"여러분이 제게 원하는 이 사항들을 모두 들어드리겠습니다. 그럼 지금부터 제가 여러분께 기대할 수 있는 것이 무엇인지 말씀해주십시오."

성실, 정직, 솔선, 낙관주의, 협력, 하루 8시간의 열성적인 근무 등의 대답이 신속하게 나왔다. 회의는 새롭게 결의를 다지고 의욕을 고양시키며 마무리되었다. 어느 영업사원은 하루 14시간 근무를 하겠다고 자처하기도 했다. 그리고 셀츠는 대리점의 영업 실적이 놀라울 정도로 늘어났다고 말했다.

"사원들은 나와 일종의 윤리 협정을 맺은 거였습니다. 내가 맡은 일에 최선을 다하는 한, 그들도 그들에게 주어진 일에 최선을 다하기로 다짐한 거죠. 그들의 소망과 요구사항에 대해 함께 의논한 결과는, 그들에게 필요했던 주사 한 대를 놓은 것과 같았습니다."

강매를 당한다거나 뭔가를 강요받는 느낌을 좋아하는 사람은 아무도 없다. 우리는 자발적으로 물건을 사고, 자신의 생각대로 행동한다고 느끼기를 원한다. 자신의 소망과 필요, 생각에 대해 의논하기를 좋아하는 것이다.

유진 웨슨의 경우를 들어보자. 그는 이와 같은 진실을 배우기 전에 수천 달러에 이르는 수수료를 손해보았다.

웨슨은 스타일리스트와 직물 제작업자들의 디자인 작업실에 초안을 팔았다. 웨슨은 3년 동안 매주 한 번씩 뉴욕 최고의 스타일리스트 한 명을 방문했다.

"그가 나를 만나지 않겠다고 한 적은 한 번도 없었습니다. 하지만 초안을 사지도 않았죠. 항상 제 초안을 아주 신중히 살펴본 후, '안 되겠어, 웨슨. 오늘은 살 수가 없겠는 걸'하고 말했습니다. 그래서 저는 3년간 그냥 돌아와야 했습니다."

150번의 실패 끝에 웨슨은 그의 태도에 변화가 전혀 없음을 깨달았다.

그는 일주일에 하루 저녁은 인간 행동에 영향을 미치는 법을 배우는 데 전념하여, 새로운 생각을 계발하고 새로운 열정을 일으키기로 결심했다.

웨슨은 다음과 같은 새로운 접근을 시도했다. 완성하지 않은 초안을 몇 개 가지고 구매자의 사무실로 들어가서 말했다.

"제게 약간의 친절을 베풀어주셨으면 합니다. 여기 완성되지 않은 초안이 몇 개 있습니다. 제가 어떻게 하면 이 초안을 당신이 사용할 수 있는 형식으로 마무리할 수 있는지 가르쳐주시겠습니까?"

구매자는 한동안 말없이 초안을 쳐다보았다. 마침내 그가 말했다.

"이걸 며칠만 놓고 가게, 웨슨. 그리고 다시 오게."

웨슨은 3일 후에 다시 찾아가서 그의 제안을 들었다. 초안을 가지고 작업실로 돌아와서 구매자의 생각대로 초안을 완성했다. 결과는 어땠을까? 물론 초안은 전부 받아들여졌다. 그 후에도 이 스타일리스트는 웨슨에게 몇 개의 초안을 더 주문했다. 모두 구매자의 생각대로 그려진 것들이었다.

"제가 왜 그 사람에게 초안을 팔지 못했는지 깨달았죠. 저는 제가 생각한 초안을 사야 한다고 강요했던 겁니다. 저는 접근 방식을 완전히 바꿔 그에게 생각하는 바를 가르쳐달라고 부탁했죠. 이로 인해 그는 자신이 직접 디자인을 창조해내고 있다는 기분을 느낄 수 있었습니다. 그러자 제가 그에게 팔려고 할 필요도 없이 그가 먼저 초안을 샀던 겁니다."

상대로 하여금 자신이 그 생각을 했다고 느끼게 하는 것은 사업에서뿐 아니라, 정치에서도 도움이 된다. 가정생활에서는 두말할 나위도 없다.

오클라호마에 사는 폴 M. 데이비스는 이 원칙을 어떻

게 적용했는지 발표했다.

"우리 가족은 관광을 하면서 그 어느 때보다도 재미있는 휴가를 즐겼습니다. 저는 오랫동안 게티즈버그의 남북전쟁터, 필라델피아의 독립기념관, 역사적인 유적지를 방문하려는 꿈을 갖고 있었죠. 포지 계곡과 제임스 타운, 윌리엄버그에 복구해놓은 식민 부락은 제가 가장 손꼽았던 곳이었습니다. 3월에 제 아내 낸시는 자기가 생각하고 있는 여름 휴가에 대해 말했습니다. 아내는 뉴멕시코와 애리조나, 캘리포니아, 네바다 등의 서부 지역에 관심을 보이더군요. 아내는 몇 년 동안 이 여행을 기다려왔죠. 하지만 아내와 제가 원하는 양쪽 모두를 갈 수는 없었습니다. 우리 딸 앤은 중학교에서 막 미국 역사에 관한 수업 과정을 마쳐서, 역사적 사건에 대단히 관심이 많았습니다. 저는 딸아이에게 다음 휴가 때는 학교에서 배운 역사적 장소를 가보는 게 어떻겠느냐고 물어보았죠. 앤은 좋다고 말하더군요. 이틀 후, 우리 가족은 저녁 식사를 하기 위해 식탁에 모여 앉았습니다. 낸시는 우리가 모두 동의한다면, 여름 휴가를 동부로 가고 싶다고 하더군요. 앤에게도 굉장한 여행이 될 것이며, 우리 모두 감격스러울 거라고 했습니다. 결국 우리 가족은 의견일치를 보았고 모두 만족스러운 휴가를 보낼 수 있었죠."

어느 X선 제조업자는 이와 똑같은 심리를 이용하여 브루클린에 있는 큰 병원에 장비를 판매했다. 이 병원은 증축을 하여 미국 최고의 X선과를 갖출 준비를 하고 있었다. X선과의 책임자였던 의사 L씨는, 자기네 회사의 장비에 대한 칭찬을 늘어놓는 영업 책임자들에게 구매 압박을 받았다. 그렇지만 한 제조업자는 좀더 능숙했다. 그는 다른 사람들보다 인간 본성을 다루는 일에 대해 더 많이 알고 있었다. 그는 다음과 같은 편지를 보냈다.

저희 공장에서 최근 새로운 X선 장비를 완성했습니다. 처음 생산된 장비가 사무실에 막 도착했습니다. 장비가 완벽하지 않다는 것을 알고 있기에 제품을 향상시키고 싶습니다. 만약 선생님께서 장비를 살펴보시고, 어떤 점을 보완하면 좀더 유용한 제품이 될 수 있는지 의견을 주신다면 정말 감사하겠습니다. 언제 시간이 나는지 알려주시면, 정확한 시간에 맞춰 차를 보내드리겠습니다.

의사 L씨는 강좌에서 이때의 일에 대해 이야기했다.

"저는 이 편지를 받고 참 많이 놀랐습니다. 놀랍기도 했고, 기분이 좋았죠. X선 제조업자가 내 충고를 구한 적은 한 번도 없었으니까요. 그 편지는 제가 중요한 존재라는 기분이 들게 했습니다. 그 주는 매일 바빴지만 장비를 살펴보기 위해 저녁 약속 하나를 취소했죠. 장비를 살펴볼수록 더더욱 마음에 들었습니다. 저에게 그 장비를 팔려고 애쓴 사람은 아무도 없었습니다. 저는 병원에서 쓸 장비를 구입하는 일이 온전히 제 결정에 달렸다고 느꼈습니다. 그래서 그 장비의 뛰어난 품질에 끌린 저는 주문을 했답니다."

랄프 왈도 에머슨은 〈자기 신뢰〉라는 글에서 이렇게 쓰고 있다.

천재의 작품 속에서 우리는 자신이 거부했던 생각들을 본다. 이는 전과 다른 위엄을 띠고 우리에게 되돌아온다.

에드워드 M. 하우스 대령은 우드로 윌슨 대통령 재임 당시 국내 및 국제 문제에 막강한 영향력을 행사했다.

윌슨 대통령은 내각 의원 이상으로 하우스 대령에게

의지하며 비밀스런 상담과 충고를 받았다.

대령이 대통령에게 어떤 방법으로 영향을 끼쳤을까? 다행히 하우스 대령이 아서 D. 하우덴 스미스에게 이를 모두 밝혔고, 스미스는 〈새러데이 이브닝 포스트〉의 기사에 하우스 대령에 관해 언급했기 때문에 우리는 그 방법을 알 수가 있다. 하우스는 이렇게 말했다.

"대통령을 알게 된 후 저는 그의 마음을 바꾸는 최상의 방법은, 제 생각을 대통령의 마음속에 자연스럽게 심어주는 것임을 터득했습니다. 즉 그에게 관심을 얻는 것이 아니라, 그가 나름대로 생각하도록 하는 것이었죠. 처음에 이 방법이 효과를 나타낸 것은 우연이었습니다. 제가 백악관을 찾아가서 대통령이 반대하시는 듯한 어떤 정책을 주장했죠. 그런데 며칠 후 저녁 식탁에서 제 제안을 그의 생각인 듯 자랑스럽게 얘기하는 것을 보고 깜짝 놀랐습니다."

하우스 대령이 대통령의 말을 끊고 "그건 당신의 생각이 아니고 제 생각입니다"라고 말했을까? 아니었다. 그는 절대로 그렇게 하지 않았다. 하우스는 기민한 인물이었다. 그는 명예에 신경 쓰지 않고 결과를 원했다. 그래서 그 생각이 윌슨의 것이라고 생각하도록 했다.

하우스는 자신을 앞세우지 않고, 항상 윌슨의 뒤에서 생각의 방향을 제시해주었다. 그리하여 윌슨은 하우스를 굳게 신뢰하게 되었다.

우리가 만나는 사람들이 모두 윌슨과 같은 사람임을 기억하자. 그러니 하우스 대령과 같은 방법을 사용해보자.

캐나다의 뉴브런즈윅이라는 아름다운 곳에 사는 한 남자는, 이 방법으로 나를 단골손님으로 만들었다. 당시 나는 그곳에서 낚시와 카누를 즐길 계획이었다. 그래서 관광청에 안내자료를 요청하는 편지를 보냈다. 내 이름과 주소는 우송용 고객 명단에 올랐고, 야영장과 관광가이드들로부터 수많은 편지와 책자, 인쇄된 추천장을 받았다.

나는 당황했으며 어디를 선택해야 할지 몰랐다. 그런데 어느 야영장의 주인은 현명한 방법을 사용했다. 그는 내게 자신의 야영장에서 머물렀던 뉴욕 사람들의 이름과 전화번호를 몇 개 보냈고, 그들에게 전화를 해본 후 선택을 하라고 했다.

나는 그 명단에서 아는 이름을 발견하고는 깜짝 놀라 그에게 전화를 했다. 그의 경험을 들어본 후, 야영장에 전보를 쳐서 도착할 날짜를 알렸다.

다른 사람들은 나에게 서비스를 팔려고 노력했지만, 현

명한 한 사람은 내가 스스로 마음을 정하도록 이끌었던 것이다. 그리고 나는 그 사람의 야영장을 택했다.

25세기 전, 중국의 현인 노자는 이 책을 읽는 독자들에게 오늘날에도 유용할 말을 남겼다.

강과 바다가 산에서 흐르는 수많은 물줄기의 충성을 받는 이유는 강과 바다가 물줄기의 아래에 있기 때문이다. 그리하여 모든 물줄기를 다스릴 수 있는 것이다.

사람들 위에 있고자 하는 현인은 자신을 사람들 밑에 두어야 하며 사람들 앞에 서고자 하는 자는 자신을 사람들 뒤에 두어야 한다.

이리하여 그의 위치가 사람들 위에 있음에도 사람들은 그의 무게를 느끼지 못하고, 그의 위치가 사람들 앞에 있음에도 사람들은 이를 무례하다 여기지 않는다.

기적을 부르는
공식

상대방이 전적으로 틀릴 수도 있다. 그러나 상대는 그렇게 생각하지 않는다는 점을 명심하라. 상대를 비난하지 말라. 비난은 어떤 바보라도 할 수 있다. 상대를 이해하려고 노력하라. 이는 슬기롭고 관대하며 특별한 사람만이 할 수 있다. 상대가 그렇게 생각하고 행동하는 데는 이유가 있다. 그 이유를 탐색해라. 그러면 당신은 상대의 행동과 인간성까지도 알 수 있는 열쇠를 쥘 것이다. 상대방의 입장에서 생각하려고 노력하라.

"내가 그 사람이라면 어떻게 느끼고 어떻게 반응했을까?"

항상 이러한 질문을 스스로에게 던진다면 당신은 시간과 화를 아낄 수 있다. 문제의 원인에 관심을 갖게 되면 결과를 혐오하는 마음이 덜할 것이다. 게다가 인간관계의 기술이 확실히 늘어나게 된다.

《황금같이 귀한 사람을 만드는 법》이란 저서에서 케네디 M. 구드는 말했다.

"잠시 멈춰서 자기 자신의 문제에 기울이는 엄청난 관심과 다른 어떤 것에 기울이는 가벼운 관심을 비교해보라. 세상 사람들 모두가 당신과 똑같이 느낀다는 사실을 인식하자.
그러면 당신도 링컨과 루스벨트처럼 인간관계의 기반을 파악하게 될 것이다. 즉 사람을 얼마나 잘 다루느냐는 상대의 관점에서 이해하려는 정도에 달려 있다."

뉴욕에 사는 샘 더글러스는 아내에게 일주일에 두 번씩 잡초를 뽑거나, 비료를 주고, 풀을 깎는 등 잔디밭에서 일하는 시간이 너무 많다고 말하곤 했다. 아내가 그렇게 시간을 많이 투자하지만, 잔디는 4년 전 이사올 때보다 더 나아진 듯 보이지는 않았다.

자연히 남편의 잔소리는 아내를 괴롭게 만들었고, 그가 그런 말을 할 때마다 그날 저녁의 평화는 깨져버렸다.

우리 강좌에 참석한 후, 더글러스는 지난 4년간 자신이 얼마나 바보 같았는지 깨달았다. 아내가 그 일을 즐겼으며, 아내의 부지런함을 진정으로 칭찬해줬어야 한다는 생각은 한 번도 해본 적이 없었던 것이다.

어느 날 저녁, 아내는 잡초를 뽑으러 함께 나가자고 했다. 처음에 그는 거절했지만, 곧 생각을 바꾸고 아내를 따라나가서 잡초 뽑는 일을 거들어주었다. 아내는 매우 기뻐했고, 그들은 한 시간 가량 함께 열심히 일하면서 즐거운 대화를 나누었다.

그후에도 더글러스는 아내의 정원 일을 종종 거들어주었고, 정원이 너무 멋있다며 아내를 칭찬했다. 시멘트 같은 정원에서도 흙 내음을 만끽할 수 있게 한 아내의 솜씨가 참 훌륭하다는 것을 인정해주었다.

그가 아내의 관점에서 사물을 보는 법을 터득했기 때문에 결과적으로 부부의 삶은 더욱 행복해졌다. 비록 그 주제가 잡초에 얽힌 일에 불과했지만 말이다.

제럴드 S. 니렌버그 박사는 자신의 저서《사람을 사귀는 법》에서 이렇게 적고 있다.

대화에서 협력은, 당신이 상대의 생각과 감정을 당신 자신의 것인 양 고려하고 있음을 보여줄 때 얻어낼 수 있다. 대화의 목표와 방향을 상대에게 제시한 후 대화를 시작하고, 듣는 입장이라면 상대가 무슨 말을 하고 싶은지를 파악하여

말의 내용을 조절하며 상대의 관점을 받아들이면, 상대는 당신의 생각에 대해 마음을 열게 될 것이다.

나는 항상 집 근처의 공원에서 산책하거나 말 타기를 즐겼다. 나는 고대 칼리아 지방의 드루이드처럼 떡갈나무와 참나무를 숭배했다. 그래서 해마다 어린 나무와 관목들이 화재로 죽는 것을 보며 안타까워했다.

이 화재들은 부주의한 흡연자들 때문에 일어나는 것이 아니었다. 화재는 거의 자연을 느끼려고 공원을 찾은 젊은이들이 나무 밑에서 소시지나 달걀을 구워 먹기 때문에 발생했다. 때론 화재가 너무 심하게 번져서 소방서에서 출동을 해야 하는 경우도 있었다.

공원의 한쪽 구석에 화재를 일으킨 사람은 벌금을 내거나 감옥에 간다는 표지판이 하나 있었다. 하지만 그 표지판은 공원에서도 인적이 드문 곳에 세워져 있었고, 이 것을 본 젊은 범죄자들은 거의 없었다.

한 기마 경찰이 공원을 돌보았지만, 그는 의무를 진지하게 수행하지 않았고 화재는 해가 갈수록 늘어났다. 언젠가는 경찰관에게 급히 가서 공원의 화재가 급속도로 번지고 있으니 소방서에 알려달라고 했다. 하지만 경찰관은 그곳이 자기 관할 구역이 아니기 때문에 상관할 바가 아니라고 태평하게 대답했다. 상황은 절망적이었다.

그 일이 있은 후, 나는 말을 탈 때 공유지를 지키는 감시인 역할을 자처했다. 일을 시작한 초기에는 안타깝게도 다른 사람들의 관점에서 이해하려는 시도조차 하지 않았다. 나무 밑에서 타고 있는 불을 보면 너무나 기분이 나쁘고 옳은 일을 하려는 열정이 지나쳐서 감정적으로 행동했다.

나는 아이들에게 달려가서 화재를 일으키면 감옥에 갈 수 있다고 경고를 하며 권위 있는 목소리로 불을 끄라고 명령했다. 아이들이 이를 거절하면, 그들을 체포하겠다고 위협했다. 나는 그들의 관점을 생각해보지도 않고 단순히 내 감정을 해소했던 것뿐이었다.

결과적으로 그들은 내게 복종했다. 하지만 나를 원망하며 어쩔 수 없이 따랐다. 내가 말을 타고 언덕 위로 사라지면, 아이들은 아마도 불을 다시 지피며 공원 전체가 다 타버리길 바랐을 것이다.

세월이 흐르면서 나는 인간관계에 대한 지식을 조금씩 익혔다. 요령도 조금 생겼으며, 어느 정도 상대의 관점에서 사물을 보는 마음도 생겼다. 이제는 명령을 하는 대신

불이 피워 있는 곳으로 가서 이렇게 말할 것이다.

"재미있게 보내고 있니, 얘들아? 저녁은 뭘 해 먹을 거지? 나도 어렸을 땐 불을 피우는 걸 좋아했단다. 지금도 여전하지. 그런데 공원에서 불을 피우는 게 매우 위험한 일이라는 건 너희도 알고 있을 거야. 너희가 무슨 나쁜 뜻이 있는 게 아니란 건 알아. 하지만 다른 애들은 그다지 조심성이 없더구나. 다른 아이들이 여기 와서 너희가 불을 피우는 걸 보고 따라서 피우지. 그런데 집으로 돌아갈 때 불을 제대로 끄지 않고 가면 마른 잎사귀로 불이 번져서 나무를 죽이는 거란다. 우리가 좀더 조심하지 않으면 여기 나무는 하나도 남아 있지 않게 될 거야. 불을 피워서 감옥에 갈 수도 있고 말이다. 하지만 너희들의 즐거운 시간을 방해하고 싶지는 않단다. 너희가 재미있게 노는 걸 보고 싶지. 불 옆에 있는 나뭇잎들을 모두 옆으로 밀어내주지 않을래? 그리고 떠나기 전에 꼭 신경써서 흙으로 불을 덮어주거라. 그리고 다음에 여기 와서 놀고 싶으면, 저기 언덕 위의 모래 채취장에 불을 피우지 않겠니? 거기라면 위험하지 않으니까. 고맙다, 얘들아. 즐거운 시간 보내라."

이런 식으로 얘기했다면 결과가 얼마나 달랐을까! 이

런 이야기는 아이들을 협조하고 싶게 만들었을 것이다. 아이들은 뚱한 얼굴도 하지 않고, 원망도 하지 않았을 것이다. 그들은 명령에 복종하라고 강요받지도 않고, 체면을 지킬 수도 있다. 내가 그들의 관점을 고려해서 상황에 대처했기 때문에 그들도 기분이 좋고, 나도 기분이 한결 좋았을 것이다.

상대방의 관점에서 사물을 본다면 개인적인 문제로 압박을 받고 있을 때 긴장을 풀 수도 있다.

오스트레일리아에 사는 엘리자베스 노박은 차 할부금을 6주 연체했다.

그녀는 당시의 상황을 이렇게 발표했다.

"어느 금요일, 저는 거래를 담당하고 있던 남자에게서 전화 한 통을 받았습니다. 월요일 아침까지 122달러를 지불하지 않으면, 회사로부터 또 다른 조치를 받을 거라는 내용이었어요. 주말에 돈을 마련할 방법이 없던 저로서는 월요일 아침에 그의 전화를 받았을 때, 최악의 상황을 예상했습니다. 당황하는 대신, 저는 그의 입장에서 상황을 파악해보았죠. 저는 불편을 끼쳐드려서 진심으로 죄송하다며 사과를 했어요. 그러고는 대금이 연체된 게 처음이 아니니 제가 정말 골치 아픈 고객일 거라고 말했죠. 그의 말투가 즉시 바뀌더군요. 그리고 제가 골치 아픈 고객이 아니라며 재차 안심을 시키더군요. 그는 자기 고객들이 얼마나 무례한지, 얼마나 거짓말을 잘하는지, 때로 그와 통화하는 걸 피하는 고객도 있다면서 얘기를 계속 했습니다. 저는 아무 말도 하지 않았어요. 그의 말을 들으면서 그가 자신의 걱정거리를 다 쏟아내도록 해주었죠. 제가 무슨 부탁도 하지 않았는데, 그는 돈을 당장 다 갚을 수 없더라도 상관없다고 했습니다. 그 달 말까지 20달러를 지불하고 나머지는 여유가 생길 때마다 갚아도 괜찮다고요."

내일 누군가에게 불을 꺼라고 하거나, 물건을 사달라고, 혹은 자선 단체에 기부를 해달라고 부탁하기 전에, 잠시 멈춰서 눈을 감고 상대방의 관점에서 상황을 파악하려고 노력하면 어떨까? 그리고 자문하라.

"상대가 왜 이것을 하고 싶어할까?"

물론 이 과정에는 시간이 걸린다. 하지만 이로써 적을 만들지 않고 더 좋은 결과를 얻게 될 것이다. 물론 불화와 수고를 덜면서 말이다.

하버드 대학 경영 대학원의 딘 돈햄은 이렇게 말했다.

"방문을 해서 내가 무슨 말을 할 것이며, 상대의 관심사나 동기 등 내가 알고 있는 정보를 통해 상대가 어떻게 대답할지에 대해 명확히 생각하지도 않고 사무실로 들어가기보다는, 면담 전 두 시간 동안 상대방의 사무실 앞에 있는 인도를 걷는 편이 낫다."

이 말은 너무나 중요하므로 다시 반복하겠다.

"방문을 해서 내가 무슨 말을 할 것이며, 상대의 관심사나 동기 등 내가 알고 있는 정보를 통해 상대가 어떻게 대답할지에 대해 명확히 생각하지도 않고 사무실로 들어가기보다는, 면담 전 두 시간 동안 상대방의 사무실 앞에 있는 인도를 걷는 편이 낫다."

이 책을 모두 읽고 나서 당신이 만약 한 가지 사실 – 항상 상대방의 관점에서 생각하려는 마음이나 내 입장에서처럼 상대의 입장에서 사물을 보려는 마음 – 을 얻는다면, 이 책은 확실히 당신의 생애에 하나의 발판이 될 것이다.

모든 사람이
원하는 것

논쟁이나 반감을 제거하고, 호의를 갖게 하며, 상대방이 주의 깊게 귀를 기울이도록 만드는 마법의 말을 알고 싶지 않은가?

알고 싶다고? 여기 바로 그 말이 있다.

"저는 당신이 느끼는 그런 감정을 절대 비난하지 않습니다. 제가 당신이라도 분명히 그렇게 느꼈을 겁니다."

이런 대답을 들으면 성미가 고약하기 그지없는 인간일지라도 마음이 누그러질 것이다. 당신은 이 말을 100퍼센트 진심으로 할 수 있다. 당신이 상대방이었다면, 그렇게 느낄 것이다.

알 카포네를 예로 들어보자. 당신이 알 카포네와 똑같은 신체와 성질, 마음을 물려받았다고 치자. 그의 주변 환경과 경험도 이어받았다. 그리고 당신은 정확히 그가 했던 일을 하며 그가 살았던 곳에 있다.

이러한 사실들, 단지 이러한 사실들이 바로 알 카포네라는 인간을 만들어냈다. 당신이 방울뱀이 아닌 이유는 당신의 부모가 방울뱀이 아니었기 때문이다.

당신이 잘나서 지금의 당신이 된 것이 아니다. 당신에게 짜증을 부리고, 편협하며, 분별력이 없는 사람들도 그들이 못나서 그렇게 된 것이 아니다. 불쌍한 사람을 가엾게 여겨라. 그들을 딱하게 생각해라. 그리고 동정하라. 그리고 자신에게 말하라.

"하나님의 은총으로 내가 있나니."

당신이 만날 사람들의 4분의 3이 동정에 굶주리고 목말라 하고 있다. 그들에게 동정을 베풀어라. 그러면 그들도 당신을 사랑할 것이다.

언젠가 나는 《작은 아씨들》의 저자 루이자 메이 올컷에 대한 방송을 했었다. 그래서 당연히 그녀가 매사추세츠의 콩코드에 살았으며, 그곳에서 불멸의 작품들을 집필했다는 사실을 알고 있었다.

하지만 무의식중에 나는 뉴햄프셔의 콩코드에 있는 그녀의 생가를 방문했었다고 잘못 말했다. 뉴햄프셔라는 말을 한 번만 했더라면 아마 용서를 받았을 것이다. 그러나 어이없게도 그 말을 두 번이나 해버렸다.

내게 신랄한 비판이 담긴 편지와 전보가 쇄도했다. 그 것은 마치 무방비 상태에 있는 내 머리 위를 맴도는 한 떼의 말벌들 같았다. 많은 사람이 격분했으며 욕을 하는 사람도 몇 명 있었다.

매사추세츠의 콩코드에서 성장했고, 지금은 필라델피아에서 거주하고 있다는 한 부인은 나에게 가차없는 격분을 쏟아 부었다. 내가 올컷을 뉴기니아에서 온 식인종이라고 비난했더라도 더 이상 비난할 수 없을 정도로 심했다. 나는 편지를 읽으면서 나 자신에게 말했다.

"오, 하느님. 이런 여자와 결혼하지 않게 해주셔서 감사합니다."

나는 편지를 써서 내가 지리적인 면에서 실수를 저질렀지만, 그녀는 일반적인 예의에 있어서 훨씬 더 큰 실수를 저질렀다고 말해주고 싶었다. 이것은 내가 맨 먼저 그녀에게 해주고 싶은 말이었다. 그러고 나서 소매를 걷어붙인후, 진짜 내 생각을 말하고 싶었다.

하지만 나는 그렇게 하지 않았다. 나는 자신을 다스렸다. 격하기 쉬운 바보들처럼 하지 않았다. 나는 바보 이상이 되고 싶었다. 그래서 그녀의 적대감을 호의로 바꾸기로 결심했다. 그것은 도전이자 일종의 게임이었다. 나는 자신에게 말했다.

"내가 그녀였더라도, 아마 그렇게 느꼈을 것이다."

그렇게 나는 부인의 관점에 동감하기로 마음먹었다. 필라델피아에 갔을 때, 나는 그녀에게 전화를 걸었다. 통화 내용은 다음과 같다.

나 :   아무개 부인, 몇 주일 전에 제게 편지를 쓰셨죠. 이에 감사하다는 말씀을 드리고 싶습니다.

부인 : (날카로우면서도 교양 있고, 품위 있는 목소리로) 실례지만 누구시죠?

나 :   처음 통화하게 되네요. 제 이름은 데일 카네기입니다. 부인께서는 몇 주 전에 루이자 메이 올컷에 관한 제 방송을 들으셨죠. 그때 제가 올컷이 뉴햄프셔의 콩코드에 살았다고 말하는 도저히 용서받지 못할 큰 실수를 저질렀습니다. 정말 바보 같은 실수였죠. 그 점에 대해 사과드리고 싶습니다. 일부러 시간을 내서 제게 편지를 보내주시다니 정말 친절하십니다.

부인 : 그런 편지를 써서 죄송합니다, 카네기 씨. 제가 냉정함을 잃었었어요. 죄송합니다.

나 : 아닙니다. 절대로 아닙니다. 사과를 해야 할 사람은 부인이 아니라 오히려 저입니다. 학교에 다니는 애들도 제가 말한 것보다는 더 많이 알 거예요. 지난 일요일 방송을 통해 사과드렸지만, 개인적으로 사과드리고 싶습니다.

부인 : 전 매사추세츠의 콩코드에서 태어났어요. 우리 집안은 2세기 동안 매사추세츠에서 유명한 가문이었죠. 전 고향에 대해 자부심을 느낍니다. 그런데 올컷이 뉴햄프셔에 살았었다는 카네기 씨의 말을 듣고 상당히 기분이 나빴어요. 하지만 그런 편지를 보낸 일은 정말 부끄럽네요.

나 : 제가 느낀 비통함에 비하면 부인의 분노는 10분의 1도 안 되실 거라고 확신합니다. 제 실수는 매사추세츠의 명예를 손상시켰을 뿐만 아니라 저까지도 비통하게 만들었으니까요. 부인 같은 위치와 교양을 갖고 계신 분들이, 일부러 시간을 내서 라디오 방송을 하는 사람들에게 편지를 보내는 일은 거의 없습니다. 그러니 방송 중에 실수를 발견하시면 꼭 다시 편지를 써주시기 바랍니다.

부인 : 제 비난을 이렇게 받아주시니 정말 다행이군요. 당

신은 정말 멋진 분일 겁니다. 카네기 씨에 대해 더 알고 싶네요.

내가 사과를 하고 부인의 관점에 동감했기 때문에 그녀도 사과를 하며 내 관점에 동의하기 시작했다. 나는 감정을 다스렸다는 것이 만족스러웠다. 모욕을 친절로 되돌렸다는 만족감이기도 했다. 나는 부인에게 강에 가서 뛰어내리라고 소리치지 않고 그녀가 나를 좋아하게 만듦으로써 좀더 진정한 즐거움을 끌어냈다.

대통령들은 거의 매일 인간관계에서 곤란한 문제에 부딪힌다. 태프트 대통령도 예외는 아니었다. 그는 깊은 원한을 희석하는 데 동정심이 막강한 힘을 발휘한다는 것을 경험을 통해 터득했다.

그는 《봉사의 윤리》라는 자신의 저서에서, 야심에 불탔지만 기대가 어긋난 어느 어머니의 분노를 자신이 어떻게 누그러뜨렸는지에 대한 일화를 소개했다.

워싱턴에 살고 있던 한 부인이 있었는데 그녀의 남편은 약간의 정치적 영향력을 행사하고 있었다.

그녀는 아들을 어느 지위에 임명해달라며 6주가 넘게 나를 찾아와서 공을 들였다. 그녀는 수많은 상·하의원들의 도움을 얻었고, 그들이 추천하는지 확인하기 위해 그들과 함께 나를 찾아왔다.

그러나 그 지위는 전문성을 요하는 자리였다. 그래서 나는 국장의 추천에 따라 다른 사람을 임명했다.

그 후 그 어머니에게서 편지 한 통을 받았다. 내가 손만 까딱하면 자신을 행복한 사람으로 만들 수도 있었는데 거절했다며, 내가 정말 호의를 모르는 사람이라는 내용이었다. 그녀는 또한 주 의원을 설득해서 내가 특히 관심을 가졌던 법안을 의결시켰는데, 이게 바로 나의 보답 방식이냐고 불만을 토로했다.

이런 편지를 받으면, 주제넘은 행동을 하거나 무례함을 범한 사람에게 어떻게 보복할 수 있을까를 먼저 생각하게 된다. 그리고 되받아치는 편지를 쓸 것이다. 그러나 당신이 현명하다면 감정에 휩쓸려 쓴 편지를 서랍에 넣고 서랍을 잠글 것이다. 이틀 정도 지난 후에 편지를 다시 보면, 그 편지를 보내지 않게 될 것이다.

나는 이런 과정을 거쳤다. 그 후 책상에 앉아서 가능한 한 정중하게 편지를 썼다. 이런 상황에서 얼마나 실망하셨을지 알고 있으며, 누군가를 임명하는 문제에 내 개인적인 우선권은 없고, 전문적인 자격을 갖추고 있으며 국장의 추천을 받은 사람을 선출해야 한다는 내용이었다. 그리고 그녀가 원하던 자리에 아들이 오를 수 있게 되기를 바란다고 말했다.

이 편지는 부인의 마음을 달래주었고 부인은 그런 편지를 써서 죄송하다는 글을 보내왔다.

그러나 내가 제출한 임명 건이 바로 확정되지 않았고 며칠이 지난 후에 그녀의 남편이 썼다는 편지 한 통을 받았다. 그런데 글씨체가 이전의 편지들과 똑같았다.

아무튼 이번 문제로 인해서 아내가 너무 상심한 나머지 신경쇠약에 걸려 몸져누웠으며, 심각한 위암 증세를 보이고 있다는 것이었다. 그러면서 첫 번째 임명 건을 철회하고 아들을 대신 임명해서 아내의 건강이 회복될 수 있도록 해주지 않겠느냐고 했다.

나는 다시 한 통의 편지를 썼다. 이번에는 남편에게 보내는 편지였다. 진단이 잘못되었기를 바라며 아내의 중병에 상심이 크시겠다고 전한 후, 제출한 임명 건을 철회하는 건 불가능하다고 했다.

내가 임명한 사람은 확정이 되었고, 남편이 보냈다는 편지를 받고 난 지 이틀 뒤에 백악관에서 음악회를 열었다. 우리 부부에게 맨 처음으로 인사를 한 두 사람은 바로 그 남편과

아내였다. 그 아내는 몸져누워서 꼼짝 할 수 없다고 했는데
도 말이다.

제이 맹검은 오클라호마에 있는 어느 승강기 정비회사
의 대표였다. 그는 툴사의 어느 큰 호텔과 에스컬레이터
정비 계약을 맺었다. 그 호텔의 지배인은 연속 2시간 이
상 에스컬레이터가 멈추는 걸 원치 않았다. 호텔 고객에
게 불편을 끼치고 싶지 않다는 이유였다.

보수 공사는 적어도 8시간은 걸릴 예정이었다. 그리고
맹검의 회사에는 호텔 측의 편리한 시간에 맞추어 수리
할 정비공이 따로 없었다.

맹검은 최고의 정비공이 이 일을 처리할 수 있도록 시
간을 잡은 후, 호텔 지배인에게 전화를 해서 정비 시간에
대해 논쟁을 벌이는 대신 이렇게 말했다.

"릭, 호텔이 매우 바빠서 에스컬레이터가 멈추는 시간
을 최단으로 줄이고 싶은 마음을 잘 알고 있습니다. 당신
이 걱정하는 바도 이해하고, 호텔 측 편의를 봐줄 수 있
는 일은 무엇이든지 하고 싶어요. 그런데 에스컬레이터 상
태를 보니, 지금 완벽하게 수리하지 않으면 심각한 상태
로까지 악화되어서 상당히 오랫동안 운행을 중지하게 될

것 같습니다. 당신이 호텔의 고객에게 며칠씩이나 불편을 끼치고 싶지 않다는 것을 압니다."

지배인은 8시간의 운행 중지가 며칠 동안의 운행 중지 보다는 더 낫다는 데 동의해야 했다.

고객의 편의를 지켜주고 싶다는 지배인의 소망에 동감함으로써 맹검은 지배인을 자연스럽게 자신의 생각대로 이끌 수 있었던 것이다.

조이스 노리스는 미주리 주에서 피아노를 가르치고 있다. 그녀는 피아노 선생님들이 10대 소녀들과의 문제에 어떻게 대처했는지 말해주었다.

바베트는 손톱이 상당히 길었다. 긴 손톱은 피아노를 잘치고 싶어하는 사람들에게는 심각한 방해 조건이었다. 노리스 부인의 발표 내용은 이러했다.

"저는 바베트의 긴 손톱이 피아노를 잘치고 싶어 하는 자신의 욕구에 방해가 될 걸 알고 있었어요. 교습을 시작하기 전에 가졌던 면담에서 저는 손톱에 대해서는 한마디도 언급하지 않았습니다. 교습을 받는 아이의 기를 꺾고 싶지 않았거든요. 그리고 아이가 손톱을 너무나 자랑스러워했고, 매력적으로 보이기 위해 상당한 노력을 기울인 손톱을 자르고 싶어하지 않는다는 것도 알고 있었으니까요. 첫 교습이 끝나고 나서 적당한 때라는 생각이 들었을 때 제가 말했죠. '바베트, 손이 참 매력적이고 손톱도 예쁘구나. 네 능력이 닿는 한, 그리고 원하는 만큼 피아노를 치고 싶다면, 네가 얼마나 빠르고 쉽게 그걸 해낼 수 있는지 알고 놀라게 될 거야. 네가 손톱을 조금만 짧게 깎는다면 말이다. 한번 생각해봐라. 알겠지?' 그녀는 완전히 부정적인 반응을 보였어요. 저는 그애의 엄마에게도 전화를 해서 이 문제에 대해 얘기를 했습니다. 물론 손톱이 너무 예쁘다는 말도 함께 했죠. 엄마도 상당히 부정적인 반응을 보이더군요. 아름답게 손질된 손톱이 바베트에게는 정말 중요한 것임이 분명했습니다. 다음 주에 바베트가 두 번째 교습을 받으러 왔죠. 그런데 정말 놀랍게도 손톱을 깎고 왔더군요. 저는 그런 희생을 한 바베트를 칭찬, 또 칭찬했습니다. 그리고 어머니에게 바베트가 손톱을 깎도록 해주어서 고맙다는 말도 전했습니다. 그런데 어머니는 '어머, 전 아무것도 하지 않았어요. 바베트가 혼자서 결정한 일이에요. 그 애가 다른 사람을 위해서 손톱을 깎기는 이번이 처음이랍니다'라고 말했습니다."

노리스 부인이 바베트를 협박했는가? 손톱이 긴 학생은 가르치지 않겠다고 말했는가? 아니다. 그녀는 그러지 않았다. 그녀는 바베트에게 손톱이 예쁘니, 그것을 자르는 일은 희생이 될 거라고 했다. 그녀의 말속에는 "나는 너한 테 공감한단다. 쉽지는 않겠지만 더 나은 음악적 발전의 결과를 얻게 될 거야"라는 뜻이 내포되어 있었다.

솔 휴록은 아마도 미국 최고의 흥행주일 것이다. 거의 반세기 동안 그는 살리아핀, 이사도라 던컨, 파블로바와 같이 세계적인 명성의 예술가들과 함께 일했다.

휴록은 내게 변덕스러운 스타들을 다루면서 터득한 첫 번째 교훈은 동정심, 즉 스타의 특이한 성질에 대한 동정심이라고 말했다.

3년 동안 휴록은 표토르 살리아핀의 지휘자였다. 살리아핀은 메트로폴리탄의 특등좌석의 고상한 관람객들까지 감동시킨 위대한 저음을 자랑하는 가수였다.

하지만 살리아핀은 끊임없이 문제를 일으켰고, 버릇없는 아이처럼 굴었다. 휴록은 그를 이렇게 평가했다.

"살리아핀은 모든 면에서 끔찍한 사람이었다."

한 예를 들어보겠다. 살리아핀은 공연하는 날 정오에 휴록에게 전화를 하더니 말했다.

"솔, 몸 상태가 안 좋아요. 목이 완전히 잠겼어요. 오늘 밤에 노래하는 건 불가능하겠어요."

휴록이 그와 말다툼을 했을까? 아니었다. 휴록은 흥행주가 예술가를 그런 식으로 대할 수 없음을 알고 있었다. 그래서 그는 살리아핀이 묵고 있는 호텔로 당장 달려가서 동정심을 한껏 표현했다. 그는 슬픔을 나타내며 말했다.

"이런! 불쌍한 친구. 당연히 노래는 할 수 없겠네. 계약을 당장 취소하겠네. 겨우 몇 천 달러 손해겠지만, 자네 명성에는 비할 게 못 되지."

그러자 살리아핀은 한숨을 내쉬며 말했다.

"오후가 되면 나아질 것 같기도 해요. 5시에 어떤지 좀 봐주러 오세요."

5시에 휴록은 다시 호텔로 달려가서 동정심을 쏟아냈다. 그리고 다시 계약을 취소하자고 주장하자 살리아핀도 역시 한숨을 쉬며 말했다.

"나중에 다시 한 번 보러 와주는 게 좋겠어요. 그땐 한결 나아질 것 같아요."

7시 30분에 이 위대한 저음 가수는 노래하기로 마음 먹었다. 그러고는 휴록에게 메트로폴리탄의 무대에 올라가서 살리아핀이 지독한 감기에 걸려서 목소리 상태가 좋지 않다고 말해달라고 부탁했다. 휴록은 그것만이 이 가수를 무대 위에 세우는 유일한 방법임을 알기 때문에, 일단 그렇게 하겠다고 말했다.

아서 I. 게이트 박사는 그의 놀라운 저서 《교육 심리학》
에 이렇게 썼다.

동정은 일반적인 인간들이 갈망하는 것이다. 어린아이는
자신의 상처를 간절하게 보여주며, 심지어는 많은 동정심을
유발하기 위해 일부러 째거나 상처를 내기도 한다. 똑같은
목적으로 성인들도 사고와 질병, 특히 정형외과에서 수술한
부위 등 자신의 상처를 보여준다.

사실이든 가정이든, 모든 인간은 불행에 대한 '자기 연민'
을 느끼기 마련이다.

그러니 상대를 자신의 생각대로 이끌고 싶다면, 먼저
상대의 생각과 욕구에 공감하라.

모든 사람이
좋아하는 호소

제시 제임스가 살던 미주리 주
변두리에서 자란 나는, 제시 제임스의 아들이 살고 있던
미주리 주 커니의 제임스 농장을 방문했었다.

그의 아내는 제시가 기차를 강탈하고 은행을 털었던
방법, 그 돈을 이웃에 사는 농부들이 빚을 갚는 데 쓰도
록 주었다는 이야기를 들려주었다.

제시 제임스는 아마도 자신을 이상주의자로 여겼던 듯
하다. 더치 슐츠나 '쌍권총' 크로울리, 알 카포네, 그 외 범
죄 조직의 '대부'처럼 말이다. 당신이 만나는 사람들은 모
두 자신을 높이 평가하고 있으며, 스스로 훌륭하고 이타
적인 존재라고 생각한다.

J. 피어폰트 모건은 다음과 같은 사실을 관찰했다.

즉 사람이 어떤 일을 하는 데는 두 가지 이유가 있다는
것이다. 하나는 그럴 듯해 보이는 이유고, 또 하나는 진짜

이유다.

본인은 진짜 이유를 생각하게 마련이다. 하지만 마음 속으로는 스스로를 이상주의자라고 여기기 때문에 동기 가 그럴 듯해 보이는 것을 좋아한다. 그러므로 사람을 변 화시키기 위해서는 좀더 고상한 이유에 호소해야 한다.

사업에 적용하기에는 너무 이상적일까? 펜실베이니아 에 있는, 파렐-미첼회사의 해밀턴 J. 파렐-의 경우를 예 로 들어보겠다.

파렐의 집에 사는 한 불만 많은 세입자가 갑자기 이사 를 가겠다고 겁을 주었다. 그 세입자와의 임대차 계약은 아직도 4개월이나 남아 있었다. 그렇지만 그는 계약이고 뭐고 당장 집을 비우겠다고 알려왔다. 파렐은 강좌에서 당시의 이야기를 들려주었다.

"그 사람들은 겨우내 우리 집에서 살았습니다. 일 년 중 임대료가 가장 비쌀 때죠. 저는 임대료가 떨어지지 전 에 아파트를 다시 세놓기 어렵다는 걸 알고 있었습니다. 임대료가 날아가는 게 보이더군요. 전 격분했죠. 원래대로 라면 당장 세입자를 찾아가서 임대계약서를 다시 읽어보 라고 충고했을 것입니다. 이사를 가려면 나머지 임대료를 모두 지불해야 한다고 지시했을 테죠. 하지만 자제심을 잃고 소동을 일으키기 전에 다른 전략을 써보기로 했습니다. 그래서 이렇게 말을 꺼냈죠. '도우 씨, 도우 씨 얘기는 잘 들었습니다만 이사를 가신다는 게 아직 믿어지지 않네요. 오랫동안 임대 사업을 하면서 사람의 본성에 대해 조금 알게 되었습니다. 저는 처음에 당신을 봤을 때 약속을 지키는 사람이라고 평가했었어요. 내기를 하자고 했어도 기꺼이 응할 정도로 확신을 했었습니다. 이렇게 해보는 게 어떨까요? 며칠 동안 결정을 잠시 유보해보는 겁니다. 지금부터 다음 달 초 사이에 저를 다시 찾아오셔서 여전히 이사를 가고 싶다고 말씀하시면, 그쪽의 최종 결정을 받아들이겠다고 약속하겠습니다. 이사를 갈 수 있도록 도와드리고, 제 판단이 잘못되었다는 것을 인정하죠. 하지만 저는 당신이 약속을 지키는 분이며, 계약을 이행할 분이라고 믿고 있습니다.' 그리고 다음 달, 이 신사가 나를 찾아와서는 임대료를 직접 지불했습니다. 아내와 상의를 했는데 그대로 살기로 했다더군요. 명예를 지키는 길은 임대 기간을 채우는 거라고 결론을 내렸던 겁니다."

노스클리프 경은 공개되기를 원치 않던 사진이 신문에 실리자 편집자에게 편지를 썼다.

그가 "그 사진은 더 이상 싣지 말아주십시오. 제가 싫어하는 사진입니다"라고 썼을까?

아니다. 그는 좀더 고상한 이유를 들어 호소했다. 우리들 모두가 모성에 대해 가지고 있는 존경과 사랑에 호소한 것이다.

"그 사진은 더 이상 싣지 말아주십시오. 제 어머니가 좋아하지 않으십니다."

존 D. 록펠러 2세도 아이들의 사진이 신문기자들에게 찍히는 것을 막기 위해 이런 고상한 동기에 호소했다.

그는 "나는 아이들의 사진이 실리는 걸 원치 않소"라고 하지 않았다. 그는 우리들 모두가 가지고 있는 욕구, 즉 아이들에게 해를 끼치지 않으려는 욕구에 호소했다.

"아이들이 어떤지 여러분도 아실 겁니다. 여러분 중에도 자녀를 기르는 분이 계실 테니까요. 아이들의 얼굴이 너무 알려지면 좋지 않다는 걸 알고 계시죠."

사이러스 H. K. 커티스는 메인 주 출신의 가난한 소년이었다. 그는 〈새러데이 이브닝 포스트〉와 〈레이디스 홈 저널〉의 소유주로 백만장자가 되어 화려한 인생을 살았지만, 처음에는 다른 잡지사들이 지불하는 만큼의 원고료를 줄 형편이 안 되었다. 돈으로만 따지면 일류급 작가들을 고용할 여력이 없었던 것이다. 그래서 그는 좀더 고

상한 동기에 호소했다.

그는 《작은 아씨들》을 쓴 불멸의 작가, 루이자 메이 올 컷까지도 설득했다. 그녀가 한창 명성을 날렸던 당시, 그 는 1백 달러짜리 수표를 그녀가 아닌 그녀가 가장 아꼈 던 자선 단체 앞으로 보내겠다고 제안해서 일을 성사시 켰다.

의심 많은 독자는 아마 이렇게 말할 것이다.

"그런 건 노스클리프 경이나 록펠러, 감상적인 소설가 한테나 해당되는 일이오. 나는 외상값을 내야 하는 사람 들한테도 그게 통하는지 알고 싶소!"

당신의 말이 맞을 수도 있다. 모든 경우와 모든 사람에 게 통하는 법칙이란 없을 것이다. 지금 당신이 얻고 있는 결과에 만족한다면 굳이 이렇게 해볼 필요는 없다. 하지 만 만족하지 않는다면, 한번 시도해보는 것이 어떨까?

하여튼 제임스 L. 토머스가 얘기한 다음 이야기를 읽어 보면 꽤 재미있을 것이다. 그는 내 강좌의 수강생이었다.

어떤 자동차회사의 고객 여섯 명이 수리 대금의 지불 을 거절했다. 청구서 자체에 대해 항의한 고객은 하나도 없었지만 어떤 항목 하나가 잘못되었다고 주장했다. 회사 측에서는 각 항목마다 고객이 서명을 했으므로 청구서 내용이 맞다는 것을 알고 있었다. 그리고 고객에게 회사가 옳다고 말했다. 이것이 바로 첫 번째 실수였다.

다음은 신용과 직원들이 미불된 대금을 받기 위해 취했던 단계다. 그들이 성공했을 거라고 생각하는가?

1. 각 고객에게 전화를 걸어 기한이 한참 지난 대금을 지불해야 한다고 퉁명스럽게 말한다.
2. 회사가 절대적, 무조건적으로 옳으므로 고객은 절대적, 무조건적으로 틀리다는 것을 뚜렷이 해둔다.
3. 그들이, 즉 회사 측이 고객들보다 자동차에 대해 더 많이 알고 있음을 공표한다.
4. 논쟁을 벌인다.

이 방법들이 고객들을 달래고 대금을 지불하게 했을까? 어떤 대답이 나올지 여러분 스스로도 알 수 있을 것이다.

신용과의 과장이 이를 법적으로 해결하려 할 즈음, 다행히도 이 사안이 총지배인의 귀에 들어갔다. 총지배인은 채무불이행 고객들을 조사한 결과 그들이 대금을 꼬박꼬박 잘 냈던 사람들이었다는 것을 알았다.

그렇다면 무엇인가가 잘못된 것이었다. 수금 방식이 뭔가 확실히 틀렸다는 의미였다. 총지배인은 제임스 L. 토머스를 불러 이 '징수가 불가능한' 대금을 거둬들이라고 지시했다.

토머스가 취한 단계를 그의 말을 빌어 적어보겠다.

1. 기한이 한참 지난 대금을 받기 위해 고객을 일일이 방문했습니다. 우리가 절대적으로 옳은데도 말입니다. 하지만 저는 이런 점에 대해서는 한마디도 하지 않았습니다. 저는 회사 측에서 제공한 서비스가 제대로 되었는지 아닌지를 알아보기 위해 방문했다고 설명했죠.

2. 저는 고객들의 말씀을 들을 때까지는 어떠한 의견도 제시하지 않겠다는 점을 확실히 했습니다. 그리고 회사가 절대적으로 옳다고 할 수는 없다고 말했죠.

3. 저는 단지 고객의 차에만 관심이 있을 뿐이며, 자기 차에 대해 이 세상의 그 누구보다 고객 자신이 더 잘 알 거라고 말했습니다.

4. 고객이 말을 하도록 했고, 저는 집중하여 그의 말에 귀를 기울였으며, 그가 바라는 점에 공감했습니다.

5. 마지막으로 고객이 이성적이 되어서 냉정한 상태일 때

전체적인 상황에 대해 설명했습니다. 그리고 고상한 동기에 호소했죠. 저는 이렇게 말했습니다. '우선 저도 이 문제를 처리하는 방식이 미숙했다고 생각하고 있습니다. 저희 직원 때문에 불편하고 귀찮은데다 화까지 나셨을 겁니다. 그런 일은 절대로 없었어야 했는데요. 회사를 대표해서 사과드리고 싶습니다. 여기 앉아서 고객님의 이야기를 듣다보니, 고객님의 공정함과 끈기에 깊은 감명을 받았습니다. 그리고 공정하고 인내심이 있으신 분이니 몇 가지 부탁을 좀 드리겠습니다. 누구보다도 더 잘하실 수 있고 더 잘 아실 만한 일입니다. 여기 고객님의 청구서가 있습니다. 이걸 회사의 사장이라고 생각하시고 직접 조정해주십시오. 어떻게 하시든지 고객님께 모두 맡기겠습니다.' 고객이 청구서를 조정했을까요? 그랬습니다. 대금은 150달러에서 140달러까지 있었는데, 고객이 그 금액을 고스란히 지불했을까요? 그랬습니다. 한 사람만 논란이 된 항목에 대해 지불을 거절했지만, 나머지 다섯 명은 전부 다 지불하더군요. 그리고 이 일에서 가장 주목할 점은 2년 안에 여섯 명의 고객 모두에게 새 차를 팔았다는 겁니다!

토머스는 말했다.

"경험을 통해 알게 된 사실은 이렇습니다. 고객에 대한 확실한 정보가 없을 때 딱 하나 확실한 방법은, 상대가 성실하고 정직하며 믿을 만한 사람이며 금액이 확실하다고 생각하면 기꺼이 돈을 지불하려는 마음을 가지고 있다고 확신하는 거죠. 약간씩 다르기는 하지만 사람들은 정직하고 책임을 다하고 싶어 합니다. 이 법칙의 예외는 거의 없는 편이죠. 사기를 치는 상대일지라도 당신이 그 사람을 정직하고 공정하며 공평한 인물로 여기고 있다는 것을 알게 되면 호의적으로 반응하기 마련이죠."

확실한 인상을
남기는 방법

여러 해 전, 필라델피아의 〈이브닝 불리틴〉지는 위험한 소문에 시달리고 있었다. 악성 루머가 퍼진 것이었다. 광고주들은 이 신문이 광고만 너무 많이 싣고 뉴스가 적어서 독자들에게 외면받고 있다는 소문을 들었다. 즉각적인 대책이 필요했다. 즉 소문이 당장 사라져야 했다.

하지만 어떻게 해야 하는가?

다음이 바로 〈이브닝 불리틴〉지에서 취한 방법이었다. 〈이브닝 불리틴〉지는 매일 실리는 읽을거리들을 종류별로 나누어서 묶은 후, 한 권의 책으로 발행했다. 책의 제목은 《하루》였다. 책은 총 307페이지로 양장본 수준이었다. 〈이브닝 불리틴〉지는 하루치 뉴스와 특집물들을 인쇄하여 팔았는데, 가격은 몇 달러도 아니고 겨우 몇 센트에 불과했다.

이 책은 〈이브닝 불리틴〉지가 재미있는 읽을거리를 어마어마하게 싣고 있다는 사실을 극적으로 표현했다. 통계와 단순한 대담이 담을 수 있는 것보다 더 생생하고 재미있으면서도 강렬하게 사실을 알렸던 것이다.

요즘은 각색의 시대다. 단순히 사실을 진술하는 것만으로는 충분하지 않다. 사실을 생생하고 재미있으며 극적으로 만들어야 한다. 쇼맨십을 발휘해야 한다. 영화에서도, 텔레비전에서도 쇼맨십의 발휘를 볼 수 있다. 주목을 끌고 싶다면 당신도 쇼맨십을 발휘해야 한다.

노련한 디스플레이어들은 각색의 힘을 안다. 예를 들어보자. 새로운 쥐약을 개발한 제조업체는 상인들에게 살아 있는 쥐 두 마리가 들어가 있는 진열대를 제공했다. 쥐가 진열된 그 주 판매량은 평상시보다 다섯 배가 늘어났다.

텔레비전 광고에는 상품 판매에 있어 극적인 기술을 사용한 예가 많다. 텔레비전 앞에 앉아서 광고주들이 상품 제시를 어떻게 했는지 분석해보라.

경쟁사의 제산제는 그렇지 않은데, 광고하는 제산제는 시험관 속에 있는 산의 색깔을 어떻게 바꾸는지, 다른 상표의 비누나 세제로는 얼룩이 그대로 남아 있는데, 어떻게 광고 상표의 비누로는 얼룩진 셔츠가 깨끗해지는지 알게 될 것이다.

　실제보다 훨씬 월등하게 연속 회전과 커브를 멋지게 해내는 차의 성능도 볼 것이다. 또한 여러 가지 상품을 들고 만족해 하는 얼굴도 볼 것이다. 이들은 모두 팔려는 상품의 이점을 극대화하여 사람들이 제품을 사도록 한다.

　당신은 일이나 인생의 어떤 면에서 자신의 생각을 극적으로 표현할 수 있다. 버지니아 주에 살고 있는 짐 예맨스는 NCR사(미국의 전자 계산기 제조회사 : 옮긴이 주)에서 영업을 하고 있다. 그는 실물 선전을 어떻게 극적으로 표현해서 판매했는지 말해주었다.

　"지난주 집 근처의 식료품점을 방문했는데, 주인이 사용하고 있는 계산대 위의 금전수납기가 상당히 구식이었습니다. 저는 주인에게 말했죠. '사장님은 한 명의 손님이 지나갈 때마다 말 그대로 돈을 버리고 계시는 겁니다.' 그리고 한 움큼의 동전을 바닥에 던졌습니다. 그는 금방 관심을 갖더군요. 단순히 몇 마디 말로 그의 관심을 끌 수도 있었겠지만 바닥을 때리는 동전 소리가 그를 멈칫하게 만든 것이었습니다. 그렇게 해서 낡은 수납기들을 모두 교체해달라는 주문을 딸 수 있었답니다."

　이는 가정생활에서도 유용하다. 옛날에는 연인들이 애

인에게 청혼할 때, 단지 사랑이라는 말만 했을까? 절대 아니다. 남자는 무릎을 꿇었다. 그것은 남자가 말하려는 바가 진심임을 나타냈다. 이제는 더 이상 무릎을 꿇고 청혼을 하지는 않는다. 하지만 청혼을 하기 전에 낭만적인 분위기를 만드는 사람은 여전히 많다.

당신이 원하는 바를 극적으로 표현하는 것은 아이들에게도 유효하다. 앨라배마의 버맹햄에 사는 조 B. 팬트 2세는 다섯 살 짜리 아들과 세 살짜리 딸에게 장난감 정리를 시키는 데 어려움이 있었다.

그래서 그는 '기차'를 생각해냈다. 아들은 기관장으로서 세발자전거를 탄 기술자로 하고, 딸의 유모차를 자전거에 붙여서 저녁 때 '석탄'을 열차의 승무원용 차(딸아이의 유모차)에 모두 싣고 방을 한 바퀴 돌게 하는 것이었다. 아무런 훈계도, 논쟁도, 위협도 없이 이런 식으로 방은 깨끗이 정돈되었다.

인디애나에 사는 메리 캐서린 울프는 직장에서 약간의 문제를 가지고 있었고, 이에 대해 사장과 의논하기로 결심했다. 월요일 아침 그녀는 사장과의 면담을 요청했지만 그가 너무 바빠서 비서를 통해 다음 주에 약속을 잡아보기로 했다. 비서는 사장의 스케줄이 꽉 짜여 있지만 한번 조정해보겠다고 했다.

울프는 당시의 일을 이렇게 설명했다.

"일주일이 지나도록 비서한테는 연락이 없었습니다. 문의를 할 때마다 만날 수 없는 이유를 대더군요. 금요일 오전에도 확실한 대답을 듣지 못했습니다. 저는 그 주가 지나기 전에 사장을 만나서 문제를 상의하고 싶었어요. 그래서 사장에게 직접 물어보기로 했습니다. 저는 공식적인 편지를 한 장 썼습니다. 사장님이 일주일 내내 얼마나 바쁜지 충분히 이해하지만 꼭 만나서 상의해야 할 문제가 있다고요. 제 주소를 써넣은 회신용 봉투와 편지 형식을 동봉하니 직접 작성을 해주시거나, 비서를 통해 보내달라고 부탁했습니다. 편지 형식은 다음과 같았죠. '울프 씨, _요일 _시(오전, 오후)에 당신을 만날 수 있겠습니다. _분 동안의 면담 시간을 드리겠습니다.' 저는 11시에 이 편지를 사장의 우편함에 넣고 2시에 제 우편함을 확인했습니다. 거기 제 주소를 써넣은 회신용 봉투가 들어 있었습니다. 제가 보낸 편지 형식을 채워서 보냈는데 오후에 10분가량 시간이 난다고 했습니다. 저는 그를 만났고 한 시간이 넘게 상의한 후 문제를 해결했습니다. 제가 사장과 면담을 하고 싶다는 마음을 그렇게 극적으로 표현하지 않았더라면, 아마 지금도 약속만 기다리고 있었겠지요."

제임스 B. 보이톤은 장황한 시장 보고서를 제출해야 했다.

회사에서는 어떤 유명 상표의 콜드크림 연구를 막 끝냈기 때문에 경쟁 시장에 대한 정보가 당장 필요했다. 가장 유망한 고객은 광고계의 거물급 존재였다.

그러나 보이톤의 첫 번째 접촉은 시작도 하기 전에 실패로 끝났다. 그는 상황을 이렇게 설명했다.

"제가 처음 찾아갔을 때는 자료 조사 방법을 논의하는 등 본론에서 벗어난 얘기로 빠졌어요. 그리고 서로 자기 주장만 벌였죠. 그는 내가 틀렸다고 했고, 저는 제가 옳다는 걸 증명하려고 했습니다. 저는 만족스럽게 의견을 주장하는 데는 성공했지만 시간은 다 지나고 면담은 끝나 버렸답니다. 결과는 얻지도 못하고요. 두 번째 만날 때는 숫자나 자료 작성 같은 건 신경 쓰지 않고 사실을 극적으로 표현하기로 했습니다. 사무실로 들어섰을 때, 그는 전화통화로 바빴습니다. 그가 통화를 끝내는 동안, 저는 가방을 열고 32개의 콜드크림을 그의 책상 위에 쏟아 놓았죠. 경쟁사의 제품들이었습니다. 저는 각 병마다 매매 조사 결과를 항목별로 기입한 꼬리표를 달아놓았죠. 각 꼬리표마다 간략하고 극적인 내용을 담고 있던 셈이었습니다. 무슨 일이 벌어졌을까요? 더 이상 논쟁은 일어나지 않았습니다. 그는 콜드크림을 하나씩 집어 들더니 꼬리표에 적혀 있는 정보를 읽었습니다. 우호적인 대화가 오갔고, 그는 관심 있는 몇 가지 질문을 하더군요. 그는 원래 설명할 시간을 10분만 주겠다고 했지만, 10분이 지나고 40분이 흘렀습니다. 한 시간이 지나도록 우린 계속 얘기를 하고 있었어요. 예전과 똑같은 사실을 설명했지만, 이번에는 극적인 표현을 사용했던 거죠. 쇼맨십을 발휘해서 말이에요. 그랬더니 결과는 너무나 달랐습니다."

위에 열거한 예에서 우리는 알 수 있다. 당신이 원하는 바를 상대에게 성공적으로 전달하려면, 당신의 생각을 극적으로 표현해야 한다.

아무것도 소용이 없을 때는
이렇게 해보자

찰스 슈바프에게는 작업 할당량을 제대로 생산해내지 못하는 어느 공장장이 있었다. 슈바프는 그 공장장에게 물어보았다.

"당신처럼 유능한 공장장이 공장 가동을 제대로 못하다니 무슨 일이죠?"

공장장은 이렇게 대답했다.

"저도 모르겠습니다. 직원들을 얼르고 타이르고 악담을 퍼붓기도 했습니다. 해고하겠다고 위협도 했어요. 그런데 아무것도 소용이 없습니다. 생산을 하려 들지 않아요."

하루가 끝날 무렵 공장장과 대화를 했는데, 야간 근무조가 막 도착하기 전이었다. 슈바프는 공장장에게 분필 하나를 달라고 하곤 근처에 서 있던 직원들 돌아보며 물었다.

"오늘 용해 작업을 몇 번이나 했습니까?"

"여섯 번 했습니다."

슈바프는 다른 말은 전혀 하지 않은 채, 바닥에 6이라는 숫자를 크게 적은 후 공장에서 나갔다.

야간 근무조가 도착해서 '6'을 보곤 저게 뭐냐고 물었다.

이에 주간 근무자들이 대답했다.

"오늘 사장님이 여기 오셨지. 용해 작업을 얼마나 했냐고 물으셔서 여섯 번이라고 했더니 바닥에 써놓고 가신 걸세."

다음 날 아침 슈바프는 공장을 다시 찾았다. 야간 근무자들은 '6'을 지우고 대신 '7'이라고 크게 써놓았다.

다음 날 아침 주간 근무자들이 근무 보고를 하러 들어갔을 때, 바닥에 분필로 써놓은 '7'자를 보았다. 그러자 주간 근무자들은 생각했다. 야간 근무조가 우리보다 더 잘했단 말인가? 그래서 그들은 야간 근무자들에게 뭔가를 보여주기로 결심했다. 직원들은 열심히 일했고 그날 밤 일이 끝났을 때, 으스대며 '10'을 크게 써놓고 갔다. 작업량은 하루하루 늘어갔다.

생산량이 뒤떨어져 있던 이 공장은 금세 다른 곳보다 더 많은 작업을 하게 되었다.

그 법칙이 무엇일까?

찰스 슈바프의 말을 그대로 적어보겠다.

"그렇게 할 수 있었던 방법은 경쟁심을 일으키는 겁니다. 탐욕스럽게 돈만 벌려고 하는 게 아니라 남을 능가하려는 욕구를 불러일으키는 거죠."

남을 능가하려는 욕구! 도전, 도전하라! 이것은 도전 정신을 가진 사람들에게 가장 확실한 호소 방법이다.

도전 정신이 없었다면, 시어도어 루스벨트는 절대로 미국의 대통령이 되지 못했을 것이다.

쿠바에서 돌아온 루스벨트는 뉴욕 주의 지사로 선출되었다. 반대파들은 그가 더 이상 뉴욕 주의 합법적인 거주자가 아니라는 사실을 밝혀냈고, 두려움에 사로잡힌 루스벨트는 사퇴하고자 했다.

그러자 뉴욕 출신의 미국 상원, 토머스 콜리어 플래트가 도전장을 던졌다. 그는 시어도어 루스벨트를 돌아보며 떨리는 목소리로 소리쳤다.

"산 후앙 힐의 영웅이 겁쟁이란 말입니까?"

루스벨트는 투지를 불태웠다. 그리고 그 이후의 일은 역사가 말해주고 있다.

도전 정신은 그의 삶을 바꿔놓았을 뿐만 아니라 미국의 역사에도 실로 막대한 영향을 미쳤다.

인간들은 모두 두려움을 가지고 있다. 그러나 용감한 자는 두려움을 떨치고 앞으로 전진한다. 때론 죽음에 이르기도 하지만 항상 승리하는 법이다.

이 말은 고대 그리스 왕의 호위병들의 좌우명이었다. 두려움을 극복하는 것보다 더 큰 도전이 있을까?

알 스미스는 뉴욕의 주지사였을 때, 큰 어려움에 부딪혔다. 데블 섬 서쪽에 있던 악명 높은 교도소, 싱싱에는 교도소장이 없었다. 온갖 추문들이 교도소 담을 넘나들었다. 스미스 주지사에게는 싱싱 교도소를 이끌 강한 사람이 필요했다. 무쇠 같은 사람이 말이다. 그는 햄프턴의 루이스 E. 로스를 불렀다.

"싱싱 교도소를 맡는 것이 어떻겠나? 거기에는 경험 있는 사람이 필요하네."

스미스는 로스에게 유쾌하게 물었다. 로스는 깜짝 놀랐다. 그는 싱싱 교도소의 악명을 알고 있었다. 정치적인 변화에 따라 변동이 많은 자리였던 것이다. 교도소장은 수시로 바뀌었다. 고작 3주간 있었던 사람도 있었다. 과연 위험을 감수할 가치가 있을까? 생각해봐야 할 일이었다.

로스가 주저하자 스미스는 의자에 몸을 기대면서 미소

지었다.

"이봐, 친구. 자네가 겁먹는 걸 비난하진 않아. 힘든 곳이니까. 중요한 인물만이 그곳에 가지."

그래서 로스가 도전장을 던졌을까? 로스는 '중요한' 일에 도전하겠다는 의욕을 갖게 되었다.

그는 싱싱으로 가서 버텨냈다. 그곳에 머물면서 로스는 당시 가장 유명한 교도소장이 되었다. 그의 책 《싱싱에서의 2만 년》은 수십만 부가 팔렸다.

싱싱 교도소장으로 보낸 삶이 방송을 탔고, 이는 여러 영화의 소재가 되었다. 범죄자들을 '인간으로 대했던' 그의 방식은 죄수들을 교화하는 기적을 낳았다.

파이어스톤 타이어와 고무회사의 설립자, 하비 S. 파이어스톤은 말했다.

"월급만으로 인재를 모으고 붙잡아둘 수는 없다. 일 자체가 그렇게 한다."

위대한 행동 과학자로 꼽히는 프레드릭 헤르츠버그도 이에 동의했다. 그는 공장 노동자부터 최고 임원에 이르기까지 수많은 사람의 근무 태도를 깊이 연구했다. 그가 가장 크게 동기를 유발하는 요소로 발견한 것이 무엇이라고 생각하는가? 직장에서 가장 의욕을 자극하는 요소는 과연 무엇일까? 돈? 좋은 근무 조건? 특별 급여? 아니었다. 이것들 중 그 어느 것도 아니었다.

사람들의 동기를 유발하는 가장 중요한 요소는 일 자체였다. 일이 흥미롭고 재미있으면, 일하는 사람은 일을 하고 싶어 했고, 잘해보려는 자극을 받았다.

성공한 사람들이 사랑했던 것은 바로 일 자체다. 일은 자기 표현의 기회다. 일은 자신의 가치를 증명하고 남을 이길 수 있는 기회이기도 하다. 남을 능가하려는 욕구, 중요한 존재라는 느낌을 갖고 싶은 욕구 때문에 사람들은 일을 하는 것이다.

4장

리더가 되는 방법

부드럽게 잘못을
지적하는 방법

               캘빈 쿨리지 행정부 시절, 내 친구 하나가 주말 동안 백악관에 초대되었다. 대통령의 개인 집무실로 들어가던 내 친구는 쿨리지 대통령이 어느 비서에게 말하는 것을 들었다.

"오늘 입고 있는 옷이 정말 예쁘군. 자넨 정말 매력적인 여성이야."

이는 아마도 조용한 쿨리지 대통령이 비서에게 했던 가장 과한 칭찬이었을 것이다. 매우 드물고 예외적인 일이라 비서는 당황해 하며 얼굴을 붉혔다. 그러자 쿨리지는 말했다.

"당황하지 말게. 기분 좋으라고 한 말이니까. 그리고 이 제부터는 문장부호를 찍을 때 조금만 더 신경을 써주면 좋겠네."

그의 방법은 다소 노골적이기는 했지만 심리학적 수준

은 월등했다. 칭찬을 들은 후에 불쾌한 소리를 듣는 편이 언제나 더 수월하기 마련이다.

이발사는 면도를 하기 전에 비누 거품을 묻힌다. 그리고 이것이 바로 1896년 매킨리가 대통령 선거에 출마했을 때 사용했던 방법이었다.

당시 유명한 공화당원 한 사람이 선거용 연설문을 써 왔는데 그는 자신의 연설문이 시세로와 패트릭 헨리, 다니엘 웹스터를 모두 합친 것보다 세 배는 낫다고 생각하고 있었다. 그는 기쁨에 들떠서 매킨리에게 자칭 불멸의 연설문을 크게 낭독했다. 연설문에 괜찮은 부분도 있었지만 전체적으로는 그렇지 않았다. 비난의 소용돌이를 몰고 올 수도 있는 내용이었다.

매킨리는 이 당원의 감정을 상하게 하고 싶지 않았고 그의 칭찬할 만한 열정을 꺾어서도 안 되었다. 거절해야만 하는 매킨리가 얼마나 능숙하게 처리했는지 살펴보자.

"이보게, 정말 놀라운 연설문이로군 그래. 훌륭해. 이보다 더 나은 연설문을 준비할 수 있는 사람은 아무도 없을 걸세. 이 연설문이 꼭 들어맞는 경우는 많지. 하지만 이번 경우에 이게 정말 적절할까? 자네 입장에서 보면 합리적이고 온당하겠지만, 나는 당의 관점에서 이 연설문의 결과를 고려해야만 하네. 그러니 지금 집으로 가서 내가 지적한 부분을 다시 쓴 다음에 나한테 사본을 한 장 보내게."

그는 매킨리의 말대로 했다. 매킨리는 색연필로 정정할 부분을 표시한 후 그가 연설문을 다시 쓰도록 도와주었다. 그리고 그는 선거에서 영향력 있는 연사 중 한 사람이 되었다.

여기 에이브러햄 링컨이 썼던 편지 중에 두 번째로 꼽히는 편지가 있다(가장 유명한 편지는 빅스비 부인에게 쓴 것으로, 전쟁에서 부인의 아들 다섯 명이 전사한 것을 애도하는 내용이다). 링컨은 아마 5분 만에 휘갈겨 썼겠지만, 1926년 경매에서는 1만2천 달러에 팔렸다. 링컨이 50년 동안 열심히 일해서 저축할 수 있었던 금액보다 훨씬 많은 금액이었다.

이 편지는 남북전쟁이 최악의 시기에 접어들었던 1863년 4월 26일에 조셉 후커 장군에게 쓴 것이다. 18개월간 링컨의 장군들은 연합군을 끔찍한 패배로 몰아가고 있었다.

국민들은 이제 전쟁에 질려 있었다.

수천 명의 군인들이 군대를 이탈했고, 공화당의 상원의원들조차 반기를 들고 일어서서 링컨을 백악관에서 몰아내고 싶어 했다. 링컨은 말했다.

"우리는 파멸을 눈앞에 두고 있습니다. 전능한 신조차 우리를 외면하는 것 같습니다. 희망의 빛을 볼 수가 없어요."

이 편지가 씌여진 때는 바로 이런 암흑의 혼란기였다.

내가 여기에 이 편지를 싣는 이유는 링컨이 좀처럼 다루기 힘든 한 장군을 변화시키기 위해 어떤 노력을 기울였는지를 보여주기 위해서다. 나라의 운명이 이 장군의 행동에 따라 달라질 수도 있었던 바로 그때 말이다.

이것은 에이브러햄 링컨이 대통령이 된 후에 썼던 편지 중에 가장 신랄한 것이다. 하지만 링컨이 후커 장군의 중대한 잘못을 지적하기 전에 그를 칭찬했다는 사실을 알 수 있다. 그렇다. 장군은 중대한 잘못을 했지만 링컨은 중대한 잘못이라고 표현하지 않았다. 링컨은 보다 보수적이고 보다 외교적이었다. 그래서 그는 이렇게 썼다.

내가 당신에 대해 그다지 만족을 하지 못하는 몇 가지 일들이 있습니다.

이야말로 요령과 수완 아닌가!

링컨이 후커 장군에게 보낸 편지는 다음과 같다.

나는 장군을 포토맥 군대의 지휘관으로 임명했습니다. 물론 확실한 이유가 있었기 때문에 그런 결정을 내렸습니다. 하지만 내가 장군에 대해 그다지 만족을 하지 못하는 일들이 몇 가지 있음을 장군이 알고 계시길 바랍니다.

나는 장군을 용감하고 숙련된 군인으로 믿고 있습니다. 제가 좋아하는 군인상이지요. 저는 또한 장군이 정치와 직업을 결부하지 않는다고 믿습니다. 그 점은 장군이 옳습니다. 장군은 또한 배짱을 가지고 있습니다. 절대적으로 필요한 자질은 아니지만 매우 가치 있는 것입니다.

장군은 야심을 갖고 있습니다. 이성적인 범주 내에서라면 실보다는 득이 될 수 있는 면입니다. 하지만 번사이드 장군의 휘하에 있을 당시, 당신은 자신의 야망에 따라 행동했고 다른 장군의 뜻을 거슬렀습니다. 이로써 장군은 공적이 뛰어나고 명예로운 동료 장군과 나라에 큰 잘못을 한 것입니다.

믿을 만한 정보통에 따르면, 장군이 최근 군대와 정부는 독재자를 필요로 한다는 말을 했다고 들었습니다. 물론 이를 탓하려는 것이 아닙니다. 하지만 나는 그럼에도 불구하고 장군에게 지휘권을 주었습니다.

성공을 거둔 장군들만이 당당한 독재자가 될 수 있습니다. 내가 지금 장군에게 요구하는 것은 전투에서의 승리이며 이에 나는 독재권을 걸 것입니다.

정부는 최대한 장군을 지원하겠습니다. 지금까지보다 더 하지도 덜하지도 않은 지원을 모든 지휘관들에게 해줄 것입니다. 나는 귀하가 군대에서 조장하고 있는 지휘관에 대한 비난과 자신감 억제 등의 행동이 상당히 두렵습니다. 그러나 이는 장군에게 달려 있는 문제입니다. 나는 장군이 상황을 다스리도록 내 힘이 닿는 한 장군을 원조하겠습니다. 그런 분위기가 군대에 퍼져 있다면 나폴레옹이 다시 살아난다고 해도 최상의 군대로 이끌 수는 없을 것입니다.

그러니 지금부터는 분별 없는 언동을 조심하십시오. 지각 없는 언동을 삼가고 용맹과 사력을 다해 전진하여 우리에게 승리를 안겨주십시오.

당신은 쿨리지도 매킨리도 링컨도 아니다. 당신은 이러한 철학이 일상적인 업무에서도 작용할지를 알고 싶은 것이다. 그렇지 않은가? 그렇다면 이와 관련된 예를 살펴보자. 다음은 필라델피아에 있는 와크 사의 W. P. 가우의 경우다.

와크 사는 어느 큰 사무실 건물을 특정 기한까지 완공하기로 계약했다. 모든 일이 잘되고 있었다. 그런데 건물이 거의 완공될 무렵, 건물의 외부에 사용할 장식용 청동을 만드는 하청업자가 기일에 맞춰 제품을 댈 수 없다고 알려왔다. 이게 무슨 날벼락이란 말인가! 건물 전체의 완공에 차질이 생기는 일이었다. 이로 인한 위약금도 엄청났다. 막대한 손실이었다. 단지 한 사람 때문에!

가우는 장거리 전화를 걸어서 논쟁을 벌였다. 열띤 공방이 오갔지만 모두 허사였다. 그러자 가우가 위험을 무릅쓰고 회사 측의 요구를 제시하기 위해 뉴욕으로 파견되었다.

가우는 서로의 소개를 마친 직후 하청업체의 사장에게 이렇게 물었다.

"사장님과 같은 이름이 브루클린에 사장님 혼자라는 걸 알고 계십니까?"

100세 건강의 비밀
근육혁명

하정구, 정규성, 공두환, 김진성, 최문영 지음
292쪽 | 값 18,000원

근육을 지키는 것이 내 몸과 건강을 지키는 것!

근육의 양이 줄어드는 근감소증은 당뇨, 고혈압, 심장질환, 뇌졸중, 치매 뿐 아니라 암, 사망에 이르게 하는 무서운 병이다. 근감소증을 치료하는 수술이나 약은 없고 근력운동만이 근육감소를 막고 근육을 강하게 만들어 준다.

건강한 100세시대를 맞이하기 위해서 무엇보다 중요한 것이 근육인데, 이 책은 건강하게 근육을 키우고 통증을 줄일 수 있는 모든 노하우를 담고 있다. 백년을 청년같이 건강하게 살 수 있게 하는 근육운동을 소개하고 누구라도 쉽게 따라할 수 있도록 QR도 함께 담았다.

국일출판사는 책을 파는 곳이 아니라 꿈을 파는 곳입니다.
전화 (02)2237-4523 | 팩스 (02)2237-4524

국일 미디어   국일 증권경제연구소   국일아이

사장은 놀라며 되물었다.

"아니오. 그건 몰랐습니다."

가우는 말을 이었다.

"제가 오늘 아침 기차에서 내려 사장님의 주소를 알아보려고 전화번호부를 보았는데, 브루클린에는 사장님과 같은 이름이 사장님 혼자였습니다."

"저는 정말 몰랐습니다."

하청업자는 흥미를 가지고 전화번호부를 들춰보았다. 그러곤 자랑스럽게 말했다.

"좀 특이한 이름이기는 하지요. 저희 가족은 2백년 전에 네덜란드에서 건너와서 뉴욕에 정착했습니다."

그는 몇 분 정도 가족과 조상들에 대한 얘기를 계속했다. 가우는 자신이 방문했던 공장들과 비교했을 때 그의 공장이 얼마나 큰지에 대해 칭찬하며 말했다.

"제가 본 곳 중에 가장 깨끗하고 깔끔한 청동공장입니다."

하청업자가 말했다.

"저는 이 사업에 평생을 바쳤습니다. 아주 자랑스럽게 여기고 있죠. 공장 안을 한번 둘러보시겠습니까?"

공장을 시찰하는 동안 가우는 제작 공정을 하고 있는

직원들을 칭찬하면서, 다른 경쟁사에 비해 그의 공장이 어떤 점에서 어떻게 월등한지를 말해주었다. 가우가 처음 보는 기계들에 대해 묻자 하청업자는 자신이 손수 개발 했다고 설명했다. 그는 한참 동안 그 기계들이 어떻게 작 동을 하며, 뛰어난 제품을 만들어내는지 가우에게 보여 주었다.

또한 그는 가우에게 점심을 대접하겠다고 고집했다. 당 신도 알다시피, 그때까지 가우는 자신의 진짜 방문 목적 에 대해서는 한 마디도 하지 않았다.

점심 식사 후에, 하청업자가 말을 꺼냈다.

"자, 일 문제로 들어갑시다. 전 당신이 여기 온 이유를 당연히 잘 알고 있습니다. 오늘 면담이 이렇게 재미있으리 라고는 생각하지도 못했어요. 제가 기일은 지켜드릴 테니 안심하고 필라델피아로 돌아가셔도 좋습니다. 다른 주문 들을 늦추더라도 당신 회사의 물건은 제작해서 수송해드 리겠습니다."

가우는 부탁조차 하지 않았는데 그가 원하는 것을 모 두 얻어낼 수 있었다. 물건은 제 날짜에 도착했고 건물은 계약서에 명시된 날짜에 완공되었다. 만약 가우가 이런 경우에 흔히들 취하게 되는 언쟁과 싸움이라는 방법을 사용했다면 어떤 결과가 일어났을까?

도로시 러블스키는 뉴저지 주에 있는 어느 연방 신용 조합 지점의 지점장이었다. 그녀는 우리 강좌에서 어느 직원이 일을 보다 생산적으로 할 수 있도록 돕기 위해 어떤 방법을 사용했는지 발표했다.

"우리는 최근 한 젊은 여성을 견습 출납원으로 고용했습니다. 고객을 대하는 태도가 아주 좋았어요. 개인 업무도 정확하고 효율적으로 처리했습니다. 문제는 정산을 해야 하는 마감 때 생겼죠. 출납계장이 제게 와서 그녀를 해고해야 한다고 강력히 주장하더군요. '그녀는 정산하는 게 너무 느려서 다른 사람들 일까지 방해합니다. 몇 번이나 가르쳐주었는데 따라오질 못해요. 그녀는 그만둬야 합니다'라고요. 다음 날 저는 그녀가 일상적인 업무를 정확하고 신속하게 처리하는 것을 지켜보았습니다. 고객들에게도 너무나 친절했습니다. 그녀가 왜 정산에 서투른지 알아내는 데는 그리 오래 걸리지 않았습니다. 은행 문을 닫은 후, 저는 그녀에게 얘기를 하려고 다가갔죠. 예민하고 당황해 하는 게 확연히 보였습니다. 저는 그녀가 고객들에게 친절하고 사근사근하며 업무 처리 속도가 빠르다고 칭찬했습니다. 그리고 정산 맞추는 절차를 자세히 설명해주겠다고 했죠. 일단 제가 자신을 신뢰하고 있음을 알자 그녀는 제안에 쉽게 응했습니다. 그리고 절차를 금세 익혔죠. 그때부터는 아무 문제가 없습니다."

칭찬으로 대화를 시작하는 것은 마취를 먼저 한 후 치료를 시작하는 치과의사와 같다. 환자는 여전히 이 치료를 받고 있지만 마취제는 진통을 덜어준다.

지도자라면 이런 방법을 사용해야 할 것이다.

미움을 사지 않고
비판하는 방법

어느 정오, 찰스 슈바프가 자신의 제철소를 돌아보고 있을 때 담배를 피우고 있는 직원들 몇 명과 우연히 마주치게 되었다. 그들의 머리 바로 위에 '금연'이라는 표지판이 있었다.

"자네들은 글씨를 못 읽나?"

슈바프는 표지판을 가리키며 이렇게 말할 인물이 아니었다. 그는 직원들에게 다가가 담배를 한 개비씩 건네며 말했다.

"여보게들, 이걸 밖에 나가서 피우면 정말 고맙겠네."

그들은 자기들이 규칙을 어긴 사실을 슈바프도 알고 있다는 것을 눈치챘다. 그들은 그 점에 대해서는 아무 말도 하지 않고 조그만 선물까지 주며 자신들이 중요한 존재라는 기분을 들게 해준 슈바프를 존경했다. 이런 사람을 어떻게 사랑하지 않을 수 있겠는가?

존 워너메이커도 같은 방법을 사용했다. 워너메이커는 자신의 가게를 매일 둘러보곤 했다. 언젠가 그는 카운터에서 기다리고 있는 손님 한 명을 보았다. 그 손님에게 조금의 관심이라도 보이는 점원은 아무도 없었다. 판매원들은 무엇을 했느냐고? 그들은 카운터 한쪽에 모여서 떠들며 웃고 있었다.

워너메이커는 아무 말도 하지 않고, 카운터 뒤로 조용히 들어가서 그 여자 손님을 받았다. 그런 다음 밖으로 돌아 나가며 판매원에게 물건을 건네주곤 포장을 해드리라고 말했다.

고급 공무원들은 선거구민들이 쉽게 다가갈 수 없다는 이유 때문에 비난을 받곤 한다. 그들은 바쁜 사람들이다. 그리고 잘못은 자신의 상사를 지나치게 보호하려는 보좌관들에게 있는 경우도 있다. 보좌관들은 상사가 많은 방문객들로 인해 과도하게 부담받는 것을 원하지 않는다.

칼 랜포드는 디즈니 월드가 있는 플로리다 주 올랜드의 시장을 지냈다. 그는 오랫동안 보좌관들에게 주민들이 자신을 만나러 오면 들여보내라고 말하곤 했다. 그가 '문호 개방주의'를 취하고 있다고 주장했지만, 정작 지역 주민들이 방문하면 비서들과 행정관들이 그들을 저지했다.

결국 시장은 해결책을 찾아냈다. 사무실의 문을 떼어버리는 것이었다! 보좌관들도 그 의미를 알아챘다. 시장실의 문이 상징적으로 제거된 이후, 칼 시장은 진정한 문호 개방 행정을 하게 되었다.

딱 세 글자로 된, 말의 단순한 변화가 불쾌감을 주지 않고도 사람을 변화시키느냐 마느냐의 차이를 낳는다.

많은 사람이 진심에서 우러나온 칭찬 뒤에 비난을 시작할 때면 '그러나'라는 말을 사용해서 비난의 말로 끝낸다. 예를 들어 수업 태도가 산만한 아이를 변화시킬 때, 우리는 이렇게 말할 것이다.

"조니, 이번 학기 성적이 올라서 네가 정말 자랑스럽단다. 그러나 대수학을 보다 열심히 하면 더 나은 결과가 나올 거란다."

이런 경우 조니는 자신감을 느낄 수도 있을 것이다. '그러나'라는 단어를 듣기 전까지는 말이다. 조니는 칭찬의 순수성에 의문을 품게 될 것이다. 그에게는 칭찬이 단지 성적이 나쁜 과목 때문에 자신을 혼내기 위해 생각해 낸 서두라고 여겨질 뿐이다.

진실은 왜곡될 것이며 조니의 수업 태도를 바꾸려는 목적은 아마도 달성되지 못할 것이다.

이는 '그러나'라는 단어를 '그리고'로 바꾸면 쉽게 극복할 수 있다.

"조니, 이번 학기 성적이 올라서 네가 정말 자랑스럽단다. 그리고 다음 학기에도 지금처럼 열심히 노력하면 수학 점수도 다른 과목처럼 오를 수 있단다."

성적이 나쁜 과목에 대해 곧장 말하지 않았기 때문에 조니는 이제 칭찬을 받아들일 것이다. 조니가 바꾸었으면 하는 행동에 대해 간접적으로 암시를 주었으니, 이 아이는 아마도 기대에 부응하려고 노력할 것이다.

누군가의 실수를 간접적으로 암시하는 것은 직접적인 비난에 몹시 분개하는 예민한 사람들에게 잘 통한다.

로드아일랜드에 사는 마지 자콥은 건설 인부들이 자신의 집을 증축한 후에 스스로 뒷정리하도록 설득한 방법에 관해 강좌에서 발표했다.

공사를 시작한 처음 며칠 동안, 자콥 부인은 인부들이 일을 마치고 귀가했을 때 잘라낸 나무 조각들이 마당에 널려 있는 것을 보았다. 그들이 일을 잘했기 때문에 자콥 부인은 인부들에게 적대감을 사고 싶지 않았다.

인부들이 집으로 돌아간 후, 부인과 아이들은 나무 조각들을 주워 구석에 말끔히 쌓아두었다.

다음 날 아침, 부인은 십장을 한쪽으로 불러서 말했다.

"지난밤에 앞뜰을 치워주셔서 정말 기쁘네요. 깨끗하고 말끔하네요. 이웃에게 폐를 끼치지도 않고요."

그날부터 인부들은 나무 조각들을 주워서 한쪽에 쌓아두었다. 그리고 십장은 하루 일이 끝난 후 앞뜰의 상태가 어떤지 확인하러 왔다.

예비군들과 훈련관들 간에 벌어지는 논쟁 중에서 가장 주된 것은 머리를 깎는 문제다. 예비군들은 자신을 시민이라고 생각하기 때문에 머리를 짧게 깎는 데 거부감을 보인다.

542 예비병 교육대의 할리 카이저 특무상사는 예비 육군 하사관들과 근무할 때, 이 문제에 봉착했다. 현역 특무상사로서 그는 부대원들에게 소리를 지르거나 겁을 줄 수도 있었을 것이다. 하지만 그는 자신의 의견을 간접적으로 암시하는 방법을 택했다. 그는 이렇게 말했다.

"여러분, 여러분은 지도자다. 본을 보였을 때 더 효과적으로 이끌 수 있다. 여러분을 따르는 부하들에게 본보기가 되어야 한다. 머리 길이에 대한 군대 규정을 알고 있을 것이다. 여러분의 머리보다는 훨씬 짧지만 나는 오늘 내 머리를 자르겠다. 거울에 비친 자신의 모습을 보라. 본을 보이기 위해 머리를 자를 필요가 있다고 생각한다면, 부대 이발관에 갈 시간을 내주겠다."

결과는 예상할 수 있을 것이다. 몇 명의 지원자들이 거울을 보곤 오후에 이발소를 찾았고, 규정된 머리 모양으로 이발을 했다. 다음 날 오전 카이저 특무상사는 분대 내의 하사관들 중에 벌써부터 지도자의 자질을 키울 수 있는 인물들이 보인다고 말했다.

1887년 3월 8일 웅변가였던 헨리 워드 비처가 사망했다. 그 다음주 일요일, 라이만 애보트는 비처의 사망으로 인해 자리가 빈 연단에서 연설을 해달라고 부탁받았다.

최선을 다하고 싶은 마음에 애보트는 지나치게 소심한 데까지 주의를 기울이는 플로베르처럼 자신의 연설문을 쓰고 지우고 다시 써나갔다. 그리고 그 글을 아내에게 들려주었다. 그의 글은 대다수의 연설문이 그렇듯 형편없었다. 그녀에게 분별력이 없었더라면 그녀는 이렇게 말했을 것이다.

"여보, 정말 끔찍해요. 그래가지고는 아무것도 안 되겠어요. 듣는 사람들이 모두 골아떨어질 거예요. 마치 백과사전을 읽고 있는 것 같아요. 당신이 지금까지 해왔던 연설보다 더 나아야 하는 거 아니에요? 제발 어색하지 않게 얘기할 수 없어요? 자연스럽게 행동해봐요. 연설문을 그런 식으로 읽다간 망신을 당할 거예요."

아내는 이렇게 말할 수도 있었다. 그러나 이렇게 말했다면, 어떤 일이 벌어졌을지 알 수 있다. 그녀도 역시 알고 있었다.

그래서 애보트의 아내는 연설문이 〈노스 아메리칸 리뷰〉에 실려도 손색이 없을 만큼 훌륭한 기사라고만 말했다.

다시 말해, 그녀는 남편의 글을 칭찬하는 동시에 연설문으로서는 적합하지 않음을 미묘하게 암시한 것이다. 라이만 애보트도 아내의 말뜻을 알고, 신중을 기해 준비했던 연설문을 찢어버렸다. 그리고 노트를 사용하지도 않고 즉석 연설을 했다.

상대의 잘못을 고쳐주는 효과적인 방법은 잘못을 간접적으로 알려주는 것이다.

현명하게
실수를 알려주는 방법

조카인 조세핀 카네기는 내 비서가 되기 위해 뉴욕으로 왔다. 나이는 열아홉 살이었고, 3년 전에 고등학교를 졸업한 상태였다. 직장 경험은 거의 없었다. 지금은 구에즈 서부에서 손꼽히는 유능한 비서가 되었지만, 처음에는 배워야 할 것이 너무나 많았다.

어느 날, 조세핀을 막 꾸중하려고 할 때 나는 자문해 보았다.

"잠깐만, 데일 카네기. 잠깐만 기다려 봐. 자네는 조세핀보다 두 배는 더 나이를 먹었잖아. 경험도 1만 배나 많아. 그런데 어떻게 조세핀에게 네 관점과 판단력, 창의력을 기대할 수 있지? 네 생각들이 아무리 평범할지라도 말이야. 그리고 잠깐만, 데일. 자넨 열아홉 살 때 뭘 하고 있었지? 자네가 저질렀던 어리석은 실수들이 기억나나? 그 당시를 기억하는가 말이야."

이 문제를 냉정하게 객관적으로 생각해본 후, 조세핀이 열아홉 살 때의 나보다는 훨씬 낫다는 결론을 내렸다. 그리고 고백하기 부끄럽지만, 나는 조세핀에게 충분한 칭찬을 해주지 않았다. 그 이후로 조세핀의 실수를 지적할 때는 이런 말로 시작했다.

"조세핀, 실수를 했구나. 그러나 하느님도 아시겠지만, 내가 저질렀던 실수에 비하면 별 거 아니란다. 판단력을 타고나는 사람은 없으니까. 단지 경험을 통해서 알아가는 거고, 네 나이 때의 나보다는 네가 훨씬 낫단다. 내가 어리석고 바보 같은 짓을 많이 했으니까, 너나 누구든 비난할 마음은 조금도 없어. 하지만 네가 이렇게 했더라면 더 나았을 거라고 생각하지 않니?"

자신도 결점투성이라는 점을 겸손히 인정하면서 상대를 비평한다면, 상대도 당신의 잔소리를 듣는 게 그다지 힘들지만은 않다.

E.G. 딜리스톤은 캐나다의 브랜든에서 기술자로 일하고 있다. 그는 새 비서 때문에 고민하고 있었다. 그가 비서에게 구술해서 타이핑한 편지들에 서명을 하려고 보면 꼭 두세 군데 오타가 나 있는 것이었다. 딜리스톤은 이 문제를 어떻게 처리했는지에 대해 발표했다.

"많은 기술자가 그렇듯이, 저도 고급 영어를 구사한다 거나 철자가 정확하지는 않습니다. 저는 제가 잘 틀리는 단어들을 쉽게 찾아보기 위해 사전 가장자리를 반달 모양으로 도려내서 표시를 했습니다. 단순히 오자를 지적하는 것만으로 제 비서가 교정을 더 본다거나 사전을 찾아보지는 않을 게 분명했습니다. 그래서 다른 식으로 접근하기로 했습니다. 편지에 오자가 있는 것을 알았을 때 저는 비서와 함께 자리에 앉아서 말했죠. '이 단어는 틀린 것 같군. 이건 나도 항상 틀렸던 단어였네. 그래서 이 철자책을 손수 만들기 시작했지(저는 해당 페이지를 폈습니다). 자, 여기 있군 그래. 사람들이 편지를 보고 우리를 판단하고, 틀린 철자로 인해 우리가 프로가 아니라고 생각할 수 있기 때문에 나는 철자에 매우 신경을 쓰고 있지.' 그녀가 제 방식을 그대로 따랐는지는 모르겠지만, 그런 대화가 있은 후부터는 오자가 확연히 줄었습니다."

세련된 베르하르트 폰 뷜로는 1909년에 이 점을 확실히 깨달았다. 폰 뷜로는 당시 독일 제국의 수상이었으며, 왕좌에는 빌헬름 2세가 올라 있었다. 빌헬름 2세는 거만하고 오만했다. 독일 최후의 황제였던 그는 육군과 해군을 내세우면서 자신이 적군을 몰아붙일 수 있다고 자랑했다.

당시에는 깜짝 놀랄 만한 일들이 벌어졌다. 빌헬름 2세는 엄청난 발언을 하곤 했다. 유럽 대륙을 흔들고 전세계를 분노로 몰아넣는 말들이었다. 문제를 더욱 악화시켰던 건, 황제가 대중 앞에서 행한 어리석고 제멋대로이며 터무니없는 발표들이었다.

그리고 그가 영국에 초청을 받았을 때는 자신의 말을 〈데일리 텔레그래프〉에 실어도 좋다는 윤허를 내렸다.

예를 들어보자. 황제는 자신이 영국에 호감을 가지고 있는 유일한 독일인이라고 단언했는가 하면, 일본의 위협에 대항해 해군을 세웠다고 했다.

그리고 러시아와 프랑스로부터 쓰레기 취급당하는 영국을 자신이 구했다고 말했고, 영국의 로버트 경이 남아프리카의 보어 족을 무찌를 수 있던 원인은 자신의 계획 때문이었다고 했다. 그 외에도 많은 예가 있다.

근 1백 년간, 평화롭던 때에 유럽 황제의 입에서 이런 놀라운 말들이 쏟아져 나온 적은 없었다. 전 대륙이 벌집을 쑤셔놓은 것 같았다. 영국은 몹시 격분했고 독일의 정치가들은 아연실색했다.

이런 놀라운 상황에 처하자 황제는 겁에 질렸고 제국의 수상인 폰 뷜로 왕자에게 비난을 떠맡으라고 했다. 그는 폰 뷜로가 모든 것은 자기의 책임이며, 왕에게 이런 놀라운 발언을 하도록 충고했다고 발표하길 원했다.

폰 뷜로는 이의를 제기했다.

"하지만 폐하, 그건 전적으로 불가능합니다. 제가 폐하께 그런 말을 하시도록 충고했다고 생각하는 사람은 독일이나 영국에 아무도 없을 겁니다."

자신의 입에서 이런 말이 나온 순간 폰 뷜로는 자신이 큰 실수를 저질렀음을 깨달았다. 황제는 벌컥 화를 내며 소리쳤다.

"경은 내가 경이라면 절대로 저지르지 않는 잘못을 범하는 얼간이로 생각하는가!"

폰 뷜로는 비난에 앞서 칭찬을 했어야 함을 알았다. 그러나 이미 때는 너무 늦었기에 그는 차선책을 택했다. 비난을 한 뒤에 칭찬을 한 것이다. 이 방법은 기적을 낳았다.

그는 존경을 담아 대답했다.

"저는 절대 그렇게 생각하지 않습니다. 폐하께서는 여러 면에서 저를 능가하십니다. 해군이나 군대에 관한 지식은 물론 자연과학에도 뛰어나시죠. 저는 폐하께서 기압계나 무선 전신, 뢴트겐 선에 대해 설명하실 때 존경심에 가득 차서 경청하곤 했습니다. 저는 자연과학 분야에 있어서는 부끄러울 정도로 무지하며, 화학이나 물리학의 개념에 대해서도 전혀 모릅니다. 그리고 단순한 자연 현상을 설명하는 것도 제겐 거의 불가능한 일이죠. 하지만 그 대신 역사적인 지식을 약간 가지고 있죠. 아마도 어떤 점은 정치, 특히 외교 문제에 있어서 유용할 것입니다."

황제의 얼굴은 환해졌다. 폰 뷜로는 그를 칭찬하면서 자신을 낮추었던 것이다. 황제는 그 이후 모든 것을 용서할 수 있었다. 그는 기쁨에 들떠 소리쳤다.

"내가 항상 우리가 서로 잘 맞는다고 말하지 않았던가. 우리는 늘 함께 있어야 하네. 반드시 그럴 테고 말이야."

그는 폰 뷜로와 악수를 했다. 한 번도 아니고, 수차 반복했다. 그날 늦게, 황제는 너무 기뻐서 두 주먹을 쥐고 소리쳤다.

"폰 뷜로 왕자에 대해 나쁜 말을 하는 사람이 있으면 코에 주먹을 날려주겠다."

폰 뷜로는 제때 위기를 모면하기는 했지만 신중한 외교가인 그도 한 가지 실수를 했다.

그는 황제가 보호를 필요로 하는 반푼이라는 것을 암시하지 말고, 자신의 단점과 황제의 탁월함에 대해 얘기하는 것으로 말을 시작했어야 했다.

자신을 낮추고 상대를 칭찬하는 몇 마디 말은 거만하고 굴욕을 당한 황제를 더 없이 충실한 친구로 바꿔놓을 수 있었다. 겸손함과 칭찬이 일상적인 만남에서 당신이나 내게 무슨 일을 불러일으킬 수 있는지를 상상해보자. 적절히 사용하면 겸손과 칭찬은 인간관계에서 대단한 기적을 낳는다.

여전히 저지르고 있는 실수라 할지라도 자신의 잘못을 인정하는 것은 상대의 행동을 바꾸는 데 도움이 된다.

다음은 메릴랜드에 사는 클래런스 제르허센이 최근 겪은 일이다. 그는 자신의 열다섯 살 난 아들이 담배를 피우고 있다는 사실을 알았다. 제르허센은 강좌에서 이렇게 말했다.

"당연히 저는 데이비드가 담배 피우는 것을 원하지 않았습니다. 하지만 우리 부부가 모두 담배를 피웠으니 아이에게 항상 나쁜 본보기를 보여주고 있었던 거죠. 제가 아들 나이 또래에 어떻게 담배를 피우기 시작했으며, 니코틴으로 인해 건강을 해친 것, 그리고 지금은 끊기가 거의 불가능하다는 것 등을 데이비드에게 설명했습니다. 기침을 할 때면 목이 얼마나 따끔거리는지, 그리고 불과 몇 년 전까지만 해도 내게 담배를 끊으라고 부탁했던 일을 상기시켰죠. 저는 아들에게 담배를 끊으라는 훈계나 위협, 담배의 해로움을 경고하지 않았습니다. 제가 어떻게 담배에 중독이 되었으며, 그것이 내게 얼마나 해로웠는지에 대해 알려주었죠. 데이비드는 잠시 생각하더니, 고등학교를 졸업할 때까지는 피우지 않겠다고 다짐했습니다. 시간이 지나도 아들이 담배를 피우는 일은 절대로 없었고 그러려고 생각하지도 않더군요. 그때의 대화로 인해 저도 담배를 끊기로 결심했고, 가족들의 도움으로 금연에 성공했습니다."

훌륭한 지도자는 상대를 비평하기 전에 자신의 잘못에 대해 이야기한다.

받는 사람의
기분을 좋게 하는 명령

언젠가 나는 미국 전기작가협회의 회장인 아이다 타벨과 저녁 식사를 했었다. 내가 이 책을 쓰고 있다고 말했고, 우리는 사람들이 함께 살아가는 것에 대해 토론을 시작했다. 그녀는 오웬 D. 영의 전기를 쓸 당시, 영과 3년 동안 같은 사무실을 사용했던 한 남자를 인터뷰했던 일을 말해주었다. 그는 함께 지내는 동안 오웬 D. 영이 누군가에게 직접적인 명령을 내리는 일이 없었다고 단언했다. 영은 항상 명령이 아니라 제안을 했다.

예를 들어 오웬 D. 영은 절대로 다음과 같은 식으로 말하지 않았다.

"이렇게 하지 마시오. 혹은 저렇게 하시오."

"이건 하지 마시오. 저건 하지 마시오."

그는 "이것도 생각해주셨으면 합니다" 혹은 "효과가 있을 거라고 생각하시나요?"라고 말했다. 심지어 편지를 구술한 뒤에도 종종 "어떤 것 같습니까?"라고 물어보았다. 보좌관이 쓴 편지를 살펴보면서는 이렇게 이야기했다.

"그것은 이런 식으로 표현을 하는 게 더 나을 것 같군."

그는 항상 상대에게 스스로 처리할 기회를 주었고, 보좌관들에게 무엇을 하라고 시킨 적이 없었다. 그는 그들이 알아서 하도록 했으며, 실수를 통해 배우도록 했다.

이런 기술은 상대가 쉽게 잘못을 수정하도록 한다. 이런 기술은 상대의 자존심을 세워주고 상대에게 자존감을 준다. 이는 저항 대신 협력을 불러온다. 경솔한 명령이 야기하는 반감은 오랫동안 지속된다. 그 명령으로 인해 나쁜 상황이 일단 해결되더라도 말이다.

댄 산타렐리는 펜실베이니아 주에 있는 어느 직업학교의 선생님이다. 그는 한 학생이 교내 매점 입구에 불법 주차하여 매점 통행을 막아버렸던 일에 대해 말했다. 다른 선생 한 명이 교실로 쿵쿵거리며 들어와서 거만한 투로 물었다.

"진입로를 막고 있는 게 누구 차지?"

한 학생이 자기 차라고 대답하자, 그 선생은 버럭 소리를 질렀다.

"차를 다른 데로 옮겨 놔. 지금 당장! 아니면 내가 체인을 감아서 끌어낼 테니까."

당시 학생은 잘못했었다. 차를 거기에 주차해서는 안 되었다. 하지만 그 학생은 이날부터 선생의 행동에 불쾌함을 느꼈을 뿐만 아니라, 반에 있던 다른 학생들도 모두 그 선생을 골탕먹여대서 선생을 고되게 만들었다.

그는 이것을 어떤 식으로 다르게 처리할 수 있었을까?

그가 친절하게 묻는다.

"진입로에 서 있는 게 누구 차지?"

그리고 차를 이동시키면 다른 차도 통행할 수 있을 거라고 말했다면 학생은 기꺼이 차를 옮겼을 것이다. 같은 반 친구들과 그의 기분을 상하게 하거나 반감을 얻지도 않고 말이다.

질문은 명령을 하는 것도 아니고, 기분도 좋게 만든다. 때로는 당신이 질문을 할 상대의 창의력을 자극하기도 한다. 사람들이 명령으로 인한 결정에 자신이 한 몫을 차지한다면 그 명령을 보다 쉽게 받아들이는 편이다.

남아프리카의 요하네스버그에 사는 이안 맥도널드는 정밀기계 부품을 전문 제작하는 작은 공장의 책임자였다. 그에게 대량의 주문을 받을 기회가 왔다. 하지만 명시된 납품 날짜를 지킬 수가 없을 것 같았다.

공장은 이미 작업 일정이 짜여 있는 상태였고, 기한을 맞추기에는 기간이 너무 짧아서 주문을 받아들인다는 것이 불가능한 듯했다.

그는 작업을 촉진하고 일을 급히 진행시키기 위해 직원들을 몰아붙이는 대신 사람들을 모두 불러 모았다. 그리고 상황을 설명하며 제때까지 주문량을 생산한다면 회사와 그들에게 얼마나 큰 이익이 될지 말했다. 그리고 질문을 시작했다.

"우리가 이 주문을 처리할 수 있는 방법이 있을까요?"

"주문량을 기한 내에 생산할 수 있는 새로운 작업 공정을 생각할 수 있습니까?"

"도움이 되도록 작업 시간과 개인 업무를 조정할 방법이 있을까요?"

직원들은 많은 생각을 내놓았고 주문을 받으라고 주장했다. 그들은 '우리는 할 수 있다'는 태도를 가지고 접근했고 주문을 받아서 제 날짜에 납품했다.

유능한 지도자는 다음의 원칙을 적용한다.

직접적인 명령을 내리는 질문을 하라.

상대의 체면을
지켜주는 방법

제네럴 일렉트릭 사는 찰스 스타인메츠를 부사장 자리에서 물러나게 해야 하는 민감한 사안에 직면한 적이 있었다. 스타인메츠는 전기에 관해서는 일류급 천재였지만, 빈틈이 없어야 하는 부사장으로서는 실패였다.

하지만 회사는 그의 감정을 건드리고 싶지 않았다.

그는 절대적으로 필요한 존재였지만 상당히 예민한 사람이었다. 그래서 회사는 새로운 직함을 그에게 주었다. 제네럴 일렉트릭 사의 고문 기사였는데 새로운 직함이기는 했지만 이제껏 그가 해오던 일이었다. 그리고 부사장에는 다른 사람을 앉혔다.

스타인메츠는 행복해 했으며 간부들도 마찬가지였다. 그들은 신경질적인 천재를 부드럽게 다루었고 그의 체면을 세워줌으로써 아무런 말썽 없이 일을 해냈던 것이다.

체면을 세워주는 것! 이것은 대단히 중요하다. 인간관계에서 가장 중요한 일이기도 하다. 그러나 우리들 중에는 이에 대해 생각하려고 하는 사람이 거의 없기도 하다. 우리는 상대의 감정을 무시하고 제 고집대로만 하며 결점을 찾아내서 위협을 한다.

상대가 자존심에 상처받는 것은 생각하지도 않고, 사람들 앞에서 아이나 고용인을 비난한다. 잠깐 동안의 생각과 사려 깊은 한두 마디의 말, 상대의 태도를 이해하는 마음 등은 찔린 상처의 고통을 덜어줄 것이다.

고용인을 해고하거나 질책해야 하는 절박한 상황에 직면했을 때는 이를 기억하도록 하자. 공인회계사인 마샬 A. 크랭거가 나에게 보낸 편지의 내용을 소개하겠다.

고용인을 해고하는 것은 그다지 유쾌한 일이 아닙니다. 해고를 당하는 일도 전혀 유쾌하지 않고요.

우리 일은 대개 계절적입니다. 그래서 소득세 신고 기간이 끝나고 나면 많은 사람을 내보내야 합니다.

우리 업종에서는 인원 감축을 즐기는 사람은 없다고 흔히들 말하죠. 따라서 가능하면 빨리 일을 처리하려는 습관이 생겼습니다. 주로 이렇게 말합니다.

"자리에 앉으시죠, 스미스 씨. 세금을 내는 기간이 끝나서 당신에게 할당된 임무가 이젠 없을 것 같군요. 물론 바쁜 시기 동안에만 고용된다는 걸 알고 계셨겠죠."

고용인들은 실망감과 '창피하다'라는 느낌을 받습니다. 그들 대부분이 평생을 회계 부문에 몸담고 있었고 이렇게 쉽게 자신을 버리는 조직에 애정이 남을 리가 없습니다.

저는 최근에 임시직 직원들을 좀더 요령 있고 사려 깊은 방법으로 내보내기로 결심했습니다. 그래서 겨울 동안 했던 그들의 일을 신중히 생각한 후에 한 사람씩 불렀습니다. 그리고 이런 식으로 얘기를 꺼냈죠.

"스미스 씨, 일을 참 잘해주셨습니다(잘했다면). 지난 번에 뉴욕으로 출장가셨던 일은 꽤 힘든 임무였습니다. 하지만 곤란한 상황에서도 성공적으로 일을 해내셨습니다. 회사가 스미스 씨를 자랑스럽게 생각한다는 점을 알아주셨으면 합니다. 소질이 있으신 분이니 어디에서 일을 하시든 잘해내실 겁니다. 회사는 당신을 믿고 기억하겠습니다. 이 점을 잊지 말아주십시오."

효과요? 떠나야 하는 사람들은 해고된 것에 대해서 훨씬 좋은 감정을 가지고 나갔죠. 그들은 '창피하다'는 기분을 느끼지 않았어요. 회사에 일이 더 있었더라면, 그들을 자르지 않았으리라는 사실을 알았던 겁니다.

그리고 우리가 그들을 다시 필요로 할 때, 따뜻한 애정을 가지고 오게 되었습니다.

강좌 중에 두 명의 수강생이 잘못을 비난하는 부정적인 면과 상대의 체면을 살려주는 긍정적인 면에 대해 토론을 했다. 펜실베이니아에 사는 프레드 클라크는 자신의 회사에서 일어났던 일에 대해 들려주었다.

"한 생산회사에서 부사장이 어느 생산 책임자에게 생산 공정에 대해 신랄한 질문을 하고 있었습니다. 부사장의 목소리는 공격적이었고, 그 책임자가 맡은 부분의 실수를 끄집어 내려 들었죠. 동료들 앞에서 난처해지고 싶지 않았던 책임자는 핑계를 댔습니다. 이로 인해 부사장은 냉정함을 잃고 그 책임자가 거짓말을 한다면서 꾸중을 했습니다. 그런 일이 일어나기 전에 존재했을지도 모를 노사관계는 몇 분 만에 파괴되었죠. 훌륭한 직원이었던 그 책임자는 그때부터 우리 회사에서 쓸모없는 존재가 되었습니다. 몇 달 뒤, 그는 우리 회사를 떠나서 경쟁사에 들어갔고 그곳에서 일을 잘하고 있을 겁니다."

또 다른 수강생, 안나 마조네는 그녀의 직장에서 있었던 이와 비슷한 일을 이야기했다. 하지만 접근 방식과 결과는 완전히 달랐다. 마조네는 어느 식품 포장회사의 마케팅 전문가다. 그녀는 신상품의 시험 판매라는 첫 번째 중대한 임무를 맡게 되었다. 그녀는 강좌에서 이렇게 말했다.

"시험 결과가 나왔을 때 저는 끔찍했습니다. 계획 단계에서 중대한 실수를 저질러서 전체 과정을 전부 다시 해야 했습니다. 설상가상으로 이 건을 보고해야 할 회의에 들어가기 전에 상사와 의논할 시간이 없었어요. 보고를 하러 오라는 말을 들었을 때, 저는 공포에 떨고 있었습니다. 울음이 쏟아지려는 걸 참느라 얼마나 애를 썼는지 몰라요. 저는 회의에 참석한 남자들이, 여자들은 너무 감상적이라서 경영에는 맞지 않다는 말을 하지 않게 하기로 마음먹었습니다. 저는 간단히 보고를 한 후, 실수를 했으니 다음 회의 전까지 이 시험을 다시 하겠다고 말했습니다. 저는 상사가 책망할 것을 예상하며 자리에 앉았습니다. 하지만 그는 제게 고마움을 표시했고 새로운 프로젝트를 맡은 사람이 실수하는 건 이상한 일이 아니라고 했습니다. 그리고 다시 하는 조사가 정확할 것을 믿는다고 했어요. 그는 다른 동료들 앞에서 저를 전적으로 신뢰하며, 제가 최선을 다했다는 것을 알고 있다면서 이번 실패의 이유는 경험 부족이지 능력 부족이 아니라며 저를 안심시켰습니다. 저는 고개를 들고 회의장을 나오면서 제 상사를 다시는 실망시키지 않겠다고 다짐했습니다."

우리가 옳고 상대가 분명히 잘못했더라도, 상대의 체면을 깎아내리면 자아에 상처를 줄 뿐이다. 프랑스의 전설적인 작가인 생텍쥐페리는 이런 글을 썼다.

나는 누군가의 가치를 떨어뜨리는 말이나 행동을 할 권리가 없다. 중요한 것은 내가 그에 대해 생각하는 바가 아니라, 그가 그 자신에 대해 생각하는 바이다. 그의 존엄성에 상처를 입히는 것은 범죄다.

진정한 지도자는 항상 다음의 원칙을 따른다.

상대의 체면을 세워주어라.

사람들을 성공으로
이끄는 방법

피트 발로우는 나의 오랜 친구다. 그는 평생 서커스단과 유랑을 하면서 보드빌(노래·춤·만담·곡예 등을 섞은 쇼 : 옮긴이 주) 쇼와 동물 묘기를 했다. 나는 피트가 극을 위해 새로운 개들을 훈련시키는 모습을 지켜보는 걸 좋아했다. 어떤 개가 약간의 발전을 보이면, 피트는 개를 쓰다듬고 칭찬하면서 고기를 주고, 잘했다는 말을 아끼지 않았다.

이러한 피트의 행동은 전혀 새로운 게 아니다. 동물 조련사들은 수세기 동안 똑같은 방법을 사용해오고 있다.

우리들은 왜 개를 변화시킬 때 사용하는 상식을 사람을 다룰 때는 사용하지 않을까? 왜 회초리 대신 칭찬을 사용하지 않는가?

가족이나 친구, 직장동료나 부하직원 등의 행동에 약간이라도 향상의 기미가 보이면 망설이지 말고 칭찬을 해주

자. 이는 향상을 계속하도록 상대를 고쳐시킨다.

심리학자 제스 레어는 자신의 저서 《나는 대단하지는 않지만, 나는 내가 전부이다》에서 말했다.

칭찬은 인간의 영혼에 비치는 따뜻한 햇빛과 같다. 우리는 칭찬 없이 꽃을 피울 수도 자라게 할 수도 없다. 하지만 우리들 대부분은 타인에게 비난의 찬바람을 쏟아 붓는 데는 열심인 반면 칭찬이라는 따뜻한 햇빛을 주는 것을 그다지 좋아하지 않는다.

내 삶을 돌이켜보면, 몇 마디의 칭찬이 나의 미래를 완전히 변화시켰다는 것을 알 수 있다. 당신의 삶에도 이와 같은 일이 있지 않았는가? 역사는 칭찬이라는 순수한 마법이 빚어낸 놀라운 실화로 가득 차 있다.

예를 들어보자. 오래전 열 살짜리 소년이 나폴리의 어느 공장에서 일하고 있었다. 그 소년은 가수가 되는 것을 간절히 원했지만 처음 만났던 선생님이 그의 기를 꺾어 놓았다.

"너는 노래할 수 없어. 목소리가 전혀 아니야. 네 목소리는 덧문 사이로 들어오는 바람 소리 같다."

하지만 가난한 농부였던 그의 어머니는 아들을 안아주며 격려해주었다. 어머니는 그가 노래할 수 있다는 것과 이미 향상됐다는 것을 알 수 있다고 말했다. 그리고 아들의 음악 교습비를 모으기 위해 필사적으로 일했다. 음악에 대한 아무런 지식도 없는, 소작농 어머니의 칭찬과 격려는 소년의 삶을 바꾸어놓았다.

소년의 이름은 엔리코 카루소이며 그는 당대 최고의 유명한 오페라 가수가 되었다.

19세기 초, 런던의 한 청년은 작가가 될 꿈을 품고 있었다. 하지만 모든 상황이 그의 꿈과는 멀었다. 그는 학교를 4년 넘게 다닌 적이 없었다. 아버지는 빚을 갚을 수가 없어서 감옥에 갇혀 있는 상태였다. 끼니를 거르는 것은 청년에게 흔한 일이었다.

결국 청년은 쥐가 우글거리는 창고에서 구두약에 상표를 붙이는 일을 하게 되었다. 밤에는 런던 빈민가 출신의 넝마주이 소년 두 명과 음침한 다락방에서 잠을 청했다.

자신의 글 쓰는 능력에 너무나 자신이 없었던 그는 늦은 밤에 나가 아무도 모르게 출판사로 원고를 보냈다. 많은 원고가 거절당했다.

실망과 좌절을 거듭하면서도 자신의 꿈을 포기하지 못

하고 있던 중 마침내 출판사로부터 연락이 왔다. 원고료는 단 한 푼도 받지 못했지만 편집자의 칭찬을 받은 그는 세상을 다 얻은듯 했다. 편집자는 그의 능력을 인정했다. 그는 너무나 기뻐 두 뺨 위로 하염없이 눈물을 흘리며 거리를 돌아다녔다.

출판된 한 편의 글로 얻은 칭찬과 인정은 그의 인생을 송두리째 바꾸어놓았다. 만일 그러한 격려가 없었더라면, 그는 평생을 쥐가 우글거리는 공장에서 일해야 했을 것이다. 당신은 이 청년에 대해 들어본 적이 있을 것이다. 그의 이름은 바로 찰스 디킨스다.

런던의 또 다른 소년은 직물점 점원으로 생활하고 있었다. 그는 5시에 일어나 가게를 청소하고, 하루 14시간 동안 노예처럼 일했다. 정말 힘든 일상이었고 소년은 그런 생활을 경멸했다. 2년 후 더 이상 현실을 참을 수 없었던 소년은 어머니에게 울면서 간청했다. 그는 가게에 더 남아 있어야 한다면 자살해버릴 거라는 말을 했다.

그는 너무나 상심한 나머지 옛 교장선생님에게 더 이상 살고 싶지 않다는 비통에 찬 장문의 편지를 보냈다. 옛 교장선생님은 그를 격려하며 그가 매우 똑똑하니 더 나은 일에 적합하다고 장담했다. 그러면서 그에게 선생님 자리를 제안했다.

이 칭찬은 소년의 미래를 바꾸었으며 영문학사에 오랜 흔적을 남겼다. 그 소년이 셀 수 없을 정도로 많은 베스트셀러를 썼고 펜 하나로 백만장자가 된 H. G. 웰즈다.

비난 대신 칭찬을 하는 것은 B. F. 스키너 교육의 기본 개념이다. 이 뛰어난 심리학자는 동물과 인간을 대상으로 한 실험을 통해 다음과 같은 사실을 보여주었다. 비난을 최소화하고 칭찬을 강조할 때, 인간이 행하는 좋은 일은 강화되고 나쁜 일들은 관심 부족으로 쇠퇴한다.

노스캐롤라이나의 록키 산에 사는 존 링겔스포는 아이들을 대할 때 이 개념을 사용했다. 대부분의 가정에서 부모가 자녀들과 이야기할 때 주로 소리를 친다.

그리고 많은 경우에서 알 수 있듯이 자녀들은 이런 과정 후에 더 좋아지기는커녕 악화된다. 그건 부모도 마찬가지다. 링겔스포는 이런 상황을 풀어보기 위해 우리 강좌에서 배웠던 몇 가지 원칙들을 사용하기로 결심했다. 그는 이렇게 발표했다.

"우리는 아이들의 잘못에 대해 잔소리를 하는 대신 칭찬을 하기로 결정했습니다. 쉽지는 않았어요. 우리 눈에 띄는 건 애들이 저지르는 잘못뿐이었으니까요. 칭찬할 만한 일을 찾는 건 정말로 힘들었습니다. 그럭저럭 몇 가지를 찾아내어 인정하고 칭찬했더니, 하루이틀 만에 속을 썩였던 일들을 정말로 저지르지 않더군요. 그리고 아이들의 다른 결점들도 사라지기 시작했습니다. 아이들은 우리가 하는 칭찬을 이용하기 시작했어요. 심지어는 좋은 일을 하려고 예전에 하지 않던 행동까지 했으니까요. 우리는 믿을 수가 없었어요. 물론 그게 영원히 지속되지는 않았습니다. 하지만 안정이 된 후에도 전보다는 훨씬 나아졌답니다. 이제는 야단치고 화낼 필요가 없어요. 아이들이 알아서 노력하고 옳은 일을 더 많이 하니까요."

이 모든 것이 아이들의 잘못된 행동을 비난하기보다는 조금이라도 나아진 것을 찾아내어 칭찬한 결과였다.

이는 일에서도 마찬가지다. 캘리포니아 주에 사는 키스 로퍼는 회사 경영에 이 원칙을 적용했다. 그는 자신의 인쇄소에서 품질이 월등히 좋은 몇 가지 제작물을 보게 되었다.

그 일을 한 인쇄공은 새로 온 직원이었는데 일에 적응을 하지 못해 어려움을 겪고 있었다. 감독관은 그 직원의 부정적인 태도에 마음이 많이 상해서 해고를 심각하게 고려 중이었다.

이런 상황에 대한 보고를 받은 로퍼는 직접 인쇄소로 가서 그 직원과 이야기를 나누었다. 로퍼는 그가 작업한 제작물을 받아보고 얼마나 기뻤는지를 말하며 최근 인쇄소에서 생산된 것 중에 최고의 제품이었다는 점을 알려주었다. 로퍼는 제작물의 우수한 점을 정확히 지적하며, 그가 회사에 미친 기여도가 매우 중요하다고 밝혔다.

로퍼는 젊은 인쇄공의 근무 태도에 어떠한 영향을 미쳤을까? 그는 며칠 만에 완전히 다른 사람이 되었다. 그는 몇몇 동료 직원들에게 사장과의 대화를 말해주면서 자신이 작업한 제작물의 진가를 알아보았다고 자랑했다. 그날 이후로 그는 충실하고 헌신적인 직원이 되었다.

로퍼는 단순히 "잘했네"라는 형식적인 칭찬을 하지 않았다. 그는 제작물이 우수한 이유를 구체적으로 지적했다. 그가 일반적인 칭찬의 말을 한 것이 아니라 구체적인 성취를 집어냈기 때문에 칭찬을 받는 사람에게는 더더욱 큰 의미로 다가왔던 것이다.

누구나 칭찬받는 것을 좋아한다. 그리고 칭찬이 구체적일 때는 상대에게 진심이라는 믿음을 준다. 단순히 상대의 기분을 맞추기 위한 아첨이 아닌 진심 말이다.

모든 사람은 칭찬과 인정을 받고 싶어 한다. 그리고 이를 얻기 위해 어떤 일이라도 한다는 것을 기억하라. 진실하지 않은 말을 원하는 사람은 아무도 없다. 아첨을 원하는 사람 역시 없다.

다시 반복하겠다. 이 책에서 가르치는 원칙들은 진심에서 우러나올 때만 효과를 발휘한다. 나는 여러 가지 책략에 대해 주장하고 있는 것이 아니다. 새로운 삶의 방식에 대해 이야기하고 있는 것이다.

사람들을 변화시키는 것에 대해 이야기해보자. 우리가 만나는 사람들의 감추어진 보물을 그들 자신에게 일깨워줄 수 있다면, 우리는 사람들을 변화시키는 이상의 일을 해낼 수 있다. 말 그대로 그들을 딴 사람이 되게 하는 것이다. 과장이라고? 그렇다면 미국이 낳은 최고의 심리학자이자 철학자인 윌리엄 제임스의 슬기로운 말에 귀를 기울여보자.

"우리가 할 수 있는 일에 비하면, 우리는 겨우 절반만 깨어 있다. 우리는 자신의 신체적·정신적 자원의 극히 일부만을 사용하고 있다. 명백히 말하자면, 인간은 자신의 최대치에 한참 못 미쳐서 살고 있는 것이다. 인간은 늘 사용하지 못하는 다재다능한 능력을 소유하고 있다."

그렇다. 이 구절을 읽고 있는 당신에게는 늘 사용하지 못한 능력이 잠재되어 있다. 당신이 충분히 사용하지 못하고 있는 능력들 중에는 사람들을 칭찬하고 그들의 잠재성을 일깨워줄 수 있는 마술 같은 재주도 속해 있다.

능력은 비난으로 인해 시들지만 격려를 통해 꽃을 피운다. 보다 유능한 지도자가 되기 위해 다음의 원칙을 적용하라.

약간의 향상에도 칭찬하라.

향상하는 모든 것을 칭찬하라.

진심 어린 칭찬과 아낌 없는 찬사를 보내라.

사람들의 능력을
향상시키는 방법

훌륭한 직원이었던 사람이 겉으로 드러나는 일만 하려 할 때, 당신은 경영자로서 어떻게 대응하겠는가? 그를 해고시킬 수도 있지만 그걸로 본질적인 문제가 해결되지는 않는다. 그 직원을 호되게 꾸짖을 수 있지만 이는 대개 원망을 불러일으킨다.

헨리 헨케는 인디애나 주에서 규모가 큰 트럭 총판점의 고객 서비스 담당자로 일하고 있다. 그에게는 일을 만족스럽게 하지 못하는 기술자가 한 명 있었다. 호되게 야단치거나 위협하는 대신 헨케는 그를 사무실로 불러서 솔직한 대화를 나누었다.

"빌, 자넨 훌륭한 기술자야. 오랫동안 이 일을 잘해오지 않았나. 많은 차를 고객이 만족스럽도록 수리했지. 사실 자네의 능력으로 인해 우리 회사가 칭찬을 많이 듣고 있네. 그런데 요사이 작업 하나를 마치는 데 걸리는 시간도 늘어나고, 일도 예전 기준에 미치지 못하고 있어. 자네가 과거에 너무 탁월한 기술자였기 때문에, 내가 요즘 상황에 만족하지 못하고 있다는 사실을 자네가 알아주길 바라네. 아마 함께라면 해결 방법을 찾을 수 있을 거라고 보네."

빌은 자신의 작업 수준이 떨어졌다는 걸 몰랐다고 대답했다. 그리고 그가 맡은 일이 자신의 전문 분야이니 앞으로는 향상되도록 노력하겠다고 다짐했다.

그의 작업 능률은 향상되었을까? 물론이다. 그는 다시 신속하고 철저한 기술자가 되었다. 헨케가 전해준 직업적인 평판은, 그로 하여금 자신의 명성에 부끄럽지 않기 위해 노력하도록 만들었다.

다음은 사무엘 보크레인이 볼드윈 로코모티브 공장의 사장으로 있을 때 말한 것이다.

"당신이 상대를 존중하고 있으며 어떤 능력에 대한 존경심을 보인다면, 상대를 쉽게 당신 뜻대로 이끌 수 있다."

간략하게 말해 당신이 어떤 사람의 특정 면모를 향상시키고 싶다면, 그 특성이 이미 상대의 두드러진 특징인 것처럼 말해 그를 자극해라.

셰익스피어는 이렇게 말했다.

"당신이 가지고 있지 않은 장점이라면, 그 장점이 있는 척
가장하라."

그리고 다른 사람들에게 당신이 북돋워주고 싶은 장점
이 있다면 공공연하게 장점을 말하고 그 장점을 지니고
있는 것처럼 행동하라. 보고 따를 수 있는 좋은 평판을
해주어라. 그러면 그들은 당신에게 능력을 입증하기 위해
경이적인 노력을 기울일 것이다.

조젯 르블랑은 자신의 책《메터링크와 함께 한 내 생애
의 선물》이라는 책에서 초라한 벨기에 출신 신데렐라의
놀라운 변화에 대해 적고 있다.

집 근처의 호텔에서 일하는 하녀 한 명이 내 식사를 가져
왔다. 그 아이는 설거지 보조로 일을 시작했기 때문에 '접시
닦기 마리'로 불렸다.

그녀는 사팔뜨기에 다리도 굽었고, 비쩍 마른 데다가 친절
하지도 않은, 일종의 괴물 같은 아이였다.

어느 날, 그녀가 피가 묻은 손으로 내 마카로니 접시를 들

고 있을 때, 나는 그녀를 똑바로 쳐다보며 말했다.

"마리, 너는 네 안에 어떤 보물들이 숨어 있는지 모르는구나."

감정을 숨기는 데 익숙했던 마리는 무슨 끔찍한 일이 벌어질까 두려워 감히 미동도 하지 않은 채로 잠시 기다렸다. 그리고 한숨을 쉬면서 솔직하게 말했다.

"부인, 부인의 말이 아니었다면 저는 그걸 절대로 믿지 못했을 거예요."

그녀는 의심도 질문도 하지 않았다. 그냥 부엌으로 돌아가서 내가 한 말을 반복했다.

누구도 놀리지 못하는 신념의 힘이었다. 그날 이후로 그녀는 달라졌다.

스스로를 아직 드러나지 않은 귀중한 존재라고 믿으면서 조심스럽게 얼굴과 몸을 가꾸었고, 그녀의 위축됐던 젊음은 꽃이 피듯 피어나기 시작했다.

두 달 후 주방장 조카와의 결혼을 발표하면서 그녀는 사람들에게 말했다.

"저는 숙녀가 될 거예요."

그리고 내게 고마움을 표현했다. 작은 칭찬이 그녀의 인생을 송두리째 바꾸어놓은 것이다.

조젯 르블랑은 '접시 닦기 마리'가 본받아서 따를 수 있는 평판을 해주었다. 그리고 이 평판은 그녀를 변화시켰다.

빌 파커는 플로리다 주의 어느 식품회사에 판매 책임자로 있다. 그는 회사에서 출시한 새 상품에 대해 매우 기대하고 있었다. 하지만 어느 대형 식품점의 관리인이 새 상품을 판매할 기회를 거부하자 몹시 당황했다. 빌은 이 거절에 대해 온종일 생각한 끝에 그 관리인이 귀가하기 전에 다시 찾아가 얘기해보기로 결심했다.

"잭, 오늘 아침에 당신을 만나고 난 후에야, 제가 새 상품에 대해 충분한 설명을 하지 않았다는 것을 깨달았습니다. 그러니 제가 빠뜨린 부분에 대해서 말씀드릴 시간을 내주시면 감사하겠습니다. 당신이 항상 남의 말을 경청하고, 바꿀 만한 가치가 있는 사실에 대해서는 과감히 변화를 시도하는 인물이라는 점을 저는 존경해왔습니다."

잭이 빌의 나머지 말을 듣지 않을 수 있었을까? 그런 평판을 들은 인물이 어떻게 그럴 수가 있겠는가?

어느 날 아침, 아일랜드의 더블린에 사는 치과의사 마틴 피츠휴 박사는 환자 한 명이 그에게 이런 지적을 했을 때 깜짝 놀랐다. 그녀가 입을 헹굴 때 사용하는 메탈컵이 깨끗하지 않다는 것이었다.

사실 그 환자는 메탈컵이 아닌 종이컵에 있는 물을 마셨다. 하지만 더러운 비품을 사용한 것은 분명 프로다운 행동이 아니었다. 환자가 나간 후, 피츠휴 박사는 자신의 사무실로 들어가서 브리짓 부인에게 편지를 썼다. 그녀는 일주일에 두 번씩 사무실을 청소하러 오는 아주머니였다. 그가 쓴 편지의 내용은 다음과 같다.

친애하는 브리짓 부인.

제가 부인을 볼 수 있는 기회가 거의 없군요. 시간을 내서 부인이 사무실을 깨끗하게 청소해주시는 것에 대해 고맙다는 말씀을 전해야 하는데 죄송합니다.

제가 일주일에 두 번씩 두 시간이라고 부탁드렸는데, 시간이 너무 짧다는 생각이 드는군요.

부인이 컵을 닦는 것처럼 '이따금' 해야 할 필요가 있다고 생각되는 일이 있으시면 30분 정도 연장 근무를 하셔도 괜찮습니다. 물론 연장 근무에 대해서도 계산이 될 것입니다.

피츠휴 박사는 말했다.

"다음 날 사무실에 들어가니, 제 책상이 거울처럼 광이 났습니다. 의자도 마찬가지였는데 하마터면 미끄러질 뻔했답니다. 진찰실에 들어가보니, 이제껏 본 것 중에 가장 윤이 나고 깨끗한 컵이 놓여 있었습니다. 저는 브리짓 부인에게 본받아서 따를 만한 좋은 평판을 해주었고, 이러한 작은 행동이 과거에 해왔던 일을 훨씬 능가하는 결과를 낳을 수 있었습니다. 아주머니가 몇 시간이나 더 일했냐고요? 작업 시간은 1분도 더 걸리지 않았습니다."

이런 옛말이 있다.

개에게 나쁜 이름을 지어주려면, 차라리 개의 목을 매다는 것이 낫다.

개에게 좋은 이름을 지어주어라. 그리고 어떤 일이 일어나는지 관찰하라!

루스 홉킨스는 뉴욕 브루클린에서 4학년 담임을 맡고 있다. 새 학기 첫날, 자신이 맡을 반의 명단을 살펴보던 홉킨스는 흥분과 기쁨이 불안으로 바뀌었다. 그녀의 반에 학교에서 가장 악명이 높은 '말썽꾸러기' 토미 T.가 있었던 것이다.

토미의 3학년 담임선생님은 동료 교사들에게 토미에 대한 불평을 끊임없이 늘어놓았었다. 토미는 짓궂은 장난꾸러기 수준이 아니었다. 그는 반에서 심각한 규율 문제를 일으켰고, 남자 아이들과 싸움을 벌였으며, 여자 아이들을 골려먹었다. 선생님에게도 건방지게 굴었고, 날이 갈수록 더욱 포악해졌다.

토미의 단점을 상쇄하는 유일한 장점은 학습 능력이 빠르다는 것이었다.

홉킨스는 '토미 문제'에 즉시 대처하기로 했다. 새로운 학생들을 맞이하면서 그녀는 모두에게 몇 마디 칭찬을 해주었다.

"로즈야, 옷이 참 예쁘구나."

"알리시아, 네가 그림을 잘 그린다는 얘길 들었단다."

토미 차례가 왔을 때, 그녀는 토미를 똑바로 쳐다보면서 말했다.

"토미, 선생님은 네가 타고난 통솔자라고 생각한단다. 이번 4학년 학급들 중에서 우리 반을 최고로 만드는 데 네게 많이 의지하마."

그녀는 처음 며칠 동안 토미의 모든 것을 칭찬했으며,

훌륭한 학생의 모범이라는 말도 해주었다. 토미는 아홉 살짜리 꼬마이기는 했지만 그런 평판을 받자 선생님을 실망시킬 수가 없었다. 토미는 변화했고 홉킨스를 실망시키는 일은 일어나지 않았다.

만일 당신이 다른 사람들의 행동이나 태도를 변화시키는 역할에 있어서 월등해지고 싶다면 이 원칙을 사용하라.

상대에게 본받아 따를 수 있는 좋은 평판을 해주어라.

쉽게 잘못을
고치게 하는 방법

내 친구 중에 중년의 독신남이 한 명 있다. 그가 약혼을 하게 되었는데, 친구의 약혼녀는 그에게 새로운 댄스 교습을 받으라고 설득했다. 그가 내게 털어놓은 이야기는 다음과 같다.

"내게 댄스 교습이 필요하다는 건 하느님도 알고 있는 사실이야. 20년 전에 처음 시작했을 때와 변한 게 없으니까. 춤을 처음 배우려고 찾아간 선생님 말이 맞았어. 그녀는 내가 전부 틀렸다고 했거든. 지금까지 배운 건 모두 잊어버리고 전부 다 새로 시작해야 한다고 말이야. 그런데 그 말을 들으니 기운이 빠지더라고. 계속 배워야 할 뚜렷한 이유도 없고 해서 그만둬버렸다. 그 다음 선생님은 거짓말을 했었을 거야. 그래도 기분은 좋더군. 그녀는 내 춤이 다소 구식이기는 하지만 기초는 좋다고 아무렇지 않게 말했지. 그러곤 몇 가지 새로운 스텝을 익히면 금방 좋아질 거라고 나를 안심시켰어. 첫 번째 선생은 내 잘못을 강조해서 기를 꺾어놓았고, 새로운 선생은 정반대였지. 그 녀는 내가 잘하는 건 계속 칭찬해주고, 실수는 최소화해 말해주었어. 그녀는 항상 '당신은 리듬을 타는 감각이 있 어요', '정말 타고난 댄서네요'라며 확신을 심어주었어. 예 전이나 지금이나 내가 4류 댄서밖에 못 된다는 걸 알고 있지만, 한편으로는 그녀가 진심으로 하는 말일 수도 있 다고 희망을 품으면서 흐뭇해 한다네. 사실 내가 그 소리 를 들으려고 돈을 내고 있는 건데 그만둘 이유가 없지. 어쨌든 그녀가 내게 리듬을 타는 감각이 있다고 말하지 않았더라면 아예 배우는 것을 포기했을 거야. 그 말이 날 격려했지. 희망을 준 거야. 잘해보고 싶은 생각이 들 었거든."

당신의 자녀와 배우자, 부하직원에게 어떤 점이 어리석 고 바보 같다, 재능이 없다, 혹은 하는 일이 전부 틀린다 고 말하는 것은 그들의 의욕을 모조리 파괴하는 행위다.

그들의 능력을 키우고 싶다면 그 반대의 기술을 사용 하라. 격려를 아끼지 말고, 일이 쉬울 거라고 자신감을 심 어줘라.

당신이 상대의 능력에 믿음을 가지고 있다는 것을 상

대가 알게 하라. 그에게 개발되지 않은 재주가 있다고 말하라. 그러면 상대는 당신의 기대에 부응하기 위해 노력할 것이다.

인간관계에 있어 뛰어난 명인이었던 노웰 토머스는 언제나 상대에게 자신감을 주었고, 용기와 신념을 갖도록 이끌었다. 나는 토머스 부부와 주말을 함께 보낸 적이 있다. 그들은 재미있다며 브리지 게임을 하자고 제안했다. 브리지 게임이라고?

나는 브리지 게임에 대해 아는 게 하나도 없었다. 그 게임은 내게 있어 항상 암흑 같은 미스터리였다. 내가 그 게임을 즐긴다는 것은 절대로 불가능한 일이었다.

노웰은 말했다.

"아니 왜 그러나, 데일. 무슨 비결 같은 건 없어. 브리지 게임은 기억력과 판단력만 있으면 돼. 자넨 기억력에 대한 글을 썼지 않은가. 자네라면 쉽게 할 수 있어. 자네한테 딱 맞아."

그리고 나는 뭘 하고 있는지 알아차리기도 전에 브리지 테이블에 앉게 되었다. 신기하게도 브리지에 타고난 재주가 있다는 말을 들은 후, 게임이 매우 쉽게 느껴지기 시작했다.

브리지 게임은 내게 일라이 컬버트슨이라는 사람을 떠올리게 한다. 그가 브리지 게임에 관해 쓴 책은 12개 언어로 번역되었고, 거의 1백만 부 이상이 팔렸다.

그런 그가 내게 말했었다. 어떤 젊은 여성이 그에게 브리지에 대한 재주가 있다는 것을 확신시켜주지 않았더라면, 이것이 직업이 되지는 않았을 거라고 말이다.

1922년 미국에 왔을 때, 그는 철학과 사회학을 가르치는 일을 하려고 했다. 하지만 일자리를 구할 수가 없었다. 그래서 석탄 파는 일을 시도했지만 실패하고 말았다. 다음은 커피를 팔았다. 이 일 역시 실패했다.

일라이는 브리지 게임을 몇 번 했었지만 자신이 게임을 가르칠 거라고는 전혀 생각하지 못했다. 그는 서투른 카드 선수였을 뿐만 아니라 완고하기까지 했다. 질문이 너무 많았고, 승부가 결정난 후에 토의까지 했기 때문에 아무도 그와 게임을 하고 싶어 하지 않았다.

그러던 그가 조세핀 딜론이라는 예쁜 브리지 게임 교사를 만나서 사랑에 빠졌고, 그녀와 결혼을 했다.

그녀는 일라이가 카드를 주의 깊게 분석하는 것을 눈치채고는 그가 브리지 게임에 잠재성을 가진 천재라고 믿게 만들었다. 아내의 말은 그에게 격려가 되었다. 지금도 일라이는 그 말이 자신을 전문 브리지 선수로 만들었다고 말한다.

클래런스 M. 존스는 오하이오 주에서 우리 강좌를 가르치는 강사 중 한 사람이다.

그는 잘못을 고치기 쉬운 것으로 여기게 만드는 따뜻한 격려가 아들의 삶을 어떻게 완벽하게 바꾸어놓았는지에 대해 말해주었다.

"1970년도에 열다섯 살이던 제 아들은 저와 함께 살기 위해 신시내티로 왔습니다. 그 아이는 힘든 삶을 살았어요. 1958년에 차 사고로 머리 수술을 해서 이마에 무척 흉한 상처가 남아 있답니다. 1960년에는 아내와 제가 이혼을 했고, 그 애는 엄마를 따라 텍사스 주의 댈러스로 이사를 갔죠.

댈러스의 학교에서 아들은 열다섯 살 때까지 성적 부진아들을 위한 특별반에 있었습니다. 사고 때 생긴 흉터 때문에 학교 당국은 아들의 머리에 문제가 있다고 판단했을 겁니다. 우리 애는 또래보다 2년 뒤처져 있어서 겨우 7학년이었지요. 구구단을 몰라서 손가락으로 덧셈을 하고, 글도 잘 읽지 못했답니다. 하지만 한 가지 장점이 있었어요. 라디오와 TV 작동하는 걸 좋아하는 거였죠. 아이는 텔레비전 기술자가 되고 싶어했습니다. 그래서 저는 이 점을 격려하면서 기술자가 될 자격을 갖추려면 수학이 필요하다고 자극했습니다.

전 아이가 수학을 잘할 수 있도록 돕기로 마음먹었죠. 그래서 곱셈, 나눗셈, 덧셈, 뺄셈의 교육용 카드 4세트를 구입했습니다. 아들과 저는 카드를 넘기면서 카드 더미에서 답을 찾아내는 연습을 했답니다. 데이비드가 한 문제를 놓치면, 제가 답을 알려주고, 반복 카드 더미에 그 카드를 놓습니다. 그리고 반복 더미에 카드가 하나도 남아 있지 않을 때까지 했습니다. 아이가 답을 맞출 때마다 저는 엄청난 칭찬을 해주었습니다. 특히 틀렸던 문제를 맞추었을 때는 더더욱 칭찬해주었죠. 매일 밤, '반복 더미 연습'을 했습니다. 게임할 때, 스톱워치로 시간을 쟀는데, 답을 하나도 틀리지 않고 8분 만에 카드를 모두 넘기면 더 이상 연습을 하지 않겠다고 약속했답니다.

데이비드에게는 불가능한 목표인 것 같았죠. 첫째 날에는 52분이 걸렸고, 다음 날은 48분, 다음은 45분, 44분, 41분, 그리고 40분 대로 떨어졌습니다. 시간이 줄 때마다 우리는 축하하는 시간을 가졌어요. 아내를 불러서 아들을 함께 안아주고 지그 춤(4분의 3박자의 빠르고 경쾌한 춤 : 옮간이 주)도 추었죠. 한 달이 지나자, 아들은 8분도 안 되어 카드를 완벽하게 다 맞추었어요. 데이비드는 조금이라도 진전이 되면 다시 하자고 재촉했습니다.

새로운 것을 배우기 두려워하던 아이는 배우는 게 쉽고 재미있다는 놀라운 발견을 하게 되었죠. 당연히 아들의 수학 점수는 껑충 올랐습니다. 아이는 B를 받은 수학 점수를 보면서 스스로도 깜짝 놀라더군요. 다른 과목들의 학습 능력도 믿을 수 없을 정도로 빨리 향상되었고, 아이는 타고난 재능으로 그림을 그리기 시작했습니다.

학기말에 과학 선생님은 전시회 출품작을 만들 학생으로 데이비드를 뽑았습니다. 아이는 지렛대 효과를 나타내는 매우 복잡한 모델을 만들기로 했죠. 그림과 제작뿐만 아니라 수학을 적용해야 하는 작품이었습니다. 그 전시품은 교내 과학 전시회에서 1등을 했고, 시 대회에도 나가서 신시내티 전역에서는 3등을 했답니다.

그래요. 데이비드는 2학년이나 뒤떨어지고 반 친구들에게서 '뇌손상'이나 '프랑켄슈타인'으로 놀림을 받았던 아이였습니다. 데이비드는 자신이 배울 수 있고 뭔가를 성취할 수 있다는 것을 알게 되자 빠르게 변화했죠. 결과요? 8학년 2학기 때 이후로 우등생 명단에서 빠진 적이 없습니다. 고등학교 때는 전국 우등생협회 회원으로 뽑혔고요. 배우는 게 쉽다는 것을 알게 되자, 아들의 인생은 완전히 바뀌었습니다."

상대의 부족한 부분을 격려하고 쉽게 고칠 수 있다는 자신감을 심어줘라. 상대가 발전하도록 돕고 싶다면 이 원칙을 기억하라.

격려하라. 잘못을 고치기 쉽다고 느끼게 하라.

당신의 제안을 즐겁게
받아들이게 하는 방법

　　　　　　　　　1915년 미국은 간담이 서늘해
졌다. 1년 넘게 유럽의 국가들은 서로를 학살하고 있었다.
그것은 피비린내 나는 인류의 역사에서조차 생각할 수
없을 정도의 대규모 살육이었다. 평화가 돌아올 수 있을
까? 그 누구도 장담하지 못했다.

　그러나 우드로 윌슨 대통령은 노력해보기로 결심했다.
그는 유럽의 군사령관들과 의논하기 위해 개인 대표, 즉
평화의 사자를 보내기로 했다.

　당시 국무장관이었던 윌리엄 제닝스 브라이언은 평화
의 사자로서 자신이 가기를 희망했다. 그는 숭고한 업무
를 수행하고, 자신의 이름을 영원히 남길 수 있는 기회라
고 여겼다.

　하지만 윌슨 대통령은 다른 사람을 임명했다. 자신의
충심 어린 친구이자 조언자인 에드워드 M. 하우스 대령이

었다. 브라이언 장관에게 불쾌감을 주지 않으면서 이 결정을 전하는 것은 하우스 대령에게 매우 곤란한 임무였다.

하우스 대령은 일기에 이렇게 적고 있다.

내가 평화의 사자로 유럽에 가게 되었다는 소식을 들었을 때, 브라이언은 실망하는 기색이 뚜렷했다. 그는 자신이 이 일을 계획하고 있었다고 말했다.

대통령은 이 일이 공식적으로 진행되는 것은 현명하지 않다고 생각하신다고 내가 대답했다. 그리고 국무장관이 간다면, 사람들은 그가 왜 유럽에 갔는지 궁금해 할 것이라고 말했다.

당신은 이 말의 암시를 알겠는가? 사실상 하우스 대령은 브라이언이 이 일을 맡기에는 너무 중요한 인물이라고 말하고 있는 것이다. 브라이언은 만족스러워했다.

재치 있고 세상사에 노련한 하우스 대령은 인간관계의 중요한 법칙에 따랐다.

"당신이 제안한 것을 상대가 기꺼이 하도록 만들라."

우드로 윌슨 대통령은 윌리엄 깁스 맥아두를 각료로 촉구할 때도 이러한 원칙에 따랐다. 이는 윌슨이 누군가에게 표할 수 있는 최고의 경의였다. 윌슨은 맥아두가 자신이 중요한 존재라는 사실을 두 배는 더 느끼게 하는 방법을 사용해 그를 입각시켰던 것이다. 맥아두의 말로 직접 들어보자.

"윌슨 대통령은 자신이 내각을 구성 중인데, 내가 제무장관 자리를 받아들인다면 매우 기쁘겠다고 말했습니다. 그가 유쾌한 방식으로 이를 제안해서 이렇게 큰 영광을 받아들이는 것이 그에게 도움을 주는 거라는 인상을 주었습니다."

불행히도 윌슨은 이런 요령을 항상 쓰지는 않았다. 그가 그랬더라면 역사는 달라졌을 것이다. 예를 들어, 윌슨은 국제 연맹에 미국을 가입시키면서 상원은 물론 공화당과도 물의를 빚었다. 윌슨은 엘리후 루트나 찰스 에반스 휴즈, 헨리 캐보트 로지와 같은 유명한 공화당의 지도자들과 평화회담에 참석하는 것을 거부했다.

대신 자신이 소속된 당에서 알려지지도 않은 사람들을 데리고 갔다. 그는 공화당원들을 푸대접했고, 국제 연맹에 가입하는 것이 그들의 생각이기도 하다는 것을 인정하지 않았다. 국제 연맹과 관련된 일에는 손도 대지 못하게 했다.

이러한 미숙한 처사는 결과적으로 자신의 정치 인생을 위태롭게 했다. 결국 미국의 국제 연맹 가입도 성사되지 않았으며 세계의 역사를 바꾸어놓았다.

　　정치가와 외교관만이 '자신이 원하는 것을 기꺼이 하도록 만드는' 원칙을 사용하는 것은 아니다. 인디애나에 사는 데일 O. 페리어는 자신에게 할당된 집안일을 어린 자녀가 기꺼이 해내게 만드는 방법에 대해 말해주었다.

　　"제프가 해야 할 잔일은 다른 사람이 가져가지 못하게 배나무 밑에 떨어져 있는 배를 줍는 일이었습니다. 그런데 제프는 이 일을 좋아하지 않았어요. 제프가 다 줍지 못하고 남긴 걸 사람들이 주워 갈 정도였으니까요. 그 점에 대해 얼굴을 마주보고 화를 내는 대신 하루는 제프에게 말했죠. '제프야, 아빠랑 거래를 하자꾸나. 네가 바구니에 배를 한가득 담아오면 1달러씩 주마. 하지만 일이 다 끝난 뒤에도 뜰에 배가 남아 있으면, 배 하나당 1달러씩 감하겠다. 어떠니?' 제가 예상했던 대로 제프는 배를 모조리 다 주워왔습니다. 바구니를 채우기 위해 일부러 배나무를 흔들지 못하게 지켜봐야 할 정도였어요."

　　내가 알고 있는 한 남자가 있는데, 그는 강연을 해달라는 초청을 번번이 거절했다. 그는 강연을 해줄 의무가 있

는 사람들이나 친구들에게 받은 의뢰를 거절했지만 너무
나 재치 있게 거절했기 때문에 상대방의 기분이 상한 적
은 없었다.

그는 어떻게 말한 것일까? 그는 단순히 바쁘다는 평계
를 대지는 않았다. 의뢰를 부탁해서 감사하지만 받아들
일 수가 없어서 유감이라고 말한 후 자신을 대신할 강연
자를 추천했다.

다시 말해 그는 상대가 거절을 당해서 기분이 나쁘다
고 생각할 틈을 주지 않았던 것이다. 그는 상대의 생각을,
의뢰를 받아줄 수 있는 다른 강연자에게로 즉시 돌려버
렸다.

군터 슈미트는 서독에서 우리 강좌에 참석했던 수강생
이다. 그는 자신이 경영하는 식료품 가게에 있는 어느 종
업원에 관한 이야기를 들려주었다.

그녀는 선반 위에 진열된 상품에 제대로 된 가격표를
붙이는 일에 소홀했다. 이로 인해 혼돈이 생겼을 뿐 아니
라 고객들의 불평을 샀다. 충고, 훈계, 비난을 해도 별다
른 소용이 없었다.

마침내 슈미트는 그녀를 사무실로 불러서, 가게의 가격
표 감독관으로 임명하겠으니 제품의 가격표가 정확히 부

착되어 있는지 점검하는 책임을 맡아달라고 말했다. 새로운 책임과 직함은 그녀의 태도를 완전히 변화시켰고, 그 때부터는 의무를 만족스럽게 이행했다.

유치하다고? 그럴 수도 있다. 나폴레옹은 '레종 도뇌르'라는 훈장을 만들어서 1만5천 명의 병사들에게 수여했다. 그리고 18명의 장군을 '육군 원수'로 만들었고, 자신의 군대를 '대군'이라고 불렀다.

전쟁으로 단련된 노병들에게 '장난감'을 준다는 비난을 받자, 나폴레옹은 이렇게 말했다.

"인간은 장난감에 의해 지배된다."

직함이나 권위를 부여하는 방법은 나폴레옹에게 유용했고, 당신에게도 유용할 것이다.

예를 들어보겠다. 나의 친구인 어니스트 겐트 부인은 뉴욕에 산다. 그녀는 잔디 위를 뛰어다녀 망쳐놓는 남자 아이들 때문에 애를 먹고 있었다.

그녀는 아이들을 비난하기도 하고 타일러보기도 했지만 소용이 없었다. 그녀는 무리에서 가장 장난꾸러기인 아이에게 직함과 권위 의식을 심어주기로 했다. 그녀는 그 소년을 '탐정'이라고 이름 붙이고, 잔디를 침입하는 사람들을 막는 임무를 맡겼다.

이로써 문제는 해결되었다. 그녀의 '탐정'은 뒤뜰에 피워 놓은 모닥불에 달군 철을 들고는 잔디를 밟는 소년들에게 겁을 주었던 것이다.

유능한 지도자는 누군가의 태도나 행동을 바꿔야 할 필요가 있을 때, 다음의 지침을 마음에 새겨야 할 것이다.

1. 진실해져라. 당신이 지킬 수 없는 것은 약속하지 말라. 자신의 이익은 잊고 타인의 이익에 마음을 쏟아라.
2. 당신이 상대에게 원하는 것이 무엇인지를 정확히 알아라.
3. 동정심을 가져라. 상대가 진정으로 원하는 것이 무엇일지 자문해보아라.
4. 당신이 제안하는 일을 함으로써 상대가 얻게 될 이익을 고려한 후 상대에게 제시하라.
5. 그러한 이익을 타인이 원하는 바와 일치시켜라.
6. 부탁할 때는 그 일이 상대에게도 이익이 될 것이라는 암시를 주어라. 우리는 대개 이런 식의 퉁명스런 명령을 한다.

"존, 내일 오실 손님들을 위해 저장실을 청소해야겠어. 그러니 깨끗이 닦고 선반 위의 물건들을 단정히 정리하게. 카운터도 청소하고."

하지만 존이 이 일을 함으로써 얻게 될 이익을 제시하는 것으로 똑같은 생각을 표현할 수 있다.

"존, 지금 바로 마무리해야 할 일이 있네. 지금 해두면 나중에 서두르지 않아도 되니까. 내일 몇 분의 고객들이 우리 시설을 보러 오실 거네. 그분들에게 저장실을 보여드리고 싶은데, 상태가 좋질 않아. 자네가 청소를 할 수 있으면, 물건들을 선반 위에 가지런히 올려놓고, 카운터도 좀 닦아주지 않겠나. 그럼 우리도 능률적으로 보일 테고, 자네는 좋은 회사 이미지를 만드는 데 한몫하는 거니까 말이야."

당신이 제안한 일을 존이 기쁘게 할까? 그다지 기쁘진 않겠지만 이익을 지적하지 않는 것보다는 나을 것이다. 존이 회사의 이미지를 높이는 데 관심을 가지고 있다는 것을 당신이 아는 것처럼 말한다면, 그는 보다 협조적이 될 것이다.

또한 존에게 그 일이 언젠가는 꼭 해야 할 일인데 지금 해두면 나중에 하지 않아도 된다는 점을 강조한다.

당신이 이런 식으로 접근한다고 해서 상대가 언제나 호

의적인 반응을 보일 거라고 믿는 건 순진한 생각이다. 하지만 많은 사람의 경험은 이 원칙들을 사용하지 않는 것보다는 좀더 쉽게 태도를 변화시킬 수 있다는 것을 보여준다.

그리고 10퍼센트라도 성공하는 일이 늘어나면, 당신은 예전보다 10퍼센트 더 유능한 지도자가 되는 것이다. 그리고 이것은 당신의 이익이다.

다음의 원칙을 사용할 때, 사람들은 당신이 원하는 일에 보다 기꺼운 마음으로 참여할 것이다.

당신이 제안한 일에 상대가 즐겁게 참여하도록 만들어라.